Nando Belardi

Supervision für helfende Berufe

LAMBERTUS

Nando Belardi

Supervision für helfende Berufe

LAMBERTUS

Bibliografische Information der Deutschen Nationalbibliothek

Die Deutsche Nationalbibliothek verzeichnet diese Publikation in der Deutschen Nationalbibliografie; detaillierte bibliografische Daten sind im Internet über http://dnb.d-nb.de abrufbar.

FSC
www.fsc.org
MIX
Papier aus verantwortungsvollen Quellen
FSC® C107500

3., völlig überarbeitete und aktualisierte Auflage 2015

www.lambertus.de
Umschlaggestaltung: Nathalie Kupfermann, Bollschweil
Druck: Franz X. Stückle, Druck und Verlag, Ettenheim
ISBN: 978-3-7841-2610-4
ISBN ebook: 978-3-7841-2611-1

Inhalt

Vorwort
zur überarbeiteten Neuausgabe 2015

Man kann dieses Buch auch lesen, wenn man sich weniger für Supervision und mehr für psychosoziale Arbeit interessiert. Denn es handelt sich *auch*, aber nicht ausschließlich und systematisch um eine Einführung in die psychosoziale Arbeit.

Unter *psychosozialer Arbeit* verstehe ich eine Fülle von Tätigkeiten in den Bereichen Kinder-, Jugend- und Familienhilfe, der Arbeit mit Abhängigkeitskranken oder in der Psychiatrie, sowohl ambulant als auch stationär sowie in den unterschiedlichen Einrichtungen der Beratung.

Bedingt durch die Erfordernisse der Klientelgruppen werden in der psychosozialen Arbeit psychologische, soziale und ökonomische Hilfen oft parallel angeboten. Dabei stehen Beziehungsarbeiten wie Betreuung, Begleitung, Unterstützung, Beratung oder Vermittlung, aber auch Erziehung und Unterricht im Vordergrund. Die meisten der Beispiele in diesem Buch stammen aus Feldern der psychosozialen Arbeit, und umgekehrt ist kompetente psychosoziale Arbeit ohne Supervision schwer vorstellbar.

Bevor ich die Supervision ausführlich darstelle, soll folgende *Kurz-Definition* von Supervision genügen: Bei der Supervision handelt es sich nach einer Internet-Stellungnahme der „Deutschen Gesellschaft für Supervision“ (DGSv) um die „Beratung von Personen in ihren beruflichen Rollen und Positionen“. Ergänzend kann man auf der *Homepage* der „Österreichischen Vereinigung für Supervision und Coaching“ (ÖVS) lesen, dass es bei der Supervision um eine „professionelle Beratungsmethode für alle beruflichen Herausforderungen von Einzelpersonen, Teams bzw. Gruppen und Organisationen“ geht. Auch der „Berufsverband für Coaching, Supervision und Organisationsberatung“ (BSO) in der Schweiz hat eine ähnliche Definition: „Coaching, Supervision und Organisationsberatung dienen der Optimierung von Verhalten und Verhältnissen in der Arbeitswelt – im Dienste von Mensch und Organisation“ (jeweils Internet-Zugriff Januar 2015). Aus den vorgenannten Definitionen wird deutlich, dass Supervision nicht mit Berufsberatung oder Unternehmensberatung verwechselt werden sollte. *Schwerpunktmäßig* geht es in diesem Buch um Supervision. Auf Coaching und Organisationsberatung wird später im Text ebenfalls eingegangen.

Hauptziel meines Buches ist es, einen einführenden und breiten Einblick in Entwicklung, Arbeitsformen und Möglichkeiten der Supervision für helfende Berufe im deutschsprachigen Raum zu geben. Mit diesem weiten Begriff „helfende Berufe" sind in erster Linie die sozialen, pflegenden und pädagogischen Berufe gemeint.

Mit der Supervision beschäftige ich mich schon seit meinem Studium und meiner hauptberuflichen Tätigkeit in der Jugendarbeit und Erwachsenenbildung, also seit den 1970er-Jahren. An der Universität Gießen hatte ich das Glück, schon damals Gruppendynamik, Gruppenpsychotherapie und Familientherapie kennenzulernen. Später kamen noch die Psychoanalyse, die Gestalttherapie (Integrative Therapie) sowie die Kenntnis einiger weiterer Verfahren hinzu. Auch deswegen soll dieses Buch in erster Linie eine theorieübergreifende, interdisziplinäre und pragmatische Einführung in die Supervision auf dem Hintergrund der Sozialen Arbeit sein.

Um endlose Aufzählungen, Wiederholungen und Sprachungeheuer zu vermeiden, habe ich mich für die Begriffe „Sozialarbeiter" bzw. „Klient" entschieden.

Aber nicht alle, mit denen Sozialarbeiter oder Pädagogen beruflich zu tun haben, benötigen Hilfe bzw. befinden sich in der Klienten-Rolle. Sie können auch Besucher, Gäste, Bewohner, Kunden oder Teilnehmer an Angeboten sein. Dort, wo es mir sprachlich möglich erschien, benutzte ich abschnittweise nur die weibliche Form. Dabei sind natürlich auch die Männer gemeint.

Die Erstauflage war schon im Erscheinungsjahr 1996 vergriffen. In vielen Buchbesprechungen und Zuschriften hatte sich die Fachwelt sehr positiv über das Werk geäußert.

Das „Sozialmagazin" veröffentlichte in Heft 2/2000 die Ergebnisse einer Umfrage zur „Basis- und Standardliteratur in der Sozialen Arbeit". Darin ist das Buch von den Lesern aus Deutschland, Österreich und der Schweiz auf Platz 34 *aller* Fachbücher der Sozialen Arbeit platziert worden (S. 32). Gleichzeitig wurde das Buch von den Befragten zur *wichtigsten* Publikation über „Supervision" benannt. Ähnlich lautete das Ergebnis einer Umfrage der „Blätter der Wohlfahrtspflege" (Nr. 5–6, 1998, S. 131).

Der inzwischen verstorbene Gründungspräsident der „Deutschen Gesellschaft für Supervision" (DGSv), Prof. Kersting, sprach in der Fachzeitschrift „Supervision" (Nr. 32/1997, S. 116) von einer „Meisterleistung" und schrieb: „Eine solch kompetente Einführung zur Supervision hat bisher gefehlt" (S. 118).

Nachdem das Buch mehrere Jahre lang vergriffen war, liegt eine aktualisierte und teilweise neu geschriebene Fassung vor.

Was hat sich seitdem geändert? Supervision muss sich heute nicht mehr so stark legitimieren wie früher. Sie ist bekannter und selbstverständlicher geworden. Im psychosozialen Bereich finden wir kaum noch Stellenangebote, bei denen *nicht* auf Supervisionsmöglichkeiten verwiesen wird.

In der Erstauflage von 1996 sind im Anhang weiterführende historische Hinweise zur Geschichte der Supervision dargestellt worden. Aus Raumgründen habe ich diese Seiten für die Neuausgabe gestrichen.
Als PDF zum Download sind sie unter www.lambertus.de erhältlich.

Zur Zeit der Erstauflage herrschte noch die Meinung vor, dass die Supervision sich künftig über ihre verschiedenen theoretischen Zugänge erklären und entwickeln könnte. Damit waren vor allem die üblichen Richtungen („Schulen“) der Beratung und Psychotherapie gemeint. Ich war schon damals der Meinung, dass „gute“ Supervision nicht nur über *eine* Theorie wirken kann, und habe mein Buch auch anders, nämlich von der historischen, praktischen und interdisziplinären Seite her, aufgebaut.

Die Lektüre beginnt mit der Notwendigkeit von Supervision auch als Folge ökonomischer Veränderungen.

- Es folgen Erörterungen zur Entwicklung der Supervision auf dem Hintergrund der helfenden Berufe. Dazu gehört auch die Frage, wie Supervision damals wie heute vor Helfersyndrom und Burn-out schützen kann.
- Danach werden die verschiedenen Varianten und Möglichkeiten der Supervision erläutert und vor allem Anleihen und Abgrenzungen zur Psychotherapie beschrieben.

  (Wer sich nicht für die vorangegangenen Themen interessiert, kann auch ohne Verständnisverlust das Buch direkt von den folgenden Kapiteln an lesen.)
- Es folgen zentrale Kapitel, in welchen in idealtypischer und chronologischer Reihenfolge die Supervision in allen Facetten dargestellt wird.
- Schließlich werden die Arbeitsformen (Settings) der Supervision mit den Hauptvarianten Einzel-, Gruppen- und Teamsupervision erläutert. Es wird aber auch auf Coaching und Organisationsentwicklung eingegangen.
- Neu ist die Gesamtdarstellung von Supervision als Beruf einschließlich der Tätigkeiten und Verdienstmöglichkeiten in Deutschland, Österreich und der Schweiz.
- Es folgt ein Blick auf weitere Einsatzgebiete der Supervision wie beispielsweise in der Freiberuflichkeit, der Wirtschaft, Katastrophenhilfe, Traumatherapie, der Pflege, der Arbeit mit Ehrenamtlichen, im Vorschulsektor, in der Schule, der Sonderpädagogik, bei Modellprojekten sowie im interkulturellen Bereich.
- Am Ende des Textes findet man kürzere Kapitel zu den Themen Recht und Ethik, der Wirksamkeit und dem Nutzen von Supervision (und des Coaching) sowie vertiefende Informationen zur Entwicklung der Supervision in Deutschland und anderen Ländern.

Schließlich möchte ich mich noch bei allen bedanken, die mich bei dieser Neufassung unterstützt haben. Dem „Berufsverband für Coaching, Supervision und Organisationsberatung“ (BSO) aus der Schweiz, der „Deutschen Gesellschaft für Supervision“ (DGSv) sowie der „Österreichischen Vereinigung für Supervision und Coaching“ (ÖVS) danke ich für aktuellste Mitgliederbefragungen. Wenn die Daten ähnlich waren, konnte die Situation der verbandlich organisierten Supervisorinnen und Supervisoren in diesen drei Ländern verglichen werden. Wenn im Folgenden nicht anders erwähnt, ist die Situation in Deutschland gemeint.

Herr Manfred Leppers von der DGSv half dankenswerterweise bei der Beschaffung von Materialien und Informationen. Herrn Dr. René Reichel (Österreich) verdanke ich einige Hilfestellungen. Für Korrekturlesen und Anregungen bedanke ich mich bei meiner Frau Dipl.-Psych. Hildegard Belardi, meinen Kindern Dr. rer. nat. Jacob Belardi und Dipl.-Psych. Sophie Belardi. PD Dr. med. Jörg Isenberg sowie Prof. Gerwald Wallnöfer haben sich das Manuskript ebenfalls kritisch angeschaut. Herrn Dr. med. Walter Landsberg danke ich für Informationen zum Thema Katastrophenhelfer. Ohne die Anregung und Hilfen von Frau Sabine Winkler vom Lambertus-Verlag wäre diese Neuausgabe nicht entstanden.

Nando Belardi
Bergisch Gladbach bei Köln
Sommer 2015

Die Notwendigkeit von Supervision

Die Supervision hatte in ihren Anfängen das Ziel, die Sozialarbeit kostengünstiger zu gestalten und die Qualität der Arbeit mit den Klienten zu erhöhen. Weiterhin sollte die Supervision damals den Klienten *helfen*, sie aber auch *kontrollieren* und sie ebenso an die bestehenden gesellschaftlichen Verhältnisse „anpassen". Heute geht es der Supervision weniger um Kontrolle, sondern mehr um Hilfe. Bevor die Anfänge der Supervision betrachtet werden, ein kurzer Blick in die gegenwärtige Gesellschaft und Arbeitswelt.

Strukturwandel der Arbeit

Supervision und verwandte Weiterbildungsformate sind auch Dienstleistungen zur Verbesserung von Arbeit mit Menschen. Bevor wir uns mit der Supervision beschäftigen, soll kurz beschrieben werden, was sich in den letzten Jahrzehnten in der Gesellschaft verändert hat. „Der historische Blick zeigt, dass sich seit etwa Ende der 1980er-Jahre ein grundlegender Strukturwandel der Arbeitswelt vollzieht, den eine Vielzahl populärer Schlagworte zu beschreiben versucht: ‚Neoliberale Flexibilisierung der Arbeits-, Organisations- und Beschäftigungsstrukturen', ‚Sozialabbau', ‚Markt- und Kundenorientierung', ‚finanzmarktgetriebene Ökonomisierung' der Betriebe usw. Dass das gewohnte ‚Normalarbeitsverhältnis' zum Auslaufmodell wird, sowie Berufsbiographien zunehmend ‚brüchig' und ‚Lebenslagen' für viele ‚prekär' werden, ist gleichfalls selten strittig" (Voß 2011, S. 51).

Vor allem seit den 1990er-Jahren spricht man vom „flexiblen" Kapitalismus und vom dafür notwendigen „flexiblen" Menschen (Sennett). Der Strukturwandel im Erwerbsleben führte auch zu einer *Entgrenzung von Arbeit*. Arbeitszeiten sind flexibler geworden. Immer mehr Beschäftigte haben auch außerhalb der normalen Arbeitszeiten verfügbar zu sein. Nach einer anderen Untersuchung arbeitet ein Viertel der „41 Millionen Erwerbstätigen in der Bundesrepublik in ‚atypischen' Beschäftigungsverhältnissen. Dazu gehören etwa 4,8 Millionen geringfügig Beschäftigte, 4,2 Millionen Soloselbständige und 900.000 Leiharbeitnehmer" (Schröder 2013, S. 62). Mit anderen Worten: Die „Normalarbeitsverhältnisse" verringerten sich von

- 71 Prozent im Jahr 2001 auf
- 66 Prozent im Jahr 2011 (Gundert 2013, S. 26).

Diese Veränderungen in der Arbeitswelt beeinflussen auch die Supervision. In einer mehrstufigen Untersuchung hat man Supervisorinnen und Supervisoren mit Hilfe von Einzelinterviews, Gruppendiskussionen und Fragebogen über die Folgen dieses Strukturwandels befragt. Der zunehmende Leistungsdruck beeinträchtigt nach den Erfahrungen von Supervisoren das Privatleben von Mitarbeitern (Alsdorf/Fuchs 2011, S. 22f.). Knapp zwei Drittel fühlen sich in ihren Betrieben nicht genügend anerkannt (S. 24). Infolgedessen kommt es immer mehr zu einem „Aushöhlen professioneller Standards in den Organisationen" (Handrich 2011, S. 14f.). Es existieren viele Studien, die eine zunehmende gesundheitliche Beeinträchtigung durch die erhöhten Anforderungen in der Arbeit bestätigen. „Mehr als 71 Prozent der Arbeitnehmer/innen in Deutschland sind binnen eines Jahres mindestens einmal krank zur Arbeit gegangen, rund 30 Prozent sogar gegen den ausdrücklichen Rat ihres Arztes" (Haubl 2011, S. 48). Nach dem AOK-Fehlzeitenreport von 2012 sind die Kosten für die Behandlung der Kassenmitglieder bei psychischen Erkrankungen bis 2011 um 40 Prozent gestiegen (Internet-Zugriff 3. 6. 2014).

Diese Prozesse bedeuten für viele Bürger einen Verlust von Sicherheit und Orientierungsmöglichkeiten. Denn gleichzeitig ist die Arbeitswelt der Ort, wo die meisten Menschen den größten Teil ihres Lebens verbringen sowie einen Teil ihres Selbstwertgefühls entwickeln. Allerdings begünstigen diese Veränderungen auch Unsicherheiten und Selbstausbeutung (Fellermann/Leppers 2001; Voß 2008).

Gesamtgesellschaftlich gesehen sind soziale Ausgrenzung und Armut in der Periode von 2008 bis 2014 etwa gleich geblieben. „In Deutschland ist jeder Fünfte von Armut oder sozialer Ausgrenzung betroffen. Dies waren im vergangenen Jahr 16,2 Millionen Menschen" – wie das Statistische Bundesamt mitteilte (Katholische Nachrichten Agentur 16. 12. 14). In den zehn Jahren zwischen 2005 und 2014 hatten insgesamt 6,1 Mio. Menschen Zuwendungen nach Hartz IV erhalten. In den Bereichen der Jugendhilfe sowie des Sozial- und Gesundheitswesens sind mindestens 1,5 Mio. Menschen beschäftigt. Nach der „Bundesanstalt für Arbeit" haben die Sozial- und Gesundheitsberufe im Jahr 2013 einen Zuwachs von 85.000 Beschäftigungsverhältnissen (also plus 2,3 Prozent) zu verzeichnen (Pro Alter 2/2014, S. 7). Viele Einrichtungen, in denen Helfer tätig sind, funktionieren nur noch aufgrund von prekären Arbeitsverhältnissen und ehrenamtlicher Hilfe. Zusätzlich wurden in den letzten Jahren viele Methoden aus dem Industriebereich zur Kosteneinsparung (vor allem in der Pflege) in den Non-Profit-Bereich übertragen. Auch deshalb spricht der Vorsitzende des „Paritätischen Wohlfahrtsverbandes" von einer „Ökonomisierung des Sozialen" (Schneider 2014). Am stärksten von Entgrenzung und Ökonomisierungsdruck sind von allen Beschäftigtengruppen „mit 76 Prozent die Gruppen der mittleren Angestellten mit Fachausbildung betroffen" (Urban 2013, S. 47). Dazu gehören auch viele Teilnehmer von Supervisionsveranstaltungen. Denn Supervision kann Beziehungen und Kommunikation in den Teams und Unternehmen verbessern, so wie sie es schon seit Jahrzehnten im engeren Bereich der Sozialen Arbeit getan hatte. „Eine auf Vertrauen beruhende Organisationskultur reduziert den Arbeitsstress deutlich“ (Haubl 2011, S. 48). Kann die Supervision auch etwas dazu beitragen, die negativen Folgen von Strukturwandel und Entgrenzung von Arbeit zu verringern? Welches ist der Preis dafür?

1 Die Supervision kommt aus der Sozialarbeit

In diesem Kapitel soll auf die Ursprünge der Supervision aus der Sozialarbeit eingegangen werden. Dabei möchte ich kurz auf die Entwicklung in Deutschland seit dem Ersten Weltkrieg eingehen. Anschließend werden typische Probleme der helfenden Berufe, speziell in der Sozialarbeit, vorgestellt. Die ausführlichste Darstellung der deutschen Supervisionsgeschichte findet man in meinen Supervisionsbüchern von 1992 und 1996.[1]

Helfende Berufe als Frauenberufe

Supervision stammt aus den helfenden Berufen, und diese sind bis heute vorwiegend Frauenberufe. Die helfenden Berufe (Sozialarbeit, Pflege) entstanden im 19. Jahrhundert zuerst als ehrenamtliche und später als schlecht vergütete Frauenarbeit. Die Frauen aus den ärmeren Sozialklassen *mussten* in der Landwirtschaft oder Industrie zum Familieneinkommen beitragen. Die meisten Frauen aus dem Bürgertum *durften nich*t berufstätig sein. Ein Studium oder eine Arbeit im Büro war für viele aus den mittleren und höheren Sozialklassen erst ab 1918 möglich. Aber schon ab 1835 wurden Kindergärtnerinnen und Krankenpflegerinnen für die „freiwillige Hilfsarbeit" ausgebildet. Der erste Jahreskurs für Wohlfahrtspflegerinnen (Sozialarbeiterinnen) startete 1899 (Belardi 1980a, S. 30f.). Man warb die jungen Frauen mit einer angeblich natürlichen „Mütterlichkeit" (Sachße 1986) für diese neuen Tätigkeiten an. Mit Blick auf die Schule kann man feststellen, dass auch dort im Grundschulbereich die Anfänge ähnlich waren.

---

[1] Die Geschichte der Supervision ist als PDF zum Download unter www.lambertus.de erhältlich.

Die ersten Hinweise auf Supervision

Entgegen vielen falschen Behauptungen muss Folgendes festgehalten werden: Die Supervision kommt aus der Sozialarbeit und nicht aus der Psychoanalyse. Die Vorläufer von Supervision finden wir etwa ab 1880 in den USA und Großbritannien. In diesen Jahren hatte *Sigmund Freud* (1856–1939) gerade seine Doktorarbeit über die Nerven niederer Tiere verfasst und arbeitete in der Hirnforschung. Erst in den 1930er-Jahren kam es in den USA zum Einfluss der Psychoanalyse auf die Sozialarbeit und dann auch auf die Supervision. Aber es dauerte noch einige Jahrzehnte, bis sich in Deutschland supervisionsähnliche Formen als *Praxisberatung* für die jungen Sozialarbeiter nachweisen lassen. Ein Begründer der deutschen Sozialarbeit, *Walter Friedländer* (1891–1984), referierte 1929 auf einer Tagung Folgendes zur „Einführung des Praktikanten in die soziale Arbeit“:

> „Für den Ausbildungsgang des Praktikanten ist ein systematischer Plan aufzustellen. (...) Für die Ausbildung in der sozialen Außenfürsorge ist es in der Regel zweckmäßig, den Praktikanten einem einzelnen Fürsorger zur Ausbildung zu überweisen. (...) Bei der Einführung des Praktikanten ist die Gewinnung eines Vertrauensverhältnisses zum ausbildenden Fürsorger von entscheidender Bedeutung. Auf die persönliche Verständigung zwischen beiden ist Rücksicht zu nehmen. (...) Bei Übertragung weiterer sozialer Arbeiten ist sorgfältig auf die allmähliche Steigerung der Schwierigkeiten und die Gewinnung einer umfassenden Übersicht über die sozialen Arbeitsgebiete zu achten. (...) Neben der praktischen Einführung in die fürsorgerische Tätigkeit und den Verwaltungsdienst erscheinen laufende Arbeitsbesprechungen aller Praktikanten unter dem Vorsitze der leitenden Fürsorgerin wertvoll“ (Reinicke 1990, S. 132).

Bemerkenswert an diesem Text von 1929 sind die Praxisbezüge sowie die mehrfachen Hinweise auf supervisionsähnliche Arbeitsbesprechungen mit einem hohen zeitlichen Aufwand. Dabei wird besonderer Wert auf die Beziehung zum auszubildenden Sozialarbeiter gelegt. Wahrscheinlich wurde auch schon in der Gruppe gearbeitet. Nach dem Ende der Nazi-Diktatur gelang der Aufbau einer modernen und an humanen Prinzipien orientierten Sozialarbeit auch mit Hilfen aus dem westlichen Ausland. Dabei waren viele Menschen, die vor der Gewaltherrschaft fliehen mussten.

Im Jahr 1950 erschien das Buch „Casework in USA“ der Emigrantin *Hertha Kraus* (1897–1968). Darin stellt sie *Casework* als eine für den deutschen Sprachraum neue Methode der Gesprächsführung bzw. Einzel- und Familienhilfe für die Sozialarbeiter mit ihren Klienten vor. In einigen Fußnoten ihres Buches taucht zum ersten Mal in deutscher Sprache der Begriff *Supervision* auf (1950, S. 265, 406, 419). Darin erklärt sie, dass Casework als Methode der Gesprächsführung unbedingt durch die dazugehörige Reflexionsform Supervision ergänzt und unterstützt werden sollte. Die erste ausführliche und in ihren Grundzügen heute immer noch gültige Beschreibung von Supervision in deutscher Sprache stammt vom Lüneburger Psychologieprofessor *Eduard Hapke*, der die Supervision in den USA kennengelernt hatte. Im Supervisionsprozess hilft ein Berater, meistens ein erfahrener Sozialarbeiter (Supervisor), dem Helfer (Supervisanden), zu verstehen, was im Arbeitsprozess mit dem Klienten geschieht und wie er die Arbeit mit seinen Schutzbefohlenen (Klienten, Kranken, Schülern) besser gestalten könnte:

- „Wo steht der Klient innerlich, wie fühlt er, wie erlebt er von seinem Platz aus die Situation?"
- „Wie fühlt der Helfer; steht er vielleicht mit unbemerkten Empfindungen, Reizbarkeiten, Vorurteilen, sentimentalen Wallungen sich selbst im Weg? Immer bezieht sich das Gespräch auf den praktischen 'Fall', immer fragt es nach dem Fühlen und der Haltung der beteiligten Menschen" (Hapke 1952, S. 2).

Seinerzeit wurde die Notwendigkeit einer Interpretation von Praxisschilderungen ähnlich verstanden, wie es heute unter den Begriffen *hermeneutisches Verfahren* oder *Fallanalysen* bekannt ist. Hapkes Beschreibung hat auch literarische Qualitäten: Der Supervisor „versucht zu hören, was nicht gesagt, was verschwiegen, was als selbstverständlich vorausgesetzt wird. Daraus erwächst für das Gespräch ein Thema. Die Form der Gesprächsführung ist weitgehend die weckende Frage, client-centered, immer im Hören auf das mutmaßliche Fühlen des anderen." Damals konnte Supervision leichter als das definiert werden, was sie *nicht* ist: „Supervision ist nicht Seelsorge und nicht Psychotherapie, so dicht oft die Nachbarschaft werden mag. Das bezogen Bleiben auf den Fall ist Schutz gegen eine Ausweitung, die die Supervision sprengen müsste. Den Abschluss des Gesprächs bildet die Frage nach dem 'nächsten Schritt'" (Hapke 1952, S. 4). Hier haben wir es mit der wohl frühesten und immer noch gültigen Abgrenzung von Supervision zur Psychotherapie zu tun: *Berufsbezogenheit* und *Fallorientierung*. Mit Hilfe der Supervision sollten die Helfer zu einem professionellen Verhältnis ihren Klienten gegenüber gelangen, also die „Entprivatisierung der Beziehung zum Klienten" betreiben. Wer berufliche Aufgaben und private Bedürfnisse zu sehr durcheinanderbringt, wird rasch an seine Grenzen stoßen. Denn Supervision ist für Hapke „keine Herzenströstung" und „kein Freundesbeistand". Der Supervisor hört zu „nicht richterlich, nicht freundschaftlich, sondern sachlich, ärztlich" (S. 9).

Weshalb hat sich die Supervision in Deutschland anders entwickelt?

Zwischen 1950 und 1970 wurden Casework und Supervision als *Methoden* an den Wohlfahrtsschulen, also den Ausbildungsstätten der Sozialarbeiter, zu wichtigen Fächern und stärkten damit die professionelle Entwicklung in den sozialen Berufen. Doch schon bald nach 1970 kam es zum Ende dieser „Methodenorientierung" sowie der damit verbundenen Praxisnähe. Welches sind die Gründe dafür?

(1) Im Zusammenhang mit der Kritik an Hochschulen und Gesellschaft („Studentenbewegung") geriet vor allem das Casework wegen der damals einseitigen psychoanalytischen und mangelnden sozialwissenschaftlichen Orientierung ins Zentrum der Kritik (Hollstein/Meinhold 1975). (Doch Casework wurde seitdem weiterentwickelt, etwa in „Case-Management" oder „Care-Management".)

(2) Seit 1970 hatte man diese Schulen in entsprechende Fakultäten der Fachhochschulen (teilweise auch in Universitäten) übergeleitet. Die dorthin neu berufenen Professoren kamen selten aus der Sozialarbeiter-Praxis. Viele kannten die „klassischen" Methoden nicht. Zeitweise war die Ausbildung an manchen Fakultäten praxisfern, praxisfeindlich und chaotisch. Vieles mag sich seitdem durch eine neue Generation von Professoren verbessert haben. Doch *Hinte*, der die Szene seit Jahrzehnten kennt, kritisiert eine wohl zunehmende „Art der Personalrekrutierung" (2013, S. 39) wie bei den Universitäten, also über Zitierkarusselle und Seilschaften.

(3) Zwar gab es an den neuen Hochschulen auch noch einige lehrende Sozialarbeiter für Gesprächsführung, Gruppenarbeit und Supervision. Diese hatten jedoch nicht mehr den zentralen Stellenwert in der Ausbildung wie in früheren Jahren.

(4) Auch die Verhältnisse in der Praxis waren anders als in den USA. In der BRD waren viele Leiter sozialer Einrichtungen selbst keine ausgebildeten Sozialarbeiter, sondern Verwaltungsfachkräfte, Juristen, Ärzte oder Psychologen. Aus diesem Grund konnten sie keine Supervision anbieten.

Hinzu kam noch eine Reihe von Missverständnissen und Widerständen. Viele Träger befürchteten Mehrkosten und werteten die Supervision ab, indem sie argumentierten, diese sei auf „schwache und schlecht ausgebildete Sozialarbeiter ausgerichtet" (Neuffer 1990, S. 198). Aber auch Sozialarbeiter selbst hatten Vorbehalte.

Supervision geht in die Weiterbildung

Diese Veränderungen und Unterschiede haben *Louis Lowy* und *Irmgard Schönhuber* berücksichtigt, indem sie *externe Supervisoren* ausbildeten – also berufserfahrene Sozialarbeiter, die in fremden Einrichtungen beratend tätig sein sollten (Kersting 1991, S. 14). *Louis Lowy* (1920–1991), ein gebürtiger Münchner mit jüdischen Wurzeln, hatte das KZ überlebt und war in die USA emigriert. In Boston wurde er Professor für Social Work. Anlässlich seiner Aufenthalte in Deutschland nach 1945 entstanden „1969 die Zusatzausbildung in Supervision bei der Akademie für Jugendfragen in Münster (Westfalen) sowie die Supervisionsausbildung an der katholischen Fachhochschule in Nordrhein-Westfalen, an der er 1970–1977 mitarbeitete" (Scherzinger 1995, S. 231). Daraus ist das heute vorherrschende Modell des neben- oder freiberuflichen (organisationsexternen) Supervisors entstanden (S. 32ff., unten). Die Supervision hatte weitgehend die Ausbildungsstätten verlassen und etablierte sich bis heute erfolgreich am freien Weiterbildungsmarkt.

Supervision an den Fachhochschulen

Nach etwa einem halben Jahrhundert Supervision in der Weiterbildung sowie der Erfolgsgeschichte der „Deutschen Gesellschaft für Supervision" (DGSv) seit 1989 ist es interessant zu wissen, welche Rolle die Supervision *heute* an den deutschen

Fachhochschulen spielt. Denn erst seit 2001 gehört Supervision (wieder) zum regulären Bestandteil der Ausbildung in Sozialpädagogik und Sozialarbeit. *Effinger* (2002, S. 248ff.) ist es verdienstvollerweise gelungen, 60 von 75 Studiengängen (staatlich, kirchlich, Berufsakademien) zu befragen. Leider ist nicht bundesweit geregelt, *was* unter Supervision zu verstehen ist und *wie* diese durchzuführen sei. Entsprechend bunt und unklar sind die Formulierungen: „Begleitung“, „Fortbildung“, „berufsbezogene Selbsterfahrung“, „fall- und personenbezogene Reflexion“ oder ähnlich lauten die Definitionen (S. 251f.). In etwa 50 Prozent finden die Supervisionssitzungen wöchentlich oder zweiwöchentlich statt. Mehrheitlich handelt es sich um neun bis 32 Sitzungen mit durchschnittlich 8,4 Studierenden pro Gruppe. Bei den kirchlichen Einrichtungen ist die Gruppengröße kleiner und in den staatlichen größer. Meistens haben die Studierenden die Wahlmöglichkeit zwischen Praktikumsfeldern und/oder Personen (S. 256f.). Die Einzelsupervision scheint es wohl aus Kostengründen nicht zu geben. In nur 20 Prozent werden ausschließlich interne Supervisoren eingesetzt. In den meisten Fällen handelt es sich dabei um die Gruppe der lehrenden Sozialarbeiter. Bei Honoraren von etwas mehr als 20 Euro pro Stunde ist es schwer, geeignete Supervisoren als Lehrbeauftragte vom freien Markt zu verpflichten. Die meisten der eingesetzten Supervisoren verfügen über eine anerkannte Ausbildung bei der „Deutschen Gesellschaft für Supervision“ (DGSv) oder beim „Berufsverband Deutscher Psychologen“ (BDP) (S. 258f.). Die Mehrheit der Supervisoren verwendet integrative Ansätze (22), dann kommen knapp dahinter systemisch-konstruktivistische (21), humanistische (17) und zuletzt psychoanalytische (12) Verfahren (S. 260). Ein sehr bedauerliches und die Randständigkeit der Supervision in der primären Ausbildung unterstreichendes Ergebnis ist die Tatsache, dass Supervision in zeitlicher Hinsicht nur etwa 2,5 Prozent der gesamten Lehrverpflichtung umfasst (S. 255).

Auch in der DDR kannten einige die Supervision. Damals wurde sie dort „Praxisberatung“ genannt und kam vor allem über kirchliche Kontakte zustande. Aus dem Westen Deutschlands kamen Supervisorinnen und Supervisoren an die wenigen katholischen und evangelischen Wohlfahrtseinrichtungen der DDR, um dort Supervision zu lehren.

Was sollte man in den helfenden Berufen können?

Nicht wenige der jungen Berufsanfänger haben (wie die meisten Menschen) auch persönliche Probleme oder verfügen über Erfahrungen mit schwierigen Lebenssituationen. Möglicherweise interessieren sie sich auch deshalb für die helfenden Berufe. Auf diesen Zusammenhang weisen Untersuchungen über Studienmotive hin (Thole/Sauerwein 2013, S. 405ff.). Das ist aber auch positiv zu sehen: Denn die Aufarbeitung einer schwierigen Lebenssituation kann in einen Zuwachs an Kompetenz münden. Die „professionelle Handlungskompetenz“ für helfende Berufe kann man grob in *zwei Bereiche* mit jeweiligen Teilkompetenzen gliedern:

Abb. 1: Marc Weinhardt: Methodenkompetenzerwerb im Studium. In: Sozialmagazin 11–12, 2013, S. 62, Juventa/Beltz Verlag, Weinheim

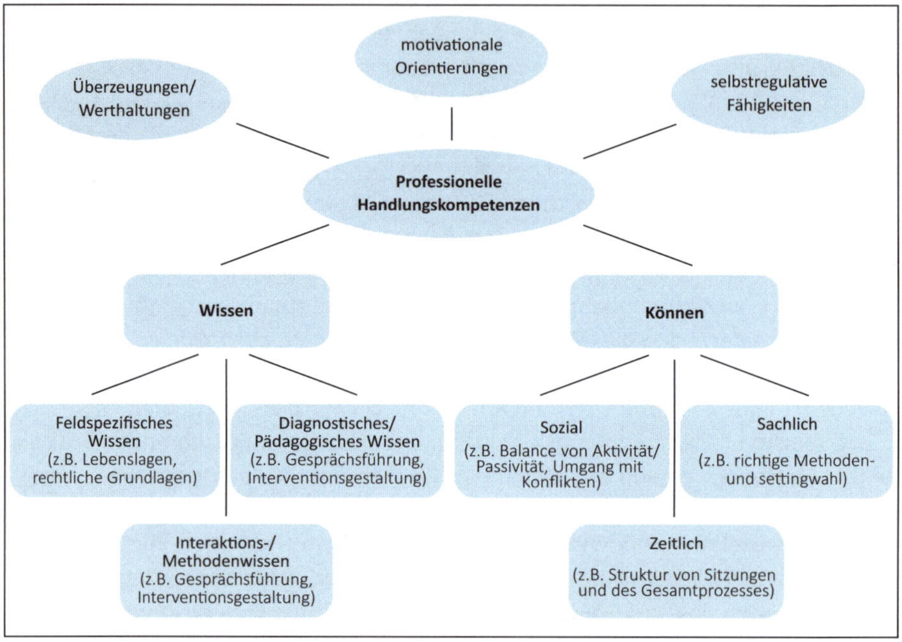

Beeinflusst wird diese Handlungskompetenz auch von Überzeugungen, Werten, Motiven und Fähigkeiten. In der Regel werden in Ausbildung und Studium eher die Kompetenzen auf der „Wissensseite" gefördert. Für den Bereich des *Könnens* bleiben angesichts oft ungünstiger Studienbedingungen sowie mangelnder Möglichkeiten, die Praxiserfahrungen zu reflektieren, nicht genügend Zeit und Gelegenheit. „Die Studierenden machen die Erfahrung, dass die Theorie nicht direkt zum Handeln befähigt" (Weinhardt 2013, S. 65). Allerdings kann die Supervision schon während der Ausbildung hierzu Hilfestellung geben. Aber auch praktische Fertigkeiten und „Handwerkszeug" benötigt man in den helfenden Berufen. Damit sind beispielsweise gemeint: Umsetzen von allgemeinem Wissen in konkrete Handlungen, Gesprächstechniken, Wichtiges von Unwichtigem unterscheiden, rangrichtige Erledigung von täglichen Arbeitsaufgaben oder die Aktenführung.

Diese Kluft zwischen dem vermittelten und dem für die konkrete Anwendung notwendigen Wissen ist sicherlich nie ganz zu überwinden, auch weil vieles nicht vorwegnehmend („antizipatorisch") erlernt werden kann. In den letzten Jahren hat man sich in vielen Ausbildungsstätten jedoch mehr oder minder erfolgreich bemüht, diese Lücke zum erforderlichen Können zu schließen: durch exemplarisches Lernen, Praktika, Projektstudium und *Supervision*. Trotzdem bleibt für die Praxis immer ein gewisser „Nachholbedarf" für Weiterbildung, auch aufgrund neuer Zielgruppen, Problemlagen, Regeln und Gesetze.

Strukturprobleme helfender Berufe

Welches sind eigentlich typische Strukturen und Probleme professionellen Handelns in den helfenden Berufen (hier ist vorwiegend die Sozialarbeit gemeint)?

- Viele Klienten haben eine *Fülle von Problemen*, die manchmal auch durch noch so intensive Hilfen nicht vollständig beseitigt, vielleicht aber gelindert werden können.
- Viele Problemlagen haben ökonomische, soziale oder psychische Ursachen *(Multikausalität)*.
- Wenn die Klienten dann Hilfe erfahren, ist es oft zu spät: Negative Erlebnisse, beispielsweise mit Behörden und Sozialeinrichtungen, haben sich dann verfestigt. Auch die Supervision wird mit diesen *Verspätungseffekten* konfrontiert.
- Angehörige der Helferberufe sind oft Mitglieder beruflich gemischter, also interdisziplinärer bzw. multiprofessioneller Teams und müssen mit Angehörigen anderer, teilweise ranghöherer Berufsgruppen zusammenarbeiten. Diese von der Sache her positive *Interdisziplinarität* kann auch zu Missverständnissen führen.
- Außerdem *wissen* Helfer von *vielem etwas*: Kindheit, Jugend, Familie, Alter, Behinderungen, Recht, Verwaltung, Gesundheit, Krankheit, Gewalt, Friedensprojekte, Gender, Projektarbeit und Politik. Sie treffen im beruflichen Alltag oft auf Berufsgruppen, die innerhalb dieses Sammelsuriums *Spezialisten in einem Gebiet* sind und dort auch mehr zu sagen haben.
- Ärzte, Juristen sowie andere statusmäßig „höher" angesiedelte Berufe haben es oft mit eindeutigen Handlungsvollzügen zu tun. Sie verfügen auch über ein *Handlungsmonopol*, was bedeutet, dass nur sie bestimmte berufliche Tätigkeiten ausüben dürfen.
- Diese Klarheit und Eindeutigkeit fehlt den Helferberufen meistens. Ihr Berufsfeld ist *mehrdeutig* und *unspezifisch*. Häufig werden sie zum „Handeln" gezwungen, obwohl sie nicht über vorgegebene Handlungsmuster, Vorgaben oder Informationen verfügen. Sie sind zuständig für alles das, was die statusmäßig „höher" angesiedelten Berufe nicht erledigen sollen oder wollen *(Allzuständigkeit)*.
- Auch die *inhaltliche Seite* der Arbeit mit den Klienten (Kranken, Schülern) ist vielfältig: Kontrollierende, unterstützende, pflegende, vermittelnde, beratende, aber auch erzieherische und unterrichtende Aspekte können vorkommen.
- Allerdings kennen wir auch innerhalb der hier aufgeführten Berufe Unterschiede. In der Pflege, in der Sonderpädagogik, aber auch in der Schulpädagogik haben wir es mit mehr *handwerklichen* und *standardisierten Berufsvollzügen* zu tun als beispielsweise in vielen Bereichen der Sozialarbeit.
- Alles das hat zur Folge, dass in den helfenden Berufen ein hoher berufsspezifischer *Aushandlungs- und Reflexionsbedarf* besteht. Auch deshalb ist Teamarbeit besonders wichtig, und auch diese kann erst in der Praxis, und nicht schon in der Ausbildung, erlernt werden.
- Diese Mehrdeutigkeit in der Alltagsarbeit, die mit einem schwer nachzuweisenden Erfolg (Evaluierung) einhergeht, macht die Helferberufe angreifbar gegenüber der Bürokratie. Darin ist ein Konflikt zwischen Hilfe und Verwaltung begrün-

det, der sich im bekannten *Widerspruch* zwischen *Hilfe* und *Kontrolle* („Doppeltes Mandat") ausdrückt.

- Da im Zentrum der helfenden Tätigkeiten auch emotionale und soziale Kompetenzen stehen, kann die berufliche Tätigkeit nicht vom *persönlichen Hintergrund* der jeweils Handelnden losgelöst betrachtet werden. Persönliche Biografie *und* Berufsbiografie gehen oft unmerklich ineinander über. Diese können sich wechselseitig fördern, aber auch negativ beeinflussen. Supervision kann hier Klarheit schaffen.

Auch nach mehreren Jahrzehnten fachlicher Diskussion über die helfenden Berufe ist unklar, „mit welchem Wissen und Können die beruflich Engagierten in den Handlungsfeldern der Sozialen Arbeit in welcher Weise fachlich ausgewiesen und professionell ihren Berufsalltag gestalten" können (Thole/Sauerwein 2013, S. 405). Bei einer unklaren und defizitären Erstausbildung nimmt die Bedeutung einer praxisorientierten Weiterbildung als *Selbst- und Fremdreflexion*, etwa in Form der *Supervision* eigener Berufstätigkeit, zu (Schütze 1994a, 1994b).

2 Helfen als Beruf

Die vorgenannten Anforderungen und Strukturprobleme in den helfenden Berufen führen zu typischen Schwierigkeiten. Bevor die Supervision weiter thematisiert wird, ist es notwendig, einige Merkmale der helfenden Berufe, vor allem in der Sozialen Arbeit, zu beleuchten. Beginnen wir in diesem Punkt mit einem Rückblick auf die Anfänge der Ausbildung.

Probleme beim Helfen oder Probleme der Helfer?

Schon vor knapp einhundert Jahren verwies die Pionierin der deutschen Sozialarbeit, *Alice Salomon* (1872–1948), auf die besonderen Anforderungen hauptberuflicher Sozialarbeit: „Die soziale Berufsarbeit beansprucht die ganze Persönlichkeit, nicht nur die Kräfte des Körpers, des Verstandes oder der Seele, sondern den ganzen Menschen. Sie trägt Enttäuschungen und Entmutigungen ohne Zahl ein" (Salomon 1927, S. 199f.). Schon damals kannte man typische Probleme der helfenden Berufe. Von Alice Salomon stammt auch die Warnung vor den „Helfernaturen" (1927, S. 75) in der Sozialarbeit. Viele Jahre später schrieb *Marie Kamphuis* (1907–2004): „Sozialarbeit ist ein Beruf, der die psychische Verwundbarkeit des Menschen erhöht" (1965, S. 100).

Aber erst im Jahr 1977 wurde diese Thematik wieder aufgegriffen. Denn damals erschien das vielbeachtete Buch von Wolfgang Schmidbauer über die „Hilflosen Helfer" (1977). Seitdem weiß man, dass scheinbar selbstlose Hilfe auch kritisch gesehen werden sollte. Was erhoffen die Helfer sich davon, wenn sie sich jahrelang über Gebühr aufopfern? Wer erinnert sich nicht an private Gespräche mit Sozialarbeitern oder Psychologen, die dabei zielsicher auf scheinbare oder reale Probleme des Gegenübers hinzielen? Möchten sie durch offene oder verdeckte, scheinbar uneigennützige Haltungen ihr eigenes Selbstwertgefühl auf Kosten der Anderen stabilisieren? Warum benötigen vor allem Angehörige helfender Berufe den Eindruck, von anderen „gebraucht" zu werden? Dabei sei an *Friedrich Nietzsches* (1844–1900) Satz erinnert: „Gute Handlungen sind sublimierte böse."

„Helfen“ kann auch tödlich enden

Immer wieder wird bekannt, dass Hilfspersonen nach anfänglichen Zuwendungen ihren Patienten gegenüber diese misshandeln und sogar töten. In Oldenburg stand ein Krankenpfleger vor Gericht, der laut Geständnis etwa 30 Patienten getötet haben soll. Dieser Fall enthält folgende Besonderheit: Der Pfleger brachte mit Hilfe eines Medikaments mindestens 85 Kranke in Lebensgefahr, um sie dann durch Reanimation zu „retten“. In etwa 30 Fällen soll das nicht mehr gelungen sein. Der Krankenpfleger wollte sich vor Kolleginnen und Kollegen als „erfolgreicher Retter“ profilieren.

Er wurde Anfang 2015 wegen mehrfachen Mordes zu einer lebenslänglichen Haftstrafe verurteilt.

Schmidbauers Thesen, die aus Supervisionen und auch Psychotherapien mit Angehörigen helfender und pädagogischer Berufe stammen, müssen wir selbstkritisch zur Kenntnis nehmen. Gleichzeitig ist davor zu warnen, diese Ergebnisse zu verallgemeinern und die Bedeutung von Entwicklungsfähigkeiten *im Beruf* zu unterschätzen. Es gibt Zusammenhänge zwischen den Helferproblemen und dem Burn-out.

Burn-out

Im Jahr 1961 veröffentlichte der britische Schriftsteller *Graham Greene* (1904–1991) den Roman „A Burnt-Out Case“ („Ein ausgebrannter Fall“). Hierin wird von einem Architekten berichtet, der beruflich und privat nicht mehr weiterkam, und um sich selbst zu finden, in den kongolesischen Urwald flüchtete. 1974 entwickelte der amerikanische Psychoanalytiker Freudenberger daraus den Begriff *Burn-out*, was so viel wie „berufliches Ausbrennen“ bedeutet. Er meinte damit eine schleichende und oft Jahre dauernde Entwicklung in mehreren Phasen, die zur beruflichen Apathie führt. Die Gründe dafür können vielfältig sein: zu hohe Ansprüche, zu geringe Anerkennung, Überforderung, zu wenig Ausgleich im Privatleben oder die Überbetonung der Arbeit (Freudenberger/Richelson 1981).

In der Nachfolgezeit kam es in vielen Ländern zu einer unüberschaubaren Anzahl von Untersuchungen über die Ursachen und Folgen dieser beruflichen Ermüdungserscheinungen (Burisch 2010). Der im Folgenden dargestellte Anstieg von Burn-out-Problemen kann auch in einem Zusammenhang mit dem eingangs erwähnten „Strukturwandel von Arbeit“ gesehen werden.

Inzwischen kennt man auch außerhalb der helfenden Berufe Burn-out. Nach einer repräsentativen Untersuchung des *Gallup-Instituts* an knapp 1.400 Arbeitnehmern aus dem Jahr 2014 fühlten sich nur 16 Prozent emotional stark mit ihrer Firma verbunden. „17 Prozent haben dagegen innerlich gekündigt – und meist resigniert. Der große Rest tut, was er tun muss: Dienst nach Vorschrift.“ Die direkten und indirekten Kosten derartiger „innerer Kündigungen“ sollen allein in Deutschland jährlich etwa 100 Milliarden Euro betragen (Kölner Stadtanzeiger 1. 4. 2014). Man vermutet, dass bei allen Berufstätigen mindestens ein Zehntel in irgendeiner Weise „berufsmüde“ ist.

Einen Anhaltspunkt, dass diese Quote bei den helfenden und pflegenden Berufen noch höher sein könnte, liefert eine Untersuchung der Allgemeinen Ortskrankenkassen (AOK) über die Arbeitsunfähigkeitstage ausgewählter Berufsgruppen aus dem Jahr 2011 wegen „Problemen der Lebensbewältigung“ (je 1.000 AOK-Versicherte). An der Spitze befinden sich Heimleiter, Sozialpädagogen, Sozialarbeiter sowie Kräfte in der Pflege mit knapp 300 Arbeitsunfähigkeitstagen. Unter 200 Tagen liegen Erzieherinnen Werbefachleute sowie Volks-, Real- und Sonderschullehrer (AOK-Fehlzeitenreport 2012, Internet-Zugriff 3. 6. 2014).

Ähnlich lauten die Ergebnisse einer Statistik der Techniker Krankenkasse, die über vier Millionen berufstätige Mitglieder umfasst. Auch aufgrund erhöhten Drucks in der Arbeitswelt haben sich die Fehlzeiten wegen Depressionen innerhalb der letzten acht Jahre fast verdoppelt. In dieser als „Depressionsatlas“ bezeichneten Studie rangieren nach den Mitarbeitern bei Callcentern Angehörige helfender Berufe, wie in Altenpflege, Kinderbetreuung oder Sozial- und Gesundheitswesen weit vor Ärzten, Ingenieuren oder Hochschullehrern (Depressionsatlas, Techniker Krankenkasse, Internet-Zugriff 2015).

Die helfenden Berufe verfügen alle über eine kurze Ausbildung. Im Arbeitsvollzug kann man selten Routine entwickeln, weil man es meistens mit Menschen in bedürftigen Lebenslagen zu tun hat, ständig neue Situationen vorkommen und die zeitlichen Vorgaben, beispielsweise in der Pflege, sich eher an den technischen Prozessen als an den Bedürfnissen dieser Menschen orientieren. Auch deshalb ist man *als Person* in diesen Berufen mit seinen Beziehungen und Gefühlen stärker gefordert als in der Technik oder beim Verkauf. Es wird von den Helfern verlangt, „zwischenmenschliche Beziehungen mit den Klienten aufzubauen und unter Bedingungen aufrechtzuerhalten, die häufig durch Erfahrungen der Aggression und Autoaggression, des Leidens und Schmerzes usw. gekennzeichnet sind. Die Helfer können diese Tätigkeit – anders als in den meisten gewerblichen Arbeitsbereichen – nicht losgelöst von ihren eigenen Empfindungen, Werten und Überzeugungen ausüben“ (Marquard u. a. 1993, S. 2). Dem Burn-out kann man nach Meinung dieser Forschergruppe in *zweierlei Hinsicht* vorbeugen: Man muss das richtige Verhältnis von *Nähe und Distanz* zur Klientel finden und die Interessen klarstellen, die Rückzugskultur überwinden, um eine möglichst *angstfreie Kommunikation* herzustellen (S. 230).

Nach *Fenglers* Buch „Helfen macht müde“ (1991) kommt es bei der *Burn-out*-Entwicklung möglicherweise zu einer wiederkehrenden Folge unterscheidbarer Etappen: Viele Helfer verhalten sich anfangs ihrer Klientel gegenüber übermäßig freundlich und engagiert; sie möchten gute Leistungen erbringen. Dieses Verhalten und viele unlösbare Probleme führen zur Überforderung. Die berufliche Frustration und zunehmende „innere“ Ablehnung nehmen zu; daraus erwachsen Schuldgefühle. Vermehrte Anstrengungen sind jetzt notwendig, um das innere Gleichgewicht aufrechtzuerhalten. Hilflosigkeit, Erschöpfung und (indirekte) Aggressionen gegen die Klientel und Kollegen machen sich breit. Es können Rückzug und innere Leere folgen. Am Ende dieser negativen Spirale kann es zur Berufsflucht, zu einer psychischen und/oder körperlichen Erkrankung kommen. Misshandlungen und gar Tötungen von Schutzbefohlenen, wie sie beispielsweise manchmal in der Pflege vorkommen, können auch im Burn-out ihre Ursachen haben. *Burn-out-gefährdet* ist man vor allem dann, wenn die inneren und äußeren Grenzen zwischen Berufs- und Privatleben verschwimmen.

In seinem Buch „Süchtige und Tüchtige. Begegnung und Arbeit mit Abhängigen" (1994a) vertieft Fengler das Thema noch im Hinblick auf die berufsmäßige Arbeit in der Suchtkrankenhilfe. Das Burn-out-Syndrom ist zwar nicht als Krankheit anerkannt, aber es gilt nach der „Internationalen Klassifikation der Erkrankungen" (ICD 10) als ein Problem der Lebensbewältigung und wird auch „Erschöpfungssyndrom" (Syndrom: Bündel von Merkmalen und Problemen) genannt.

Supervision statt Praxisberatung

Nach diesen Exkursen über Ausbildung und berufliche Probleme der Helfer kehren wir zum Thema Supervision zurück. Als Nächstes wird dargestellt, wie es zur Verwendung des bis heute missverständlichen Begriffs *Supervision* gekommen ist. Als Wort soll Supervision zum ersten Mal um 1554 in der Bedeutung von „Leitung" und „Kontrolle" gesetzlicher, kirchlicher oder testamentarischer Prozesse aufgetaucht sein (Huppertz 1975, S. 7). Im Lateinischen hat *super* verschiedene Bedeutungen. Es kann „über", „von oben" oder „darüber" heißen. *Visio* meint das „Sehen", den „Anblick" oder die „Erscheinung". Danach bedeutet Supervision „Überblick" oder „Übersicht". Weitere Bedeutungsvarianten können sein: Kontrolle, Wissensvermittlung, Hilfestellung oder eine Außenperspektive („Metaebene") einnehmen bzw. Anpassung an Arbeitsbedingungen (Ebbecke-Nohlen 1994, S. 39). Auf die Soziale Arbeit bezogen meint Supervision auch die „Meta-Perspektive", also so etwas wie einen Überblick auf die sozialen Berufsvollzüge.

In amerikanischen Organisationen, beispielsweise in der Industrie oder dem Einzelhandel, hat der *Supervisor* die Aufgabe, seinen Untergebenen Aufträge zu erteilen, ihre Arbeit zu beaufsichtigen und ihre Produktivität zu beurteilen. Er ist ein Vorarbeiter und Vorgesetzter im *Middle-Management*. „To supervise the workers" bedeutet, die Arbeit der Untergebenen zu überwachen (Coché 1986, S. 5). Im Zuge der Amerikanisierung von Sprache und Schrift können wir manchmal diese Termini auch im deutschen Sprachraum entdecken. So wird der Aufsichtshabende einer Arbeitsgruppe oder Abteilung in den Flughäfen oder bei Callcentern zuweilen „Supervisor" genannt. In einer bekannten internationalen Hotelkette heißt das Personal an der Rezeption „Front Desk Agent". Die vorgesetzte Person für den Empfangsbereich wird „Front Desk Supervisor" genannt. Von Schreyögg stammt der Hinweis, dass bei McDonald's die einzige fest angestellte Arbeitskraft oft als „Supervisor" bezeichnet wird (2013, S. 235).

Obwohl seit den 1920er-Jahren schon vereinzelt Supervision in Deutschland praktiziert wurde, hatte man den Begriff noch nicht verwendet. *Dora v. Caemmerer* (1970, S. 10) und *Christa Deichmann* (Vorwort zu Pettes 1971, S. 10), beide Förderinnen der Supervision, versuchten die Begriffe *Praxisanleitung* und *Praxisberatung* statt des englischen Wortes *Supervision* einzuführen. Dora v. Caemmerer wollte verhindern, dass durch die Verwendung des amerikanischen Begriffes die Funktion des Supervisors als Ausbilder und Vorgesetzter zu sehr in den Vordergrund rückte (1970, S. 12). *Praxisanleitung* und *Praxisberatung* benutzt man teilweise noch an den Fachschulen und Hochschulen. Allerdings ist der deutsche Gebrauch des amerikanischen Terminus *Supervision* missverständlich; aber er hat sich durchgesetzt. Sowohl den englischsprachigen Kollegen wie auch den deutschsprachigen Laien muss man häufig zuerst erklären, was Supervision bei uns *nicht* meint. Im englischen Sprachraum ist schwer zu verstehen, dass „unser" Supervisor in der Regel *kein* Vorgesetzter ist, sondern eher ein unabhängiger Berater. Vorgesetzten-Tätigkeit und Supervisoren- bzw. Berater-Rolle sind bei uns weitgehend getrennt. Wenn wir mit englischen Gesprächspartnern über unsere Supervision, die nicht von Vorgesetzten ausgeübt wird, sprechen, sollten wir den Begriff *Clinical Supervision* verwenden (Belardi 1994).

Was versteht man heute unter Supervision?

- *Supervisor* ist jemand, der Supervisionsleistungen anbietet.
- *Supervisand* ist eine Person, welche die Supervisionsleistungen in Anspruch nimmt.
- *Klient* oder *Ratsuchender* ist ein Mensch, der das Beratungsangebot des Supervisanden nutzt.

Supervision mag für den Fachfremden eine sonderbare Konstruktion sein. Wie soll eigentlich ein Außenstehender, der die Klientel nicht persönlich kennt, in der Lage sein, helfen zu können? Ein Anliegen meines Buches ist es, den darin enthaltenen *systemischen Aspekt* zu erläutern. Gerade weil sich eine fachkompetente Person *außerhalb des Interaktionssystems* mit Klienten und Kollegen befindet und nicht im Beziehungs- und Gefühlssystem sowie in dem Arbeitsbereich verstrickt ist, kann sie *anderes* sehen, zur Reflexion der Helfer anleiten und damit Hilfestellungen leisten. Bei diesem Arrangement kommt es zu zwei zeitlich und oft auch räumlich getrennten Prozessen. Wenn beispielsweise ein Sozialarbeiter mit seinem Klienten spricht, ist der Supervisor nicht anwesend.

Abb. 2: Die Beziehungen zwischen Sozialer Arbeit, Supervision und Supervisorenausbildung können systemisch wie folgt dargestellt werden:

(a) Sozialarbeit/-pädagogik ist Beratung, Hilfe, Unterstützung, Vermittlung, Erziehung u. a.: berufsmäßige Beratung *erster Ordnung*

Sozialarbeiter/-pädagoge → **Klient**

(b) Supervision ist Beratung dieses Sozialarbeiters/-pädagogen (und sonstiger Helfer) in ihren professionellen Bezügen für die Klientenarbeit: berufsmäßige Beratung *zweiter Ordnung*

Sozialarbeiter/-pädagoge → **Klient**
↑
Supervisor

(c) Lehrsupervision, also die Ausbildung von Sozialarbeitern/-pädagogen zu Supervisoren, um anderen Sozialarbeitern/-pädagogen zu helfen, mit ihren Klienten fachgerechter zu arbeiten: berufsmäßige Beratung *dritter Ordnung*

Sozialarbeiter/-pädagoge → **Klient**
↑
Lehrsupervisor → Supervisand/Supervisor

Die spätere Darstellung im Buch zeigt, dass eine Fülle von Ähnlichkeiten („Spiegelungen“) zwischen der Ebene Sozialarbeiter – Klient sowie der Ebene Supervisor – Sozialarbeiter existiert. Wie ist das möglich? Ganz einfach: Es geht um menschliche Probleme, Umgangsweisen damit, Wege und Irrwege dabei. Da existieren bei beiden Ebenen, der Beratung erster Ordnung und der Beratung zweiter Ordnung, ähnliche Prozesse. Auch deshalb ist dieses Buch gleichzeitig eine Einführung in die psychosoziale Arbeit (mit Klienten).

Seit Jahren kennen wir die Beschreibung der Supervision aus systemtheoretischer Sicht von Rappe-Giesecke: „Supervision ist eine Institution, deren

- erste Funktion es ist, die Psychodynamik von professionellen Beziehungen, seien es Beziehungen zwischen Professionellen und ihren Klienten oder Beziehungen zwischen den Professionellen, z. B. Teammitgliedern, zu analysieren.
- Zweitens hat Supervision die Funktion, die Rollenhaftigkeit dieser Beziehungen zu untersuchen; sie fragt nach den Auswirkungen der Institution, in der Professional und Klient oder Professional und Professional zusammenkommen, auf deren Beziehungen.
- Und drittens vermittelt Supervision beide Analyseebenen und klärt das Zusammen- bzw. Gegeneinander-Wirken von psychischen und institutionellen Strukturen in professionellen Beziehungen“ (1990, S. 4).

Auch nach *Schreyögg* ist die Supervision „eine Beratungsform, die berufliche Zusammenhänge thematisiert“ (1991, S. 1). Nach Auffassung der Autorin verfügt die Supervision vereinfacht gesprochen über *zwei globale Deutungsmuster:*

- Der „rationale Dialog“ enthält Rekonstruktionen von Erfahrungen aus der Praxis, Hinweise, Problemformulierungen sowie Hilfestellungen vom Typus Weiterbildung und Fachberatung. Supervisionssitzungen beginnen und enden idealerweise mit solchen „rationalen Dialogen“.

- Die „psychotherapie-orientierte Methodik“ verwendet psychotherapieähnliche Wissensbestände und Gesprächstechniken aus den verschiedenen Ansätzen von Beratung und Psychotherapie. Diese müssen allerdings für die Zwecke der Supervisionsaufgaben entsprechend modifiziert werden (Schreyögg 1991, S. 137).

Siebzehn Jahre später ergänzt Schreyögg die Supervisionsdefinition auf ihrer *Homepage* wie folgt: „Im Gegensatz aber zu den rein administrativen Aufsichtsfunktionen, der ‚administrative supervision‘, wie sie etwa in Banken und Produktionsbetrieben existiert, wird diese Form der (hier vorgestellten, N. B.) Supervision als ‚clinical supervision‘ bezeichnet.

Sie ist nämlich inhaltlich deutlich auf Handlungsvollzüge, also Mensch-Mensch-Relationen, von Praktikern in sozialen Dienstleistungssystemen zentriert, wie sie für klinische Belange in Beratung und Psychotherapie typisch sind“ (www.schreyögg.de/content/view/89/38/, 6. 12. 2014).

Ähnlich lautet mein Verständnis gegenwärtiger Supervision im deutschen Sprachraum:

> Unter dem Begriff *Supervision* versteht man Weiterbildungs-, Beratungs- und Reflexionsverfahren für berufliche Zusammenhänge. Das allgemeine Ziel der Supervision ist es, den Ratsuchenden (Supervisanden) zu helfen, damit sie ihre eigene Arbeit verbessern können. Damit sind sowohl die Arbeitsergebnisse, die Qualität der Arbeit wie auch die Arbeitsbeziehungen zu den Kollegen, Kunden, Schutzbefohlenen, Schülern oder anderen Klientel-Gruppen sowie die Untersuchung organisatorischer Zusammenhänge unter ethischen Gesichtspunkten gemeint.

Diese breite Definition von Supervision schließt grundsätzlich die Beratung *aller* beruflichen Zusammenhänge, nicht nur derjenigen aus den helfenden Berufen, ein.

Das Supervisionsverständnis hat sich seit einigen Jahrzehnten nicht verändert, aber differenziert. Auch wenn die Supervision in den letzten Jahren in ihrem Kern kaum anders geworden ist, haben sich teilweise aus der Supervision heraus, teilweise auch unabhängig von ihr ähnliche Beratungs- und Begleitungsverfahren für berufliche Tätigkeit entwickelt. Auf diese soll hier kurz verwiesen werden.

Unter *Monitoring* versteht man die Erfassung, Protokollierung, Überwachung und Begleitung von Vorgängen und beruflichen Abläufen. Auch wenn es sich dabei eher um technische Vorgänge handelt, kann es je nach Aufgabenstellung und Arbeitsweise der Monitor-Teams auch zu supervisionsähnlichen Reflexionsprozessen kommen.

Mit *Counseling* ist gemeint, dass erfahrene Führungskräfte versuchen, ihr Wissen und ihre Erfahrungen an jüngere Mitarbeiter weiterzugeben. Der Vorgesetzte befindet sich dann in der Rolle eines Lehrers, Vorbildes oder Beraters. Innerhalb einer hierarchischen Betriebsorganisation kann Counseling nur funktionieren, wenn es gelingt, diesen Hilfeprozess von Bewertungen, Karrierismus oder betrieblichen Seilschaften frei zu halten, wenn die Mitarbeiter Vertrauen entwickeln können und die Vorgesetzten ihre Macht nicht ausnutzen.

Ähnlich ist das *Mentoring*. Dabei handelt es sich um eine Partnerschaft eines erfahrenen älteren Mitarbeiters zur Unterstützung – oft auch zur Einarbeitung – eines jüngeren. Mentoren kennen die „ungeschriebenen Regeln" der jeweiligen Organisation besser als die jüngeren Mitarbeiter und können diese vor „Fehlern" bewahren und „Türen öffnen". Manche Industrieunternehmen haben spezielle Mentoren-Programme zur Personalentwicklung geschaffen (Bausch 2007).

Oft wird in diesen Zusammenhängen auch noch die *Mediation* erwähnt. Darunter kann man die möglichst unabhängige und neutrale Vermittlung *zwischen* sich streitenden Parteien (Eltern, Gruppen, Wirtschaftsbetriebe, Bürger und Staat o. a.) verstehen. Doch zurück zur Supervision.

Supervision kann auch eingesetzt werden bei der *Qualitätssicherung*. Viele Betriebe aus dem sozialen, gesundheitlichen und pädagogischen Bereich haben in den letzten Jahren *Qualitätszirkel*, teilweise aufgrund gesetzlicher Vorgaben, eingerichtet. Dabei handelt es sich um Arbeitsgruppen, bestehend aus Mitarbeitern verschiedener Abteilungen („Querschnittgruppen"). Diese haben die Aufgabe, oft mit Hilfe einer vorgegebenen Systematik („Qualitätshandbuch") Fehler im Produktionsablauf zu erkennen und Verbesserungsvorschläge zu erarbeiten. Auch weil diese Gruppen oft in ihrer Zusammensetzung neu sind und nicht ständig zusammenarbeiten, kann es zu Störungsprozessen kommen. Deshalb scheint auch hierbei eine Begleitung durch Supervision sinnvoll.

An dieser Stelle wird nicht weiter eingegangen auf das *Coaching*. Eine Auseinandersetzung mit diesem Format findet in diesem Buch statt (S. 105ff.; S. 150f., unten).

Externe und interne Supervision

Eine weitere Unterscheidung ist für die Supervisionspraxis wichtig. Es wurde bereits darauf hingewiesen, dass in den deutschsprachigen Ländern, anders als in den USA oder in England, die *organisationsexterne Supervision* dominiert. „Externe Supervision meint, dass zum Zwecke einer berufsbezogenen Beratung/Supervision gegen Honorar ein fremder Fachmann für einen zeitlich begrenzten Auftrag in die Organisation hineingeholt wird" (Berker 1994, S. 344). Die meist nebenberuflich tätigen Supervisoren haben den Vorteil, dass sie nicht in die Hierarchie der Institution eingebunden sind, die Supervisanden können eher ein „Vertrauensverhältnis" zu ihnen und untereinander entwickeln. Auf der anderen Seite kennen organisationsexterne Supervisoren das Innenleben der Einrichtungen nicht so gut. Möglicherweise entgehen ihnen entscheidende Vorgänge.

Der Vorteil einer externen Supervision: Die Supervisorin kommt zu einem Team von Heimerziehern, in dem Sprachlosigkeit herrscht. Die Teammitglieder kommunizieren vor allem auf der indirekten Vorwurfsebene. Wenn über Bewohner gesprochen wird, erfolgt das sehr verhalten und in einer abgesicherten Sprache, so als erwarte man einen „Angriff" anderer Teammitglieder. Die Supervisorin stellt fest, dass hier ungeklärte Konflikte existieren. Bevor man sich vertrauensvoll der Fallbesprechung zuwendet, müssten erst einmal die Beziehungen verbessert werden („Beziehungsarbeit"). Vorwürfe können klargestellt und hoffentlich ausgeräumt werden. Dann erst kann man sich der Reflexion gemeinsamer Arbeit zuwenden. Die Diagnose dieser Situation folgt der bekannten Regel aus der „Themenzentrierten Interaktion", wonach „Störungen Vorrang" haben (Cohn 1976, S. 122). Vor allem weil die Supervisorin nur auf begrenzte Zeit im Heim tätig ist, keine Vorgesetztenrolle innehat, ist ein „Schutzraum" entstanden.

Die organisationsexterne Supervision folgt einem allgemeinen gesellschaftlichen Trend der Delegation von Spezialaufgaben an außenstehende Dienstleister *(Outsourcing)*. Ebenso wie sich Institutionen eine Rechtsberatung, Wirtschaftsberatung oder Gebäudereinigung „einkaufen", so wird auch die Dienstleistung Supervision auf Zeit engagiert (Fürstenau 1996, S. 39).

Dagegen knüpft die *organisationsinterne Supervision* an die amerikanische Supervisionspraxis an. „Interne Supervision meint, dass zum Zwecke berufsbezogener Beratung/Supervision ein spezialisierter Fachmann auf eine Planstelle in der Organisation gesetzt wird" (Berker 1994, S. 344). Vorgesetzte leiten auch „Fallbesprechungen". Naturgemäß sind dann die Vorbehalte und Widerstände der Supervisanden größer. Streitigkeiten im Team oder persönliche Verstrickungen kommen eventuell weniger zur Sprache. Ferner ist leichter die Gefahr gegeben, dass die persönliche, berufliche und organisatorische Ebene zu sehr vermischt werden, weil man aufgrund von Äußerungen berufliche Nachteile zu befürchten glaubt. Andererseits sind bei der organisationsinternen Supervision alle Beteiligten über innerbetriebliche Vorgänge besser informiert.

Um diese Nachteile einer von den Vorgesetzten geleiteten Supervision zu verringern, haben viele große Jugendämter und freie Träger Stellen für haus- oder verbandsinterne Supervisoren geschaffen, die sich nicht im direkten Vorgesetztenverhältnis zu den Supervisanden *(Liniensystem)* befinden.

Abb. 3: Stab-Linien-Organisation

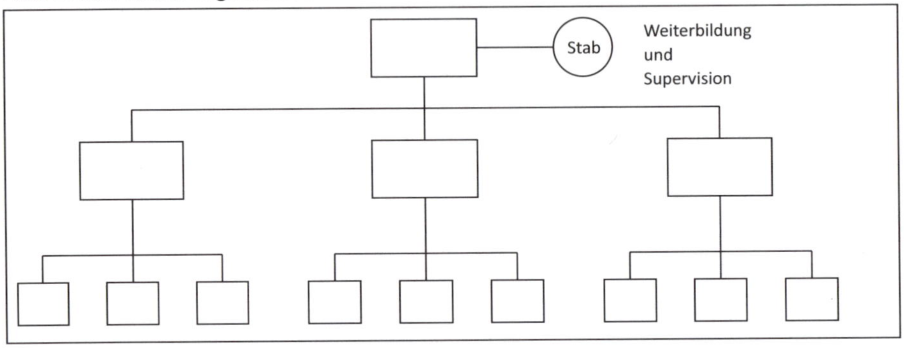

Supervisoren in Stabsfunktion kennen die Einrichtungen, die Klientelgruppen und die Arbeitsprobleme des Personals oft besser als externe Supervisoren. Andererseits haben sie es aufgrund ihrer Stabsstelle leichter, Vertrauen zu erwerben als Vorgesetzte, die auch Supervisionsfunktion ausüben.

Der Vorteil einer organisationsinternen Supervision: Das Jugendamt einer Millionenstadt verfügt einschließlich aller angegliederten Einrichtungen (Kindergärten, Jugendhäuser, Heime, Beratungsstellen u. v. a.) über 2.000 Mitarbeiter. In der Zentrale des Jugendamtes existiert schon längere Zeit eine Abteilung für Weiterbildung. Schon in den 1980er-Jahren hat man dort eine Stabsstelle für Supervision eingerichtet. Zwei vom Jugendamt fest angestellte Supervisorinnen veranstalten Gruppensupervisionen für alle Praktikanten sowie zusätzlich Angebote für Teams. Sie stehen für weitere spezielle Fragen (beispielsweise Krisengespräche, Leitungsprobleme, organisatorische Veränderungen, Fallbesprechungen, Weiterbildung) auch den Außenstellen des Jugendamtes zur Verfügung.

Doch zurück zu den beiden zentralen Varianten von Supervision. Wie kann man die *Vor- und Nachteile* interner und externer Supervision gegeneinander abwägen? Für die letztgenannten Beispiele sind eher organisationsinterne Berater geeignet. Demgegenüber ist eine organisationsexterne Supervision für das erwähnte Erziehungsheim (S. 32, oben) sinnvoller, weil dort mehr „Beziehungsarbeit" zu leisten ist. Vereinfacht gesagt sind die Vorteile, welche die externe Supervisionsrolle mit sich bringt, Nachteile der internen Supervision und umgekehrt. „Distanz des externen Supervisors zur Institution, seine geringere Vorinformation und Verwicklung mit internen Abläufen lassen ihn einen Teil der Wirklichkeit wahrnehmen, andere Teile der Wirklichkeit in den Hintergrund treten. Er sieht etwas anderes, nicht aber Richtigeres oder Falscheres, und interveniert daher anders. Die größere Nähe des internen Supervisors zu Mitarbeitern, Leitung und Organisationsstrukturen lässt ihn ebenfalls einen anderen Teilausschnitt der Wirklichkeit wahrnehmen, ermöglicht Verstehen und direktere Einflussnahme und birgt die Gefahr von Verstrickung und Blindheit" (Fox 1987, S. 180).

Abschließend sei noch darauf hingewiesen, dass in der deutschen Fachliteratur die Supervision als besondere Beratungstätigkeit fast selbstverständlich „als externe Supervision gedacht" wird (Berker 1994, S. 344). Darin drücken sich auch Hoffnungen vieler

Supervisorinnen und Supervisoren nach Freiberuflichkeit aus. „Konzeptionelle Anleihen bei therapeutischen Beratungsschulen" und ein „antiinstitutioneller Affekt", welcher „Beratung zum höheren Wert gegenüber Leitung emporstilisiert", werden dabei deutlich. „Diese Mischung führte unweigerlich zu dem exklusiven Leitbild von Supervision als externer Supervision" (Berker 1994, S. 345). Von diesem Autor stammt auch folgende „Entscheidungshilfe" hinsichtlich der Frage, ob eine Supervision *intern* oder *extern* vorgenommen werden sollte:

- „Interne Supervision ist vor allem dann geeignet, wenn Feldprobleme Ursache des Supervisionsauftrags sind.
- Externe Supervision ist vor allem dann geeignet, wenn Organisationsprobleme Ursache des Supervisionsauftrags sind.
- Von der Fachlichkeit ideal ist eine flexible Verbindung von interner und externer Supervision.
- Von den Kosten her ist eine interne Supervision dann ertragreich, wenn in größeren Einrichtungen ein hoher und kontinuierlicher Bedarf vorliegt. Eine externe Supervision ist dann sinnvoll, wenn eher kurzfristiger oder begrenzter Bedarf nach Supervision besteht" (Berker 1994, S. 352).

Nur angedeutet werden soll noch eine weitere Möglichkeit von externer Supervision. Eine Supervisorin oder ein Supervisor arbeitet seit Jahren für drei, vier oder fünf Einrichtungen eines Trägers. Hieraus ergeben sich gute Feld- und Institutionskenntnis, aber auch wechselseitige Abhängigkeiten.

Vorgesetztensupervision

Den bisher diskutierten Möglichkeiten organisationsexterner (neben- oder freiberuflicher) und organisationsinterner (angestellter) Supervisorinnen möchte ich noch eine dritte Variante hinzufügen, welche der amerikanischen Tradition entspricht: *Supervisorinnen in Vorgesetztenfunktion*. Mit diesem Begriff ist nicht die Supervision *von* Vorgesetzten, sondern die organisationsinterne Supervision *durch* Vorgesetzte gemeint. Immer wieder trifft man auf Fachtagungen Vorgesetzte, die *auch* eine Weiterbildung in Supervision absolviert haben. Sie sind jedoch nicht auf einer Stabsstelle in der eigenen Organisation für die Kollegen beratend tätig; selten üben sie anderswo nebenberufliche Supervision aus und haben aus den unterschiedlichsten Gründen nicht den „Sprung" in die Freiberuflichkeit vollzogen. Manche kamen aufgrund einer beruflichen Neuorientierung oder Krise in die Weiterbildung; oft mit dem Traum von der Selbstständigkeit. Die mehrjährige Weiterbildung hat jedoch bewirkt, dass sie sich in ihrer Rolle als Vorgesetzte sicherer fühlen, sich abgegrenzter verhalten und deutlicher zu ihrer Leitungsrolle stehen können. Häufig sind sie erfolgreich als Anleiter von Praktikanten tätig.

Feldkompetenz und Beratungskompetenz

Der Nutzen der Supervisionsperson im Supervisionsprozess ergibt sich vor allem dadurch, dass sie als Außenstehende („exzentrische Position“) nicht direkt am Geschehen zwischen Sozialarbeiter und Klient beteiligt ist. Um erfolgreich zu sein, benötigt sie zweierlei: Feldkompetenz und Beratungskompetenz.

Feldkompetenz

Unter *Feldkompetenz* versteht man die Wahrnehmung, das Verstehen und das Mitgestalten der Dynamik (Klientendynamik, Professionellendynamik und Institutionsdynamik) im jeweiligen Arbeitsfeld, das beraten wird (Berker 1992, S. 4f.). In den Anfängen der Supervisionsgeschichte, als erfahrene Sozialarbeiter ihre jüngeren Kollegen anlernten, war die Feldkompetenz eine Selbstverständlichkeit. Ein wesentlicher Bestandteil der Supervisionsinhalte war ja die Tatsache, dass der ältere Kollege mehr vom Berufsfeld wusste und über längere Erfahrungen verfügte als sein jüngerer Mitarbeiter. Die Feldkompetenz des erfahrenen Supervisors hat den Vorteil, dass er in seinen Aktionen auch Dinge ansprechen kann, die im Supervisionsgespräch nicht direkt Thema sind. Er besitzt Hintergrundwissen über die sozialen, organisatorischen, rechtlichen und zielgruppenspezifischen Fragen des jeweiligen Arbeitsgebietes.

Ein felderfahrener Supervisor weiß schon vor Beginn der Supervision, dass Berufsanfänger oft der Gefahr unterliegen, sich zu sehr mit der Klientel zu identifizieren, und sich damit schwertun, notwendige Grenzen zu setzen oder „unangenehme“ Fragen und Forderungen zu stellen. Auch wenn diese Probleme seitens der Supervisanden nicht thematisiert werden, kann der Supervisor darauf achten und nachfragen. Das kann er beispielsweise tun, wenn er den Eindruck hat, dass der Berufsanfänger diese Probleme im Gespräch vermeidet. Bei speziellen Themen des Arbeitsfeldes, die man nur kennt, wenn man selbst dort tätig war, kann er auch grundlegende Informationen geben oder Verbesserungsvorschläge machen. Ferner weiß ein felderfahrener Supervisor, wie man ähnlich gelagerte Probleme in anderen Einrichtungen gelöst hat.

Was bedeuten die angesprochenen Untergliederungen von Felddynamik, also die Klientendynamik, Professionellendynamik und Institutionsdynamik, für die Praxis? Alle drei Begriffe lassen sich am Feld der offenen Jugendarbeit erläutern:

Besucher von Jugendeinrichtungen verstehen sich häufig als Teil einer Gruppe oder Clique. Um sich von anderen Jugendlichen („Subkulturen“) abzugrenzen, verwenden sie eine spezielle Sprache und Symbolik („Jargon“, Kleidung, Abzeichen). Es haben sich auch besondere Umgangsformen („Regeln“) herausgebildet. Mitarbeiter in der offenen Jugendarbeit sind dann erfolgreich, wenn sie diese Regeln kennen und – bei Beachtung notwendiger Grenzen – auch berücksichtigen. Sie ähneln deswegen in Umgangsformen und Kleidung den Jugendlichen. Es versteht sich von selbst, dass ein Sozialarbeiter mit Anzug und Krawatte im Jugendhaus schwer vorstellbar ist. Die „Klientendynamik“ beeinflusst also die „Professionellendynamik“ und damit auch Umgangsformen und Ausgestaltung des Jugendhauses, welches deswegen eine feldspezifische „Institutionsdynamik“ entwickelt.

Der gleiche Sozialarbeiter kann aber einige Jahre später im Jugendamt tätig werden. Diese Einrichtung ist viel stärker formalisiert und bürokratisiert; sehr wahrscheinlich spricht er seine „Klienten“ mit „Sie“ an und kommt möglicherweise im Anzug zur Arbeit. (Diese Gesichtspunkte gelten auch für Supervisoren in anderen Feldern.)

Ein wesentliches Merkmal des breiten Feldes beruflicher Tätigkeiten ist die Tatsache, dass es eine Fülle von „Felddynamiken“ gibt. Denken wir nur an die drei „klassischen Ämter“ der helfenden Berufe: das Jugendamt, das Sozialamt und das Gesundheitsamt. Gleiches gilt für Institutionen der freien, teilweise weltanschaulich gebundenen Träger und die vielen von unterschiedlichen Klientelsystemen geprägten alternativen Einrichtungen. In Pflegeeinrichtungen oder Schulen sieht wiederum vieles anders aus. Was haben ein Jugendhaus, ein Jugendamt, eine Suchtklinik, eine Beschäftigungsinitiative eigentlich gemeinsam, außer dass dort auch Sozialarbeiter tätig sind? Allein schon ein Teilgebiet der Sozialen Arbeit, die Beratungsstellen, differenziert sich in so verschiedene Bereiche wie Erziehungsberatung, Drogenhilfe, Schuldnerberatung, Migrantenberatung, Schwangerschaftskonfliktberatung oder Jugendberatung mit unterschiedlichen Klientelgruppen. Das hat höchst unterschiedliche feldspezifische Dynamiken bei der Klientel, den Professionellen und den Institutionen zur Folge. Das Hintergrundwissen über die Felddynamik liefern unterschiedliche Wissenschaftsbereiche. Hierzu gehören vor allem Forschungsergebnisse (S. 128, unten), die sich mit „Organisationskultur“ beschäftigen.

Wir sehen: In den vielen sehr unterschiedlichen Berufsfeldern der helfenden, pflegenden und pädagogischen Berufe benötigen Supervisorinnen unbedingt Feldkompetenzen und Organisationswissen. Feldkompetenz ist nichts Statisches. Ebenso wie sich die Arbeitsfelder immer wieder wandeln, so verändern sich die Anforderungen an die Supervisorinnen. Reine psychologische Deutungsmuster, wie sie manche psychotherapeutisch orientierte Supervisorinnen verwenden, reichen für viele Problemlagen nicht aus, um der Mehrdimensionalität gerecht werden zu können. Möglicherweise ist die Supervision auch die bindende Klammer des unübersichtlichen Feldes Soziale Arbeit. Doch auch unreflektierte Feldkompetenz kann hinderlich sein. Etwa wenn der Supervisor meint, aufgrund langer Berufserfahrung alles „besser“ zu wissen und zu können als die jüngeren Supervisanden. Der Supervisor wird unter Umständen ungeduldig oder rivalisiert. Er übersieht möglicherweise spezielle Bedingungen dieser *einen* Institution, weil er zu sehr seinen beruflichen oder gar persönlichen Hintergrund mit ins Supervisionsgespräch einbringt.

Beratungskompetenz

In den letzten Jahren ist auch aus den vorgenannten Gründen neben die Feldkompetenz zusätzlich die *Beratungskompetenz* gerückt. Beratungskompetenz heißt, dass ein Supervisor sich in *erster Linie* als Berater für berufliche Zusammenhänge versteht, sein Wissen bzw. seine Aktionen auf verschiedenen Theorien und Methoden zur berufsspezifischen Beratung beruhen und es deswegen nicht mehr so wichtig ist, die jeweiligen beruflichen Felder der Supervisanden *genauer* zu kennen. Vor allem die psychotherapeutisch orientierten Supervisoren sind bei mangelnder Felderfahrung in der Sozialen Arbeit vorwiegend auf ihre beraterischen Fähigkeiten angewiesen. So kann es passieren, dass bei speziellen beruflichen Themen die Supervisanden unzulänglich verstanden werden und unangemessene Deutungsmuster ihre Anwendung finden.

Beispielsweise ist es beim Thema Konflikt mit Vorgesetzten wichtig, gemeinsam die Hierarchie zu untersuchen. Eventuell ist es angebracht, den betreffenden Vorgesetzten mit einzubeziehen oder ein Gespräch über Abwesende zu verhindern. Aber den Supervisanden unreflektiert ein „Autoritätsproblem" zu unterstellen wäre auf diesem Kenntnisstand eine „Psychologisierung" komplexer sozialer Sachverhalte.

Zu diesem Thema schrieb die bekannte Psychoanalytikerin *Bauriedl*, dass feldkompetente Supervisoren mit entsprechender Beratungskompetenz „mehr Verständnis für die Dynamik des Berufsfeldes" hätten als beispielsweise ein Psychoanalytiker, „der dieses Feld nicht aus eigener Anschauung kennt" (1993, S. 26).

Die Schwerpunktverlagerung von der Feld- zur Beratungskompetenz zeigt auch recht deutlich die Entwicklung der Supervision von der Sozialarbeiter-Praxisberatung zu einem eher eigenständigen Beratungsberuf. Hinzu kommt, dass manche hoffen, durch freiberufliche Supervisionstätigkeit den vielen Mühen der Sozialen Arbeit, der Pflegetätigkeit oder der Pädagogischen Arbeit entgehen zu können (S. 137ff., unten). Vor allem freiberufliche Supervisoren legen Wert darauf, dass sie Berater für *unterschiedliche* Berufsfelder sind. Es ist allerdings fraglich, ob man durch Beratungskompetenz fehlendes Feldwissen ausgleichen kann. Für die Auftraggeber von Supervision ist es jedoch wichtig, zu erfahren, *wo* und *wie* die Berater sich ihr Feldwissen angeeignet haben. Zu Beginn der Supervisionstätigkeit bieten Supervisorinnen häufig in solchen Berufsfeldern ihre Kompetenzen an, wo sie sich aufgrund der eigenen Erfahrungen und Weiterbildungen gut auskennen. Nach und nach werden diese Erfahrungen (auch durch Praktika oder Hospitationen) differenzierter zugunsten der *Feldkompetenzen* erweitert. Nicht jede Supervisorin kann überall tätig werden. Andererseits ist der *Wechsel des Feldes* ebenfalls angesagt. Denn die Entstehung und Entwicklung neuer Zielgruppen und Probleme durch gesellschaftlichen Wandel (beispielsweise HIV-Infizierte, Migranten, Alternativsektor, ambulante Kranken- und Altenpflege, Ganztagsbetreuung von Kindern, alternative Schulen, Inklusion, Hospizarbeit u. v. a.) zwingen gerade zur Ausweitung der ursprünglich eng definierten Kompetenz.

Noch vor Jahren kam es immer wieder zu Fachdiskussionen darüber, ob die Feldkompetenz *oder* die Beratungskompetenz wichtiger für eine gelungene Supervision sei. Diese Frage ist inzwischen geklärt. Die empirische Supervisionsforschung zeigt mit „beeindruckender Deutlichkeit", wie wichtig die Feld- und Fachkompetenz der Supervisorinnen und Supervisoren ist (Ehrhardt/Petzold 2011, S. 143).

Dieses Ergebnis ist eine Absage an die Selbstüberschätzung („Supervisions-Generalisten") von zu jungen Supervisorinnen und Supervisoren, in allen Gebieten etwas wissen und können zu wollen (S. 143). Diese Überlegungen sollten aber keine Absage an die Beratungskompetenz sein. Feldkompetente Supervisoren müssen auch über die sogenannten *unspezifischen Beratungsfaktoren* (Einfühlungsvermögen, emotionale Wärme, Echtheit) verfügen, wie sie *Rogers* schon vor Jahrzehnten hervorgehoben hat und wie sie immer wieder auch empirisch für erfolgreiche Beratung nachgewiesen wurden (Grawe u. a. 1994; Truax/Carkhuff 1967).

Abb. 4: Bestandteile supervisorischen Wissens und Könnens

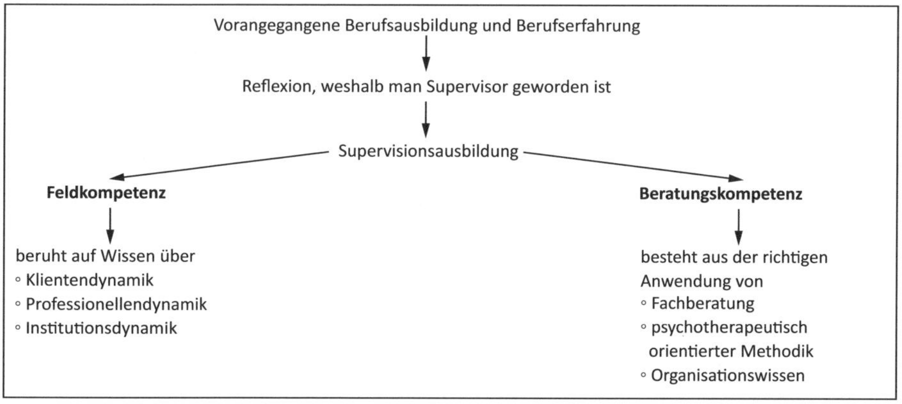

3 Supervision zwischen Fachberatung und Psychotherapie

Vor allem die letzten Erörterungen machen es notwendig, die Supervision genauer in ihrem Verhältnis zur *Fachberatung* und *Psychotherapie* zu erläutern. Schließlich stellen beide Begriffe die Schwerpunkte des supervisorischen Wissens und Könnens dar. Wichtig ist es, dass das Folgende nicht so statisch gesehen wird, wie es in der Schriftform erscheint. Wir haben es mit höchst reflexiven Prozessen zu tun. Dabei sind Begriffe oft nur Hilfen zur Verständigung.

Fachberatung

Zur *Fachberatung* gehören Wissensbestände über die Klientel, die Arbeitsziele, das damit verbundene methodische Handeln sowie rechtliche und organisatorische Zusammenhänge der jeweiligen beruflichen Tätigkeiten. Das Wissen in der Fachberatung wird überwiegend in rationaler Form, also über den „Kopf", vermittelt. Fachberatung gründet auch auf der Feldkompetenz. Fachberatung und Feldkompetenz liegen somit lernmäßig auf einer vergleichbaren Ebene.

> Eine kognitive Fachberatung: Die Leiterin eines Kindergartens möchte von der Fachberaterin ihres Trägerverbandes wissen, wie in ihrer Einrichtung die Gruppenangebote „besser" gestaltet werden könnten. Im Gespräch wird deutlich, dass die Leiterin in Einzelgesprächen und an Elternabenden häufig der Kritik von Eltern ausgesetzt war. Die Kinder seien zu unausgeglichen, und man befürchte, dass die notwendige Lernhaltung für den Schulbeginn durch die „schlechte" Arbeit in den Gruppen nicht erreicht werden könne. Auch gebe es kein spielerisches Angebot in englischer Sprache. Innerlich hat die Leiterin auch Ängste, dass vor allem die Kritik von zwei weiblichen Mitgliedern des Elternrates dem Träger bekannt werden könnte. Allerdings findet sie keine Gelegenheit, diese Ängste zu äußern. Die Fachberaterin informiert die Leiterin nun über andere curriculare Möglichkeiten und neue Lerneinheiten.

Sicherlich verhalten sich immer weniger Fachberaterinnen so einseitig. Dieses Beispiel soll vor allem verdeutlichen, dass in diesem „Beratungsgespräch" etwas „fehlte": die Untersuchung des Beziehungsverhältnisses zwischen der Leiterin und den Eltern. Möglicherweise befindet sich die Leiterin wirklich nicht mehr auf dem aktuellen Stand der Frühpädagogik. Diesen Mängeln könnte durch eine Weiterbildung abgeholfen werden.

Eine Konfliktsituation ergibt sich häufig bei Gesprächen von „älteren" Erzieherinnen mit jüngeren Kolleginnen, die oft eine längere und stärker wissenschaftsbezogene Ausbildung absolviert haben. Die „Älteren" verfügen oft über mehr Erfahrung und Macht. Wenn sie bei solchen Auseinandersetzungen Kränkungen erfahren, äußern sie sich manchmal wie folgt: „Ihr wisst ja alles besser, und wir haben alles falsch gemacht." In der Supervision sollte derartigen Auseinandersetzungen die Schärfe genommen werden.

Allerdings: Dieser „Fallarbeit" mangelt es auch an der Untersuchung der Beziehungen der vorangegangenen Ereignisse (Beziehungsanalyse, Reflexion der Beziehungen), der Gespräche mit Eltern und Trägervertretern. Um das genauer zu untersuchen, um Hintergründe zu verstehen, benötigen wir Wissens- und Handlungselemente, die aus dem Bereich der Psychotherapie kommen. Viele Pioniere der Supervision haben sich von der modernen Psychotherapie, besonders der Psychoanalyse, Anleihen für ihre Theorien und praktische Tätigkeit geholt. Beratung ist ja nicht nur die Weitergabe von Informationen auf der Wissensebene, sondern sollte im Sinne eines supervisorisch angelegten Gesprächs weiter gehende Fragen stellen, wie es Hapke schon 1952 dargelegt hatte (S. 19, oben).

Unter *Psychotherapie* versteht man allgemein das Erkennen und Heilen psychischer Leiden. Im optimalen Fall lernt man in der Psychotherapie auch etwas über sich und sein Verhältnis zu anderen Menschen, kann sein Verhalten ändern und erhöht damit die eigene Lebensqualität. Viele Erkenntnisse aus dem Psychotherapie-Wissen können auch für den privaten und beruflichen Alltag wichtig sein, unabhängig von seelischen Problemlagen. Gerade das macht den Wert des Psychotherapie-Wissens für die Beratungskompetenz in der Supervision aus.

Doch zurück zum Beispiel:

- Wie ist die Situation in den einzelnen Gruppen des Kindergartens *(Klientendynamik)*?
- Wie ist die Lage der Erzieherinnen und Erzieher in der frühpädagogischen Einrichtung und speziell das Verhältnis der Leiterin zu den Gruppenerzieherinnen *(Professionellendynamik)*?
- Wie ist das Verhältnis der Leiterin zu den Eltern? Weshalb versteht sie deren Kritik so, dass sie nach neuen Konzepten fragt? Warum fürchtet sie sich vor dem Träger *(Felddynamik)*?

Mit diesen Überlegungen geraten Fragen in den Vordergrund, die mit den *persönlichen Beziehungen* der beteiligten Menschen (Erzieher, Eltern, Kinder, Träger) sowie ihrem Handeln innerhalb der Organisation Kindergarten zu tun haben *(Gruppen- und Rollenbeziehungen)*. Die Erfahrung lehrt, dass

Überlegungen in diese Richtung zumindest ebenso wichtig sind wie das vermeintlich „richtige" Konzept zu besitzen. Obiges Beispiel sollte zeigen, dass Fachberatung als *rein vernunftmäßiges* Gespräch oft zu kurz gedacht wird.

Psychotherapieähnliche Beratung

Unter psychotherapeutisch orientierter oder psychotherapie-ähnlicher Beratung verstehe ich eine Beratung für Alltag und Beruf, in welcher einiges an Wissen und Techniken aus der Psychotherapie (Tiefenpsychologie) angewendet wird, ohne jedoch direkt psychotherapeutisch zu arbeiten. Es werden also keine „Krankheiten" behandelt und die Supervisanden sind keine „Patienten". Allerdings kann die Supervisorin der Supervisandin helfen, etwas, was dieser selber nicht bewusst war, zu verstehen. Denken wir obiges Beispiel weiter. Statt mit einer Fachberaterin spricht die Kindergartenleiterin mit einer psychoanalytisch orientierten Supervisorin, die über wenig Erfahrungen im Vorschulbereich verfügt.

Beispiel einer psychoanalytischen Supervision: Die Supervisorin hört aus den Mitteilungen der Leiterin vor allem, dass es um Ansprüche der Eltern geht. Sie konzentrierte sich auf folgenden Schwerpunkt („Fokussierung"): Es stellt sich heraus, dass die jüngere Leiterin sich vor allem zwei älteren Müttern gegenüber nicht gewachsen fühlt. Diese ähneln im Verhalten und der Wortwahl ihrer Mutter. Die Argumente dieser Frauen erinnern die Leiterin unbewusst an die Anforderungen ihrer Mutter, unter denen sie oft gelitten hatte und handlungsunfähig wurde: „Nur wenn man jetzt schon das kann, kommt man in der Schule voran und wird etwas im Leben", hatte ein häufig vorgetragener Anspruch der Kinder-Mütter an sie gelautet. Nach mehreren Supervisionsstunden wird der Leiterin klar, dass sie diese Ansprüche nicht mit denjenigen ihrer Mutter „verwechseln" darf. Sie ist einer „Übertragung" unterlegen. Der Supervisorin gelingt es, die Leiterin des Kindergartens sozusagen von ihrer „inneren" Mutter in diesen Müttern „abzukoppeln".

Dieses Beispiel zeigt, dass der Schwerpunkt oder Fokus der Supervision auf einer anderen Ebene liegt als bei der Fachberatung. Es ging nicht um den vernunftmäßigen, sondern um den beziehungsmäßigen Gesichtspunkt. Auch bleiben bei dieser Sichtweise machtbezogene und organisatorische Aspekte (Druck der Mütter auf die Erzieherinnen, Erwartungen des Trägers) im Hintergrund. Eine Supervisorin, welche die Tiefenbindung der Leiterin an die Elternvertreter erkennt und auflösen kann *(Beratungskompetenz)* und gleichzeitig Hilfestellung bei der Verbesserung von Konzepten anzubieten hätte *(Feldkompetenz)*, wäre möglicherweise noch erfolgreicher. Für die Abnehmer von Supervision ist es wichtig, dass sie wissen oder eine Vorstellung davon haben, welche Problemlagen bei ihnen existieren könnten.

Projektionen und Übertragungen

Im Folgenden wollen wir uns den tiefenpsychologischen Prozessen zuwenden, die in jeder Supervision (und in vielen Arbeits- und Alltagssituationen) mehr oder minder eine Rolle spielen können. Im letztgenannten Beispiel „verwechselte" die Leiterin hinsichtlich der Ansprüche an ihre Person die Mütter der Kinder mit *ihrer* Mutter. Hier fand eine *Übertragung* statt. Die Übertragung darf nicht mit der Projektion verwechselt werden. *Projektion* bedeutet, dass eine Person ihr eigenes positives oder negatives Denken und Fühlen in jemand anderen hineinverlegt: „Nicht ich fühle mich aggressiv oder unsicher, sondern der andere." Projektionen wirken sich auch oft störend in Arbeitsbeziehungen aus, wenn sie als Ansprüche formuliert werden. Ohne es genau auszusprechen, wird dem anderen der Vorwurf gemacht, nicht so zu sein, wie es dem eigene Ideal oder der eigenen Wunschvorstellung entspricht. Der damit verwandte erweiterte Fachbegriff *Übertragung* bedeutet hingegen, dass unsere Wahrnehmungen, Erinnerungen, Gefühle und Wünsche von der Vergangenheit geprägt sind. Deshalb tragen wir häufig unbewusste „alte" Kommunikationsmuster in aktuelle, „neue" Beziehungen hinein. Der *Unterschied* der Übertragung zur Projektion besteht darin, dass zu der Übertragung noch eine dritte Person, die nicht im aktuellen Geschehen beteiligt ist, gehört. Aber auch andere Dynamiken sind möglich. Man kann auch Übertragungen von Ehepartnern, Geschwistern, eigenen Kindern oder anderen Menschen auf berufliche Interaktionspartner haben. Es kommt auch vor, dass ältere und/oder alleinlebende Menschen ihre Haustiere als Übertragungsfiguren benutzen: „Mein Waldi hat Hunger." In der Regel stehen bei Übertragungen jedoch langjährige Beziehungspartner als „abwesende Dritte" im Hintergrund. In der Supervision unterscheiden wir pragmatisch zwischen:

- *Spontane Übertragungen* entstehen aufgrund äußerer Merkmale eines neuen sozialen Kontaktes. Diese lösen sich oft von selbst auf, wenn man merkt, dass diese Person nicht die „Projektions- oder Übertragungsfigur" früherer Erfahrungen darstellt.
- *Typologische Übertragungen* kommen durch bekannte Rollenerwartungen des Alltags zustande. So beispielsweise in der „Arzt-Patient-", „Lehrer-Schüler-" oder „Sozialarbeiter-Klient-Beziehung". Oftmals spielen dabei Machtverhältnisse eine Rolle. So wird es ein Arzt als Supervisor im Krankenhaus sicherlich leichter haben als eine ebenfalls supervisorisch genauso ausgebildete Krankenpflegerin. Typologische Übertragungen sind „bewusstseinsnah". Durch Ansprache kann sich das starre Rollenverständnis „auflösen".
- *Notorische Übertragungen* sind demgegenüber lebensgeschichtlich länger festgelegt, also früh und nachhaltig geprägt und damit zum unbewussten Teil des „Selbst" geworden *(verinnerlicht)*. In der zweiten Variante des Beispiels, der psychoanalytischen Supervision, hatten wir es vermutlich mit einer derartigen notorischen Übertragung zu tun. Die Schlüsselfrage bei der Suche nach Übertragungen in der Supervision heißt: „Woher kennen Sie das?"

Mit der Aufdeckung von Projektionen und Übertragungen in der Supervision sollten sich Supervisorinnen und Supervisoren nur dann beschäftigen, wenn sie über hinreichende Selbsterfahrung verfügen. Dazu gehört beispielsweise eine eigene Psychotherapie. Dann könnte man eher sicher sein, dass man nicht von der eigenen Machtposition aus den Supervisanden eigene Sichtweisen überstülpt.

Wie bemerken Supervisorinnen und Supervisoren, dass es sich nicht um eigenes, sondern um fremdes „Material" handelt? Schauen wir uns noch einmal unser Beispiel an, um diese komplizierte Abgrenzung zu verstehen. Es stellt sich die Frage, warum sich die psychoanalytisch orientierte Supervisorin so sicher sein konnte, dass das Problem der Leiterin eher in der Beziehung zu den Elternvertretern und nicht im Team oder auf der Konzept-Ebene zu suchen war? Diese Sicherheit war durch die reflektierte Gestaltung der Gesprächssituation zustande gekommen.

Die Supervisorin ließ die Leiterin ihre Fragen und Sorgen einfach erzählen und unterbrach nur, um Verständnisfragen zu stellen. So kam eine Materialdarstellung zutage, welche vorwiegend auf der emotionalen Betroffenheit durch den Kontakt mit den beiden Frauen aus dem Elternrat beruhte. Gerade dadurch wusste die Supervisorin: „Das Problem liegt in der Beziehung der Leiterin zu den beiden Frauen." Durch das wenig strukturierte Gespräch war der Schwerpunkt („Fokus") durch die Leiterin als Supervisandin selbst entstanden. Nun wird dieser Fokus beibehalten. Die Supervisorin fragt nach Alter, Erscheinung, Auftreten und Wirkung dieser beiden Frauen. Es kommen Antworten, die auch in einen anderen Kontext passen würden. Auf Nachfrage berichtete die Leiterin, dass sie sich wie „ein kleines Mädchen" vorgekommen sei. Sie wirkte auch in der Gesprächssituation auf die Supervisorin so („Re-Inszenierung"). Bei diesen Schilderungen hat die Supervisorin plötzlich ein „inneres Bild" vor Augen. Sie sieht das „kleine Mädchen" in der Leiterin vor deren Mutter und denkt: vielleicht hat das auch etwas mit der Mutter der Leiterin zu tun. Auf einer anderen Ebene versetzt sie sich in die Lage der Leiterin („Probe-Identifikation") und fühlt in sich, wie sie an deren Stelle empfinden würde. Sie wäre genauso hilflos angesichts der Schilderungen, die sie erlebt. Auf einer weiteren Ebene prüft sie innerlich nach, ob dieses vermutete Beziehungsgeflecht (Leiterin – Mütter der Kinder) etwas mit ihrer eigenen Mutterbeziehung zu tun haben könnte, und kommt zu dem Ergebnis, dass die Beziehung zu ihrer eigenen Mutter hier keine Rolle spielt. Nun ist sie sich sicher, die Leiterin erlebt die Kindergarten-Mütter als „fordernde eigene Mutter".

In diesem Beispiel sind Erkenntnisse enthalten, die wir der Psychotherapie- und Beratungswissenschaft, speziell der *Übertragungsforschung*, verdanken (Thomä/Kächele 1989, Bd. 1, S. 53ff.). Vergegenwärtigen wir uns nochmal die einzelnen Schritte:

- Die Supervisorin *fokussierte* auf die Mutterbeziehung der Leiterin. Durch die Antwort auf die Frage: „Von wem kennen Sie das?" wurde ihr deutlich, dass die Leiterin die Frauen (genauer gesagt: deren Ansprüche) „innerlich" mit der eigenen Mutter „verwechselte".
- Diese Sicherheit des Fokus erhielt die Supervisorin durch das Material der Leiterin sowie ein kurzeitiges „Sich-Hineinversetzen" *(„Probe-Identifikation")* in die emotionale Lage der Leiterin.

- Durch ihre Ausbildung und Selbsterfahrung war die Supervisorin überzeugt, dass das Verhältnis zu ihrer *eigenen* Mutter bei diesen komplizierten Vorgängen *keine Rolle* spielte. Es war *nicht* ihre Geschichte, die wie in einem „inneren Film" in ihr ablief, sondern die Geschichte der Leiterin. Sie hatte also keineswegs in die Leiterin „hineinprojiziert". (Eine erfahrene und reflektierte Supervisorin wird aber immer noch offen sein für andere Sichtweisen.)
- Ergebnis dieses „Sich-Hineinversetzens" war, dass die Supervisorin sich zeitweise *wie* die Leiterin den Müttern und der realen Mutter gegenüber fühlte. Dieser Prozess heißt in der Fachsprache *Gegenübertragung*.
- Gleichzeitig konnte die Supervisorin diese verschiedenen Ebenen reflektieren, auseinanderhalten und für produktive Klärungen verwenden.

Diese inneren und äußeren Prozesse unterscheiden zu können, lernt man in der psychotherapeutischen und supervisorischen Ausbildung, vor allem den Umgang mit der *Gegenübertragung* – ein Prozess, der die bewusstseinsfähigen emotionalen Reaktionen des Supervisors auf das Verhalten (Gefühlsäußerungen, Darstellungsweise, „innere Bilder" u. a.) der Supervisanden *in* der Beratungssituation meint (Thomä/Kächele 1989, Bd. 1, S. 83ff.). Der richtig interpretierte Gehalt dieser Gegenübertragungen ist bezüglich der Informationen über den Klienten („abwesender Dritter") oft wertvoller als die berichteten Fakten, weil sie unbewusster Natur und deswegen „ungefiltert" sind. Diese Arbeit mit der „Gegenübertragung" gehört inzwischen zum „Handwerkszeug" jeder beziehungsmäßig orientierten Beratungs- und Psychotherapie-Methodik. Dabei wird auf die von dem Klienten (Supervisanden) im Helfer (Supervisor) ausgelösten emotionalen Reaktionen geachtet. Es kann sich beispielsweise um Angst, Erschrecken, Freude, Mitleid, Fluchtgedanken, Beschützungsfantasien oder weitere „innere Bilder" handeln. Diese Gegenübertragungsmanifestationen können entweder *direkt* ins Bewusstsein kommen oder *später*. Das kann in einer nachfolgenden Supervision oder im Teamgespräch der Fall sein. Um sie von den eigenen Mustern (Übertragungen) der Supervisorin zu unterscheiden, ist es wichtig, dass diese Gefühle *nichts* mit der Lebensgeschichte und den aktuellen Problemen der Supervisorin zu tun haben, sondern *direkt* der Supervisionssituation entspringen.

Gegenübertragungsgefühle sind also keinesfalls Störfaktoren, sondern aufgrund der praktischen Erfahrung ein wichtiges Diagnostikum und Hilfsmittel, um den Reflexionsprozess voranzubringen. Beispiel: Wenn die Supervisorin in ihren Fantasien beispielsweise Angst oder Beschützergefühle entwickelt, kann das auf die Ablehnung des Klienten hinweisen. Wenn die Supervisanden sich ihren Klienten gegenüber „grenzenlos" verhalten, alles zulassen und keine Anforderungen stellen, wird sich bei der Supervisorin zunehmend Ärger einstellen. Es soll nochmals betont werden: Die reflektiert eingesetzte, methodisch „richtige" und situativ angemessene Mitteilung der Gegenübertragung ist der *Hauptmotor* eines gelungenen Supervisionsprozesses. Denn durch das gefühlsmäßige Erleben des außenstehenden Beraters werden die „blinden Flecke" in der Beziehung zwischen Helfer und Klient sichtbar.

Was die Übertragung anbelangt ist, noch eine weitere Unterscheidung zu treffen: Auch Supervisoren können den „Kunstfehler“ begehen und auf Verhaltensweisen von Supervisanden auf eine Weise reagieren, als handele es sich um ihre eigenen Probleme. Dies nennt man die *Übertragung des Supervisors* auf den Supervisanden (bzw. des Sozialarbeiters auf den Klienten). In diesem Fall hätte der Supervisor seine Vorgeschichte nicht genügend „im Griff“. Er sollte sich Rat und Unterstützung suchen, also selbst Supervision in Anspruch nehmen.
Zusammenfassend sei darauf hingewiesen, dass psychotherapeutische Kenntnisse wichtig sind, um in der Supervision effektiv zu sein. Um über die reine Fachberatung an der Oberfläche hinauszugehen, sollte man in die „Tiefe“ der Beziehungen aller Beteiligten gelangen.

Unterschied zwischen Psychotherapie und Supervision

Für diese Unterscheidung soll das oben geschilderte Beispiel vertieft werden:

- *Umgang mit Übertragungen:* Etwas vereinfacht gesagt, gilt in der Supervision folgendes Prinzip: mehr „Breite“ hinsichtlich der Arbeitsaufgaben, weniger „Tiefe“ bezüglich der Lebensgeschichte. In der Psychotherapie ist es eher umgekehrt. Als der Kindergartenleiterin mit Hilfe der Supervisorin klar war, dass sie die Elternvertreterinnen mit ihrer Mutter „verwechselte“, wurde diese Übertragung zwar angesprochen, dann aber gemeinsam erarbeitet, wie die Leiterin dieser „Beziehungsfalle“ entgehen, also wie sie sich diesen Frauen gegenüber zukünftig anders verhalten könnte. Man bezeichnet das als ein Arbeiten *an* der Übertragung.
- *Therapiemöglichkeiten benennen, aber nicht therapieren:* Wenn die Leiterin bei ihrer „Mutterthematik“ bleiben möchte und sich weniger für ihre Arbeitssituation interessiert, müsste die Supervisorin klarstellen, dass das nicht in den Rahmen der Supervision gehört. Denn das wäre eher ein Arbeiten *in* der Übertragung. Sie kann ihr allerdings weitergehende Hilfen bei einer Psychotherapeutin vorschlagen.
- *Keine Rollenvermischung:* Die Kindergartenleiterin sollte in fachlicher Hinsicht als „Kollegin“ der Supervisorin behandelt werden; sie ist keine „Patientin“ (Bauriedl 1993). So wird eine misslingende Psychotherapie verhindert, und eine Supervisionsbeziehung mit guten Aussichten auf Erfolg bleibt bestehen.
- *Auf der Arbeitsebene bleiben:* Alle Äußerungen werden im Hinblick auf die Arbeitssituation und die Aufgabe interpretiert und kommentiert. Es gilt, die Arbeitsaufgabe zu lösen (Fürstenau 1990, S. 3). Im vorstehenden Beispiel wären das Strategien zur Klärung des Konfliktes mit den Müttern. Biografische Äußerungen werden entweder ignoriert oder nach einer Erläuterung, weshalb man sie nicht aufgreifen möchte, ausgeklammert. (Im Extremfall wird auf die Möglichkeit einer Psychotherapie bei einer anderen Person verwiesen.)
- *Selbstdeutungen sind besser als Fremddeutungen:* Eine methodisch ungeschickte Fremddeutung wäre es, wenn die Supervisorin der Leiterin unvermittelt sagt: „Da haben Sie die beiden Frauen mit Ihrer Mutter verwechselt.“ Das würde, auch

wenn es richtig wäre, in den Bereich der Psychotherapie führen, also Grenzenlosigkeit, Widerstände oder Blockaden hervorrufen. Besser ist es, im Gespräch den Boden dafür vorzubereiten, dass die Leiterin diese Zusammenhänge selbst erkennt *(Selbstdeutung)*.

- *Blockaden und Widerstände geschickt umgehen:* Immer wieder kann es bei Gesprächen auf der „Supervisionsebene" zu Ängsten und Abwehrformen kommen. In der Supervision sollten Blockaden und Widerstände nicht von der Supervisorin interpretiert werden. Es ist günstiger, gemeinsam zu untersuchen, wie es dazu gekommen ist. Die Supervisorin meint, dass die Leiterin sich zu sehr mit ihrer Mutter beschäftigt und deshalb blockiert ist. Da es vorrangig darum geht, das nächste Gespräch mit diesen Frauen sachgerecht zu führen, kann sie ihr möglicherweise sagen: „Sie denken wohl jetzt an Ihre Mutter, das kann ich gut verstehen. Aber lassen Sie uns jetzt überlegen, wie Sie das nächste Gespräch für sich erfolgreich meistern können."
- *Wechsel der Reflexionsebenen:* Die „psychotherapieähnlichen" Elemente, in unserem Fall die „Abkopplung" der Leiterin von ihrer „inneren Mutter", sollten in die Fachberatung übergehen und folgende Fragen klären: Wie gestaltet die Leiterin das nächste Gespräch mit diesen Frauen? Wo soll es stattfinden? Wer schlägt die Themen vor? Mit welchen Argumenten kann sie sich gegen überhöhte Ansprüche und Unterstellungen wehren? Wie könnte sie den sie störenden „Umgangston" ansprechen? Sie kann sich auch zum nächsten Gespräch eine ihrer Mitarbeiterinnen mitbringen oder einen kooperierenden Trägervertreter.
- *„Hausaufgaben":* Supervisionsgespräche beginnen und enden idealerweise mit „rationalen Dialogen". Was ist der nächste Schritt? Wie gestalte ich das anstehende Gespräch mit den Vertreterinnen des Elternrates? Auch das sollte Thema von Supervisionsgesprächen sein. Beim nächsten Treffen kann geprüft werden, ob die Planungen eingehalten werden konnten.
- *Supervisorinnen müssen mehr über Psychotherapie wissen, als sie anwenden dürfen:* Um erfolgreich supervisorisch arbeiten zu können, sollte man über eine ausreichende Selbsterfahrung verfügen. Supervisorinnen müssen ihre eigene Lebensgeschichte, deren psychische Folgen sowohl für ihre Persönlichkeitsentwicklung als auch auf ihre Arbeitsbeziehungen kennen, ohne dieses Wissen direkt in der Supervision einzubringen.
- *Dialogisches Prinzip:* In der Supervision hilft eine Kollegin der anderen, ihre Arbeitsprobleme besser zu meistern. In ethischer Hinsicht sind beide „gleich". Schon deswegen sind psychotherapeutische oder psychiatrische „Defizit-Begriffe" zu vermeiden. Die eine Person (Supervisandin) nutzt den Wissensvorsprung der anderen zur besseren Bewältigung ihrer Arbeitsaufgaben und zur Festigung ihrer Berufsrolle. Die andere (Supervisorin) kann vor allem deswegen wirksam helfen, weil sie nicht in die Klientenarbeit, die Institution oder Lebensgeschichte verstrickt ist, aber auch weil sie Beratungskompetenz besitzt und das Berufsfeld kennt.
- *Zum Abschluss noch eine Kritik des Psychoanalytikers Schmidbauer an der Psychologisierung von Supervision:* „Die von Therapeuten ohne sozialwissenschaftliche Reflexion an Teams herangetragenen Verfahren einer Gruppen- und Familientherapie als ‚Teamsupervision' auszugeben, ist nicht nur manchmal unproduktiv,

sondern gefährdet auch das Ansehen der Supervision bei Trägern und Fortbildungsverantwortlichen“ (2003, S. 383).

Abb. 5: Unterschiede zwischen Fachberatung und Psychotherapie

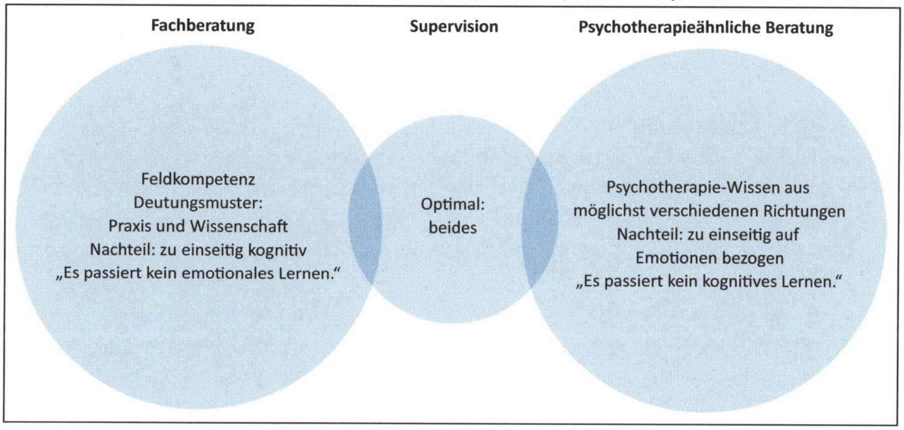

Aus der bisherigen Darstellung ist deutlich geworden, dass die Supervision der helfenden Berufe in mehrfacher Hinsicht andere Schwerpunkte hat als die reine Fachberatung *oder* die Psychotherapie. Ideale Supervisionsprozesse bewegen sich ständig *zwischen* den Polen Fachberatung und Selbsterfahrung, um die Arbeitssituation zu optimieren. Wenn sie zu sehr in der Fachberatung steckenbleiben, kommen keine emotionalen Lernprozesse zustande. Verharrt die Supervision allerdings zu stark bei der Selbsterfahrung, kommt die Fachlichkeit zu kurz.

4 Den Supervisionsprozess beginnen

In der Einzelsupervision wie auch in der Gruppen- und Teamsupervision folgt der Supervisionsprozess einer bestimmten Logik und psychischen Dynamik, die mit dem Kennenlernen und Miteinanderarbeiten von Menschen zu tun hat.

In diesem Kapitel werden typische Fragen, Themen, Möglichkeiten, Fallstricke sowie notwendige Rahmensetzungen der Prozesse am Supervisionsbeginn erörtert.

Prozessberatung

Die Supervision ist kein technischer Hinweis, keine Gebrauchsanleitung oder Ratschlag, wie man es „besser" machen sollte („Technik-Modell"). Die Supervision folgt auch nicht dem „Doktor-Modell": Der Supervisor als „Arzt" untersucht den „Patienten-Supervisand", erstellt eine Diagnose und verschreibt eine Arznei. Der Supervisand nimmt die „Medizin" und wird wieder gesund. Supervision als *Prozessberatung* läuft anders: Indem Supervisor und Supervisand(en) zusammenkommen, beginnt ein Prozess der gemeinsamen Suche und Reflexion. Schon Hapke hatte das vor über fünfzig Jahren eindrücklich beschrieben. Der amerikanische Beratungsexperte *Edgar Schein* ergänzt mit Hilfe seines Beratungsmodells, dass der Supervisand das Problem „besitzt", und nur er ist in der Lage, es zu lösen (1987, S. 22ff.). Ein außenstehender Experte *(Change Agent)* kann nur Fragen stellen und Anregungen geben. Allerdings müssten gerade die Anfänger unter den Supervisoren (und Sozialarbeitern) wissen, dass man von ihnen vielleicht auch Hilfe im Sinne des „Technik-Modells" oder „Doktor-Modells" erwartet. Der Verführung, einen „Rat-Schlag" zu erteilen, soll man nicht erliegen. Im Idealfall findet ein Supervisand durch „richtige" Fragen des Supervisors die „passenden" Antworten für sich („sokratisches Prinzip").

Zum beginnenden Supervisionsprozess gehören auch die Beachtung von *Bedürfnissen* und *Grenzen* sowie das Einhalten von Rahmenbedingungen. Um diese Bedeutung zu unterstreichen, soll dieses Kapitel mit einigen grundsätzlichen Bemerkungen über die Grenzsetzungen beginnen.

Grenzen und Rahmenbedingungen der Supervision

Vor allem in den ersten Lebensjahren eines Menschen helfen angemessene Grenzen beim Wachstum der Persönlichkeit. Sie geben einerseits Freiraum, sich zu erproben, und schützen gleichzeitig vor äußeren Gefahren und inneren, noch undifferenzierten Gefühlen. Grenzen müssen dem jeweiligen Alter und der Situation angepasst und flexibel sein. Wenn Menschen enge oder unveränderbar scheinende Grenzen erlebt haben, können sie den selbstständigen Umgang mit Bedürfnissen nicht erlernen. Sie werden sich wehren oder resignieren. Autonomie wird erschwert. Wenn Menschen innerlich und/oder äußerlich „grenzenlos“ sind, kommen sie oft in Konflikt mit sich oder der Umwelt. Beispielsweise haben viele Klienten aufgrund ihrer Sozialisationsdefizite derartige „Grenzprobleme“. Am deutlichsten wird das bei den Gruppen, die sich aufgrund staatlicher Maßnahmen in geschlossenen Einrichtungen *(totalen Organisationen)* befinden. Die in den Haftanstalten einsitzenden Menschen haben nicht nur Gesetze, sondern auch die Grenzen anderer Menschen verletzt. Die in den geschlossenen Stationen der psychiatrischen Krankenhäuser befindlichen Menschen leiden oftmals unter typischen Erkrankungen, welche Folge eines misslungenen Aufbaus frühkindlicher „innerer“ Grenzen sind (beispielsweise Psychosen). Nicht selten sind ihre Ich-Grenzen mangelhaft entwickelt. Das bedeutet, dass sie nicht so recht zwischen den inneren Impulsen (ihrer Fantasie) und der äußeren Wirklichkeit (den Äußerungen und Bedürfnissen ihrer Mitmenschen) unterscheiden können. Schwere psychiatrische Erkrankungen und Süchte kann man unter dem Aspekt der „Grenzsituationen“ bzw. „Grenzdefizite“ sehen (Battegay 1992). Die meisten der etwa drei Millionen Abhängigkeitskranken in Deutschland (Alkohol, illegale Drogen, Medikamente) leiden unter einem Kontroll- und Grenzverlust. Nichterfüllte Bedürfnisse werden mit Suchterfahrungen kompensiert. Die Aufzählung ließe sich beliebig für andere Klientelgruppen fortsetzen. Allgemein gilt: Je gestörter und defizitärer Menschen sind, desto häufiger haben die nicht erfüllten Bedürfnisse auch destruktive Folgen für sie selbst und für ihre Umwelt. Deshalb gilt für das Fachpersonal: Nur wenn klare Rahmenbedingungen und Grenzen existieren, kann miteinander gearbeitet werden. Aus diesem Grund haben Helfer, Pflegende oder Pädagogen den verständlichen „Wünschen nach Grenzauflösung und Verschmelzung“ ihrer Klientel eine „klare Grenzziehung“ gegenüberzustellen (Fengler 1994a, S. 121). In solchen Fällen kann das eine Person oft nicht allein einschätzen und entscheiden. Umso wichtiger ist Teamarbeit (und Teamsupervision). Dabei ist es wichtig, dass *alle* im Team über alle wichtigen Vorgänge informiert sind, einheitlich handeln und sich nicht gegeneinander ausspielen („spalten“) lassen. Stabiler und gleichzeitig flexibler Umgang mit diesen Grenzen gehört gleichermaßen in den Bereich der sozialen Kompetenzen und zur beruflichen Haltung.

Einige der helfenden Berufe waren oft im Bereich der „Randständigkeit“ angesiedelt und sind deswegen auch selbst eine „Grenzdisziplin“, was für das Personal und die Einrichtungen nicht folgenlos bleibt. Helfer, Pflegende und Pädagogen bewegen sich zwischen zwei extremen Möglichkeiten. Entweder wehren sie die Bedürfnisse ihrer Klientel zu sehr ab, oder sie unterwerfen sich ihnen. Aufgrund der enormen

Notlagen und Ansprüche geraten sie leicht in Gefahr, ihre Fähigkeit zu verlieren, sich individuell und differenziert auf die jeweilige Klientel einzustellen. Als Folge des *Burn-outs* oder „Helfersyndroms" kann die anfängliche „Idealisierung der Zielgruppe" (Fengler 1994a, S. 148ff.), etwa als „Opfer der Gesellschaft", in eine Ablehnung der Klientel umschlagen. Wir haben es jetzt nicht mehr mit „Grenzproblemen" auf der *Individualebene* zu tun, sondern mit „Grenzproblemen" auf der *Gruppen- und Systemebene*.

Ein Wohnheim bietet Platz für 17 Abhängigkeitskranke. Das Personal besteht aus sieben Sozialarbeitern. Ferner sind im Haus tätig: ein Hausmeister, vier Pförtner, zwei Zivildienstleistende und zwei Frauen für Küche und Hausreinigung. Im Einvernehmen mit dem Team bittet der Heimleiter eine Supervisorin um Hilfe. Im ersten Gespräch werden von den meisten Teammitgliedern folgende Problembereiche benannt:

- Trotz scheinbar guter materieller und personeller Ausstattung (16 Mitarbeiter: 17 Klienten) bleiben die Erfolge aus.
- Die Rehabilitation der Klienten gelingt nicht wie geplant. Es kommt immer wieder zu Rückfällen – auch im Hause.
- Die Integration ins „normale" Leben ist ebenfalls schwer möglich. Kaum einer der Bewohner erhält einen ordnungsgemäßen Arbeitsplatz.
- Die Reintegration in die Familien war bei der Mehrheit ebenfalls nicht möglich. Zum Teil sind die familiären Kontakte seit Jahren abgebrochen.
- Es war zu großen Problemen und „Grenzüberschreitungen" im Hause gekommen. Immer wieder gibt es massive Verstöße gegen die Hausordnung (Alkoholkonsum, Schlägereien, nächtlicher Lärm, mangelnde Hygiene u. a.) sowie Schwierigkeiten mit den Nachbarn.

Anlass zur Nachfrage nach Supervision war die massive Verschlechterung des Arbeitsklimas im Hause. An den sich häufenden „Grenz- und Regelverletzungen" waren direkt oder indirekt auch die im Schichtbetrieb und von einer Zeitarbeitsfirma zur Verfügung gestellten Pförtner beteiligt. Einige hatten öfters ein Auge „zugedrückt". Andere gaben zu, nachts mit einigen Bewohnern auch schon mal ein „Schlückchen" getrunken zu haben. Nach mehreren Sitzungen Teamsupervision wurde deutlich:

Die Pförtner, der Hausmeister und auch eine Frau aus der Reinigungsgruppe hatten durch ihre soziale Herkunft, Lebensstile und Verhaltensweisen eine große „Nähe" zu den Bewohnern. Die vier Pförtner waren über Maßnahmen des Arbeitsamtes in diese schlecht bezahlten und zeitlich befristeten Stellen gekommen. Der Heimbetrieb konnte überhaupt nur mit Hilfe solcher Kräfte aufrechterhalten werden. Vereinfacht gesagt, kann man festhalten, dass es keine klare Grenze zwischen den „Hausmeister-Alkoholikern" und den „Bewohner-Alkoholikern" gab. Der einzige Unterschied zwischen den Gruppen schien in der Tatsache zu bestehen, dass die einen noch keine mehrmonatige Klinikbehandlung hinter sich hatten und nicht im Heim übernachteten.

„In der Teamstruktur spiegelte sich die Struktur der süchtigen Patientenschaft" (Fengler 1994a, S. 136): Darüber hinaus war die Institutions- und Klientendynamik geprägt von einer Atmosphäre, die als typisch für Sucheinrichtungen gilt.

Ältere, teilweise körperlich schlecht aussehende Männer, die herumsitzen, nach Alkohol riechen, aber öffentlich nicht trinken, sondern sich am nächstgelegenen Kiosk versorgen. Rauchgeschwängerte Räume; Zigarettenkippen auf dem Fußboden, der mehrfach täglich vom Reinigungspersonal gesäubert werden muss. Die Sozialarbeiter wirkten wie ein „Fremdkörper" in diesem Haus. Das Ergebnis der ersten zwei Teamsupervisionen war folgende Bestandsaufnahme: Das Gesamtsystem Wohnheim besteht aus zwei großen Subsystemen: dem Klienten- und dem Professionellen-System. Letzteres teilt sich noch in zwei Untergruppen: die Behandler, also die Sozialarbeiter, und den Hausdienst (Hausmeister, Pförtner, Telefonist, Küchen- und Reinigungspersonal). Die zweite Gruppe des Professionellen-Systems, also der Hausdienst, ist jedoch im Klienten-System aufgegangen bzw. verhält sich teilweise wie die Klienten oder rivalisiert mit diesen. Um einigen Klienten Wohnungen zu verschaffen, hatte der Heimleiter eine Werbeaktion gestartet. Als nun eine sozial engagierte Wohnungsvermieterin in der Telefonzentrale anrief, um eine Wohnung zur Vermietung zu offerieren, sagte der Telefonist sinngemäß: „Warum wollen Sie diesen Verbrechern denn eine Wohnung geben, die nehme ich."

Da eine Entlassung nicht erwünscht oder unmöglich erscheint, kommen nur systemstabilisierende und grenzaufbauende Maßnahmen in Frage. Die Mitarbeiter des Hausdienstes müssen vom Klienten-System „abgekoppelt" werden, die Sozialarbeiter haben deren Bedürfnisse nach Anerkennung stärker zu berücksichtigen. Ab sofort fand eine 14-tägliche Mitarbeitersupervision von Team und Hausdienst statt, im versetzten Rhythmus eine 14-tägliche Teamsupervision für die Sozialarbeiter.

Das Verständnis sinnvoller Rahmenbedingungen für eine erfolgreiche Beratungsarbeit geht weit über den aus der psychoanalytischen Therapie bekannten Begriff des „Arbeitsbündnisses" zwischen Psychotherapeut und Klient hinaus. Rahmenvereinbarungen berücksichtigen eher äußere Faktoren und sollen helfen, zwischen dem neu etablierten System Supervision (Supervisoren und Supervisanden) und den weiterhin bestehenden sozialen Systemen aller Beteiligten eine Grenze zu errichten. Nur innerhalb gesicherter Systemgrenzen können dann Bedürfnisse erkannt und, falls erforderlich, durch entsprechende Maßnahmen befriedigt werden. Die Beachtung von Grenzen gilt in mehrfacher Hinsicht:

- zwischen der Klientel, den Zu-Pflegenden, den Schülern,
- den Helfern und Pädagogen im Umgang mit diesen Gruppen
- sowie innerhalb der Helfer und Pädagogen selbst.

Auf den folgenden Seiten dieses Kapitels möchte ich Merkmale eines *Supervisionsprozesses* in chronologischer und idealtypischer Reihenfolge darstellen.

Die Vorphase der Supervision

Als Vorphase bezeichnet man alles, was *vor* dem offiziellen Beginn der Supervision an Kommunikation stattgefunden hat. Manchmal wird später erst deutlich, welche Bedeutung diese frühen, oft verschlüsselten Botschaften haben oder gehabt hätten, wenn sie rechtzeitig verstanden worden wären.

Aus der Psychotherapieforschung weiß man, dass es vom Auftauchen eines Problems bis zur Inanspruchnahme von Expertenhilfe durchschnittlich sieben Jahre dauern kann. Ähnliches ist auch in der Supervision (und beim Coaching) möglich. Viele berufliche Schwierigkeiten entwickeln sich langsam und unmerklich, und doch dominieren sie immer mehr das Denken, die Gefühle sowie das berufliche und private Leben. Bevor man sich für eine Supervision entscheidet, kann es zu langen und oft ergebnislosen Selbstgesprächen kommen. Danach findet das Suchen nach Hilfe in Büchern statt. Dazu bieten die Buchhandlungen endlose Reihen von „Ratgebern" an. Auch das Internet ist ein beliebtes Mittel für derartige Suchbewegungen. Teilweise kommt es bei den Ratsuchenden zu einer Inflation von aus den Medien unkritisch übernommenen und sich teilweise widersprechenden Diagnosen und Rezepten. Viele glauben, dadurch alle ihre Schwierigkeiten zu kennen, sprechen offen darüber, aber verändern können sie kaum etwas, weil ihnen das kritische Gegenüber fehlt. Auch Gesprächspartner im Privatleben sind oft nicht geeignet, sich täglich die Probleme anzuhören. Partnerschaften und Freundschaften werden so überlastet, und viele haben den Eindruck, als „Klagemauer" missbraucht zu werden.

Im Erstgespräch brachte ein Zahnarzt ein Buch über „Burn-out" mit, um hervorzuheben, dass er „hochgradig" an dieser „Krankheit leide". Seit über einem Jahr trage er die Telefonnummer des Supervisors mit sich herum; jetzt endlich habe er den „Schritt" gewagt. Er könne die meisten Patienten nicht mehr ertragen. Schwierig sei es für ihn vor allem, schnell in „körperliche Nähe" kommen zu müssen, Schmerzen zuzufügen, um „helfen" zu können.

In der Vorphase zur Supervision hat sich etwas Besonderes beim Einzelnen, im Team oder in der Organisation ereignet. Vielleicht nahmen Probleme und Auseinandersetzungen zu. Oder die Kosten sind gestiegen. Möglicherweise geriet die Einrichtung unter Legitimationsdruck dem Träger, den Geldgebern oder der Öffentlichkeit gegenüber. Vielleicht standen Umstrukturierungen oder gar Kündigungen an. Dann kam es, oft nach langen Diskussionen und Vorbehalten, zu einer *wie* und von *wem* auch immer herbeigeführten Entscheidung, es mit einer Supervision zu versuchen. Möglicherweise hat ein Teil des Teams zur Supervision gedrängt und sich dabei Unterstützung von der Supervisorin erhofft. Es kann aber auch sein, dass die Supervision von „oben" (also den Vorgesetzten) verordnet worden ist. In solchen Fällen können sich Mitarbeiter entwertet und entmündigt fühlen und werden das eventuell die Supervisorin spüren lassen. Auch der umgekehrte Fall ist möglich. Das Team hat sich die Supervision von den vorgesetzten Stellen regelrecht erkämpft. Dann sind die Erwartungen an die Supervisorin sehr hoch. Ob sie dem gerecht werden kann? Deshalb kann man vermuten, dass viele für den Supervisionsprozess wichtige Vorgänge schon vorher stattgefunden haben. Diese sollte die Supervisorin im Erstgespräch in Erfahrung bringen.

Das Erstgespräch oder die Probesupervision

Aus der Psychotherapie ist eine spezialisierte Fachliteratur über das Erstgespräch bekannt. Von daher wissen wir, dass Menschen zur Therapie oder Beratung von anderen „geschickt" werden können oder dass Ratsuchende zu hohe Erwartungen oder falsche Informationen haben. Man sollte sich auch nicht von sogenannten aufgeklärten Ratsuchenden täuschen oder gar in unbewusste Bündnisse verführen lassen (Argelander 1970, S. 28ff.).

Schon vor dem Erstgespräch haben die Supervisanden bestimmte Erwartungen bezüglich der Supervision. Bei einer Untersuchung waren über 90 Prozent der Befragten der Supervision gegenüber positiv eingestellt. Man wollte von ihnen wissen, was die Supervision „persönlich für sie" bringen könne. Bei der Frage nach erwünschten Veränderungen auf der „Kollegenebene" hatten über 80 Prozent positive Erwartungen. Im Verhältnis zu den Klienten lag diese Quote der positiven Erwartungen bei knapp 70 Prozent und hinsichtlich institutioneller Veränderungen nur noch bei knapp 50 Prozent (Schneider/Müller 1995, S. 92). Vereinfacht ausgedrückt, kann man vermuten, dass bei diesen Befragten die Supervision in erster Linie beziehungsmäßige Bedürfnisse abdecken soll. Über diese Erwartungen muss man sich austauschen – auch um überzogene Erwartungen zu relativieren.

Man kann das erste Treffen zwischen Supervisor und Supervisanden auch als Probesupervision bezeichnen. Mit dem Begriff *Probesupervision* ist gemeint, dass Supervisoren schon während dieser Klärungsprozesse mehr oder weniger direkt zeigen sollten, *wie* sie arbeiten; etwa an einer konkreten Fragestellung, die vom Team benannt wird. Diese Probesupervision hat *nicht* die Aufgabe, das Problem sofort zu lösen. Aber möglicherweise können beide Seiten schon feststellen, ob sie zueinander „passen": Das ist besser als viele Erklärungen und Beteuerungen. Manchmal kommt es vor, dass Supervisanden (oder Klienten) im ersten Gespräch vorschnelle Lösungen haben möchten und sogar Druck ausüben. Viele Versuche, „schnell Hilfe zu Teil werden zu lassen, ohne die gemeinsame Grundlage der Zusammenarbeit abgeklärt zu haben, laufen Gefahr, vorhandene Probleme eher zu vertiefen" (Kähler 1991, S. 50).

Denn darin ist auch viel Verführungspotenzial enthalten. Wenn das Problem so lange ohne Supervision akut war, dann wird seine Lösung wohl kaum beim ersten Treffen möglich sein. Der Supervisor sollte dem Druck standhalten und sich hüten, vorschnelle „Ratschläge" zu erteilen, denn er kennt die Hintergründe noch nicht.

Wenn kein dringendes Problem vorgetragen wird, ist die Strategie des Supervisors im Grunde genommen *zweigleisig*: Einerseits gilt es für ihn herauszufinden, weshalb die Nachfrage nach Supervision gerade *jetzt* zustande kam. Dabei geht es also um das Sammeln von Informationen. Das sollte allerdings nicht zu schematisch ablaufen. Und andererseits wird auch schon auf einige Fragen oder Probleme bei den Supervisanden eingegangen. Dabei verhält sich der Supervisor ähnlich wie bei den eventuell später folgenden Treffen, und die Supervisanden erhalten nicht nur Informationen, sondern können die mögliche Zusammenarbeit abschätzen. In vielen Fällen ist dann schon zu Ende des Erstgesprächs klar, dass man es miteinander „versuchen" möchte. Nicht vergessen sollte man, dass sich in dieser „Probesupervision" schon Übertragungsbeziehungen zwischen Supervisoren und Supervisanden herausbilden können. Vielleicht ist es möglich, dass am Ende der „Probesupervision" eine vorläufige Diagnose des Problems mit dem Team zustande kommt. Auch dann sollte Klarheit über das „Setting" (S. 97, unten) und den Kreis der Beteiligten erreicht worden sein.

Abschließend nochmals zurück zu den Vereinbarungen. Allgemein gilt: Anstehende Unklarheiten sind *nicht zufällig*; sie haben immer auch etwas mit dem Problem der Supervisanden, des Teams, der Institution, des Arbeitsfeldes oder dem Supervisor selbst zu tun. Um Missverständnisse und spätere Konflikte beim „Dreieckskontrakt" zwischen Arbeitgeber, Team und Supervisor zu vermeiden, sind klare Abmachungen zu treffen.

Die Nachfrageanalyse

Das Thema der „Nachfrageanalyse" wird in diesem Abschnitt modellhaft am Beispiel der Anfrage nach einer Teamsupervision dargestellt. Zu Beginn eines Supervisionsprozesses weiß man vielleicht einiges über die Institution, ihre Klientel und die Mitarbeiter. Aber man hat meistens noch keine Informationen über Struktur, Dynamik und Problematik der Einrichtung. Diese müssen vielmehr in der *Nachfrageanalyse* erschlossen werden (Wellendorf 1979; 1994).

- *Wie* kam der Erstkontakt zustande? Wer hat angerufen und in wessen Auftrag?
- Gab es *Auffälligkeiten* bei diesem ersten Kontakt (etwa Kontaktaufnehmer äußert Erwartungen, spricht negativ über andere)?
- *Wer* hat die Supervisorin empfohlen – und wie?
- Welche Erwartungen werden an die Supervisorin geäußert?
- Wie kam es zur *aktuellen Zusammensetzung* der jetzigen Supervisionsgruppe; hat jemand die Teilnahme verweigert, oder wurde jemand ausgeschlossen?
- Haben die Interessenten *Vorerfahrungen* oder *Bedenken* bezüglich der Supervision?
- Weshalb kommt die Anfrage *jetzt* zustande?
- Ist das Anliegen überhaupt mit den Möglichkeiten der Supervision bzw. dieser Supervisorin *lösbar*?
- An welchen Problemen soll in der Supervision gearbeitet werden?

- Welche *Ziele* (Globalziele/Teilziele) sollen wann und mit welchen Mitteln erreicht werden?
- Wird die Teamleitung an der Supervision teilnehmen, und wie wird eine eventuell vorhandene Geschäftsleitung eingebunden?
- Wie kann eine *Zielvereinbarung* aussehen?
- Wann sollte eine *Zielüberprüfung* bzw. *Zwischenbilanz* stattfinden, und *wer* ist daran beteiligt?
- *Supervisionsvertrag:* Klärung der Termine und des Honorars (Pühl, 1990, S. 163; Rappe-Giesecke 1994a, S. 22ff.).

Auf diese Fragen befriedigende Antworten zu erhalten erfordert ein freundliches, aber auch beharrliches Nachhaken seitens der Supervisorin. Wenn ein Teil des Teams sich von der Supervisorin Unterstützung gegen Kollegen erhofft, werden die Betreffenden sich wohl kaum offen dazu bekennen, dass sie in der Supervisorin eine Verbündete finden möchten. Die Untersuchung des „eigentlichen" Supervisionswunsches kann jedoch direkt zum *verborgenen Problem* des Teams führen. Das kann aber auch Widerstände hervorrufen.

Die Informationsgewinnung zur Nachfrageanalyse findet in der ersten/den ersten Supervisionssitzung/en statt. Allerdings ist die *eigentliche Nachfrageanalyse ein Prozess der Reflexion* über die dort gewonnenen Informationen und Eindrücke. Das macht die Supervisorin am besten mit sich und/oder im Gespräch mit Kollegen. Sie sollte dabei auch darüber nachdenken, ob es irgendwelche mehr oder weniger unausgesprochenen „geheimen Aufträge" (S. 62, unten) gibt.

Auch die Teammitglieder werden sich nach dem Erstgespräch fragen, ob sie den Eindruck haben, dass die Supervisorin für sie die „Richtige" ist. Wie hat sie sich dargestellt? Verfügt sie über entsprechende Erfahrungen, und verhielt sie sich eher neutral und konstruktiv?

Präsentierprobleme

Aus der Sozialen Arbeit kennen wir eine Fülle von „Präsentierproblemen".

Ein Jugendlicher in der „offenen Tür" erkundigt sich bei der Sozialarbeiterin eher beiläufig, was denn eigentlich die Jugendgerichtshilfe sei. Im anschließenden Gespräch wird deutlich, dass er wegen einer Straftat angeklagt wurde und nun einen Brief vom Jugendgericht und von der Jugendgerichtshilfe erhalten hatte.

Eine alleinerziehende junge Mutter teilt der Leiterin eines Kindergartens mit, dass sie die Kindergarten-Beiträge nicht mehr überweisen könne. Sie habe kein Geld. Bei einem vertieften Gespräch wird deutlich, dass der Kindesvater keinen Unterhalt zahlt und sie sich eine Hilfestellung erbittet. Die Leiterin vermittelt ein Gespräch mit dem Jugendamt.

Mit „Präsentierproblemen" ist es ähnlich wie mit Testfragen. Die Reaktionen der Befragten auf die Problemschilderungen sollen den Fragenden verdeutlichen, wie vertrauenswürdig die Gesprächspartner sind. Genauso ist es in der Supervision. Mehr oder minder bewusst präsentieren Supervisandinnen ein vielleicht drängendes Problem, was aber nicht das Hauptproblem darstellt. Es handelt sich dann um eine Art „Supervisorentest". Wenn die Supervisorinnen nur auf der Ebene des Präsentierproblems verharren, haben sie den Test nicht bestanden. Aber auch wenn Supervisorinnen direkt auf das vermutete „eigentliche" Problem zusteuern, können sie „durchfallen", weil sie damit zu viel Angst und Widerstände auslösen. Es geht also darum, die Vertrauensbasis zu erweitern und über den „goldenen Mittelweg" den angstfreien Zugang zu tiefer gehenden Problemen zu finden.

Vorbehalte

Zum Thema Vorbehalte gehören negative Erfahrungen, verständliche Ängste, aber auch Informationen bzw. Gerüchte von möglicherweise „misslungenen" Supervisionen oder Beratungen. Diese Sachverhalte sind zu erörtern; geklärt werden können sie in der Regel nicht. Im Übrigen hat die Supervisorin schon in der ersten Sitzung ihre Arbeitsweise transparent zu machen *(Probesupervision)*. Das ist wirksamer als alle möglichen Beteuerungen. Auch programmatische oder methodische Wünsche der Supervisandinnen sind von der Supervisorin „innerlich" zu relativieren.

Wir möchten eine Supervision, wie es XY in ihrem Buch Z beschrieben hat.

Fachpersonal im Gesundheitsbereich wünscht oft „Balint-Arbeit", weil es davon etwas gehört hat (S. 116, unten). Von Pühl übernehme ich die Beschreibung der Supervision in einer Klinik, die als Balint-Arbeit angefragt wurde.

> Aufgrund der institutionellen Bedingungen war dieses „Setting" jedoch schwer möglich. Als der Supervisor zu erläutern versuchte, was er unter „Balint-Arbeit" verstehe und weshalb diese Arbeit in diesem Rahmen nicht möglich sei, „reagierten alle TeilnehmerInnen gereizt. Es sollte jetzt endlich beginnen, man/frau wollte die Gewissheit, dass diese Gruppe zustande kommt, es könnte die letzte Chance sein, hier in der Abteilung so etwas zu machen" (Pühl 1992, S. 42). Der Supervisor hat daraufhin eine Gruppensupervision initiiert, bei der „sich sogar Ansätze von Balintarbeit realisieren ließen" (S. 43).

Dieses Beispiel zeigt, dass positives Handeln wichtiger ist, als sich in missverständliche Konzept-Diskussionen einzulassen.

Einigung über Rahmenbedingungen

Die sich daran anschließende Einigung über *Rahmenbedingungen* der Supervision hat eine *formale* und eine *beziehungsmäßige* Seite (Kallabis 1992, S. 20ff.):

- *Vereinbarung* über Termine, Zeiten, Ort und Dauer (eventuell mit Verlängerungsmöglichkeit);
- Klärungen von möglichen Fristen bei *Terminverschiebungen* bzw. Honorierung von Ausfallsitzungen;
- *Finanzierung* und Zahlungsmodalitäten der Supervision.
- *Wer* nimmt an der Supervision teil; wer weshalb nicht?
- Ist die *Leitung* in die Supervision eingebunden? Kommt sie ständig oder nach Verabredung?
- Wie sollen diese Verabredungen vonstattengehen, und welche *Rolle* ist dabei der Supervisorin zugedacht?
- Welche Informationen dürfen *wie* und an *wen* weitergegeben werden?
- *Vertraulichkeit* der Gespräche und Umgang mit Schweigepflicht bzw. Zeugnisverweigerungsrecht (S. 178ff., unten). „Als sinnvolle Handlungsmaxime hat sich erwiesen ‚Verschwiegenheit im Persönlichen und abgesprochene Offenheit im Sachlichen'" (Haus Terach 1993, S. 5).

Wenn die Rahmenbedingungen in der ersten Sitzung nicht vollständig zu klären sind, sollte noch eine weitere Sitzung vereinbart werden, etwa um abwesende Teammitglieder auch für die Supervision zu gewinnen. Manche Supervisoren vereinbaren für die fünfte Sitzung eine Überprüfung der Rahmenvereinbarungen, um so frühzeitig eine Kurskorrektur vornehmen zu können, anstatt langfristig unter ungünstigen Bedingungen zu arbeiten. Denn wenn der Teilnehmer-Rahmen einmal festgeschrieben ist, kann man ihn nicht mehr so einfach verändern.

Der Supervisionskontrakt

Die Hauptursachen für gescheiterte Supervisionen sind in Unklarheiten bei der Absprache oder im sturen Festhalten an den ursprünglichen, sich als nicht realisierbar erweisenden Vereinbarungen begründet.

> Ein Team vom Sozialamt ruft beim Supervisor an und wünscht eine „Organisationsberatung". Die Nachfrage ergibt, dass man im Team zerstritten ist und sich nicht auf Arbeitsabläufe einigen kann. Hier wäre erst eine Beziehungsarbeit im Team notwendig, da sonst die „Organisationsberatung" misslingt. Außerdem ist eine derartige „Organisationsberatung" eine Angelegenheit für das gesamte Sozialamt.

Wir sehen, die vordergründigen Äußerungen von Supervisionswünschen entsprechen oft nicht dem hintergründigen Anliegen. Ein vorschnelles Darauf-Eingehen kann in einer „Supervisionsfalle" enden. Um solche Misserfolge zu vermeiden, sind im Vorhinein klare Abmachungen zu treffen. Schon bei der Frage nach dem Auftraggeber der Supervision sind notwendige Unterscheidungen angebracht. Manchmal sind die Supervisionsnehmer selber die Auftraggeber, etwa bei der Einzelsupervision, der Gruppensupervision und bei einigen Teamsupervisionen. Bei vielen Teamsupervisionen ist das allerdings nicht der Fall. Meistens hat sich das Team nach Klärung der Finanzierbarkeit mit den Vorgesetzten einen Supervisor ausgesucht. Damit kommt ein *Dreieckskontrakt* zustande.

Zum Kontrakt gehört die Beachtung der schon erwähnten *beziehungsmäßigen* Seite (Arbeitsvereinbarung) und der *formalen* Seite (Finanzierungsfragen). Beim *Kontrakt* handelt es sich arbeitsrechtlich gesehen um einen *Werkvertrag.* Sinnvoll ist es, diesen Kontrakt schriftlich zu verfassen und darin vorerst eine begrenzte Anzahl von Supervisionsstunden zu verabreden, um danach den Kontrakt neu zu diskutieren, zu verlängern oder zu beenden (S. 177ff., unten).

Abb. 6: Dreieckskontrakt

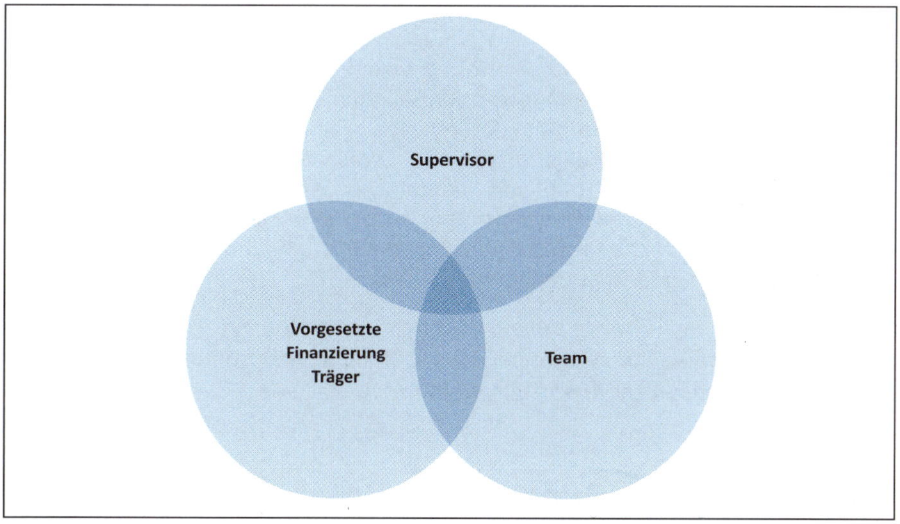

Geheime Aufträge

In diesem Dreiecksverhältnis können Missverständnisse, Unklarheiten und Grenzüberschreitungen entstehen, welche den Erfolg der Supervision gefährden. Damit sind auch „geheime Aufträge" gemeint. Das sind nicht direkt ausgesprochene Wünsche der Auftraggeber bzw. Supervisionsnehmer.

Der nicht an der Supervision teilnehmende Geschäftsführer einer Behinderteneinrichtung spricht an die Supervisorin deutliche Erwartungen und Ansprüche aus.

Ein Jugendamtsleiter finanziert die Supervision des Allgemeinen Sozialen Dienstes und zeigt sich ansonsten an Inhalt und Verlauf der Supervision desinteressiert. Der Supervisor hat den Eindruck, dass der Jugendamtsleiter sich keine Veränderungen wünscht.

Die Leitung einer Alteneinrichtung erwartet von der Supervision, dass diese den Altenpflegerinnen Trost und Entschädigung für die schwere Arbeit und den unregelmäßigen, von vielen Überstunden und Wechselschicht begleiteten Dienst zuteilwerden lässt. Gleichzeitig möchte sich die Leitung dabei von Schuldgefühlen entlasten, weil sie der Meinung ist, an den Arbeitsbedingungen nichts ändern zu können. Die Pflegerinnen jedoch wünschen sich gerade hierbei eine Verbesserung.

Die vier Mitarbeiter einer Drogenberatung wollen „Fallarbeit" und keine Diskussionen über das Team oder die Institution. Allerdings verläuft diese „Fallarbeit" für alle unbefriedigend. Denn bei den meisten „Fällen" geht es um vergleichsweise unproblematische Begleitungen oder „Präsentierfälle". Zudem handelte es sich um eine geringe Anzahl von Klienten. Als der Supervisor herausfindet, dass die vier Drogenberater insgesamt nur knapp zehn Klienten betreuen, dass dies also das eigentliche Problem („institutionelles Tabu") der Beratungsstelle ist, wird der Vertrag nicht verlängert.

Vor allem die letzten Beispiele zeigen, dass der Supervision ein „geheimer Auftrag" zugrunde lag. Man wollte zwar Supervision haben, aber bestimmte institutionelle Bedingungen durften nicht hinterfragt werden.

Auftraggeber der Supervision

Schon zu Beginn eines Supervisionsprozesses kann ein vielfältiges und vorerst noch verborgenes Beziehungsgeschehen stattfinden. Vor vielen Jahren fragte Schein (1987, S. 117ff.): „Wer ist der Klient" des Supervisors? Ist es wirklich das Team, das ihn ausgewählt hat, oder die Leitung, die ihn bezahlt und ihm eventuell einen „geheimen Auftrag" erteilte? Fürstenau verweist auf einen anderen Gesichtspunkt: Supervisoren haben sich „mit dem primären Arbeitsziel der betreffenden Institution" zu identifizieren (1979, S. 106). Beispielsweise wären die (abwesenden) Klienten der Sozialarbeiter dann auch (indirekt) die „Klienten" der Supervisoren. Vor allem wenn Auftraggeber (Finanzierer) und Supervisanden (Supervisionsnehmer) nicht identisch sind, sollte eine Klärung schnell stattfinden. Diese Konstellation ist gerade bei der Supervision von Teams sehr häufig. Denn die Supervision in der Sozialarbeit, der Pflege oder einer Schule wird oft von den Trägern der Sozialarbeit, Kranken- oder Altenpflege oder der Schulbehörde bezahlt.

Vor allem in der Sozialen Arbeit und in der Pflege haben wir es mit *Tendenzbetrieben* zu tun. Damit sind Unternehmen gemeint, die bestimmte politische, ethische oder weltanschauliche Ziele verfolgen. Zu diesen Tendenzbetrieben gehören auch kirchliche Einrichtungen, politische Parteien, Gewerkschaften oder private Bildungsträger. Nach dem Betriebsverfassungsgesetz (§ 118) haben solche Organisationen das Recht, von ihren Mitarbeitern eine den Betriebszielen entsprechende private Lebensführung zu verlangen. So kann die Mitgliedschaft in einer rechtsradikalen Partei für den hauptamtlichen Mitarbeiter einer Gewerkschaft ebenso ein Kündigungsgrund sein wie der Kirchenaustritt für den Mitarbeiter eines konfessionellen Trägers. Auch auf Honorar-Mitarbeiter, wie beispielsweise Supervisoren, *kann* diese Regelung angewandt werden. Deshalb ist es wichtig, schon bei einer telefonischen Anfrage oder spätestens beim Erstgespräch zu klären, ob für den Supervisor die Mitgliedschaft in einer kirchlichen Gemeinschaft notwendig ist. Eine Klärung darüber sollte dann im Supervisionsvertrag festgehalten werden. Auf keinen Fall darf man die Supervision unter unklaren oder gar unredlichen Voraussetzungen starten. Um effektiv arbeiten zu können, müssen Supervisoren „innerlich" und „äußerlich" frei sein.

Supervisionsvarianten

Supervision wird von vielen leider immer noch als „Luxusprodukt" und nicht als notwendig angesehen. Gerade dort, wo die psychosozialen und ökonomischen Probleme der Klientel am größten sind, wir auf viele scheinbar „hoffnungslose Fälle" stoßen, ist die Supervision relativ selten vertreten (Obdachlosen- und Migrantenarbeit, Straffälligenhilfe). Häufiger ist sie jedoch bei den eher „privilegierten" Arbeitsfeldern, wie beispielsweise den Beratungsstellen oder den psychosozialen Diensten, anzutreffen. Schon bei der Kontaktaufnahme oder bei der Probesupervision bzw. während der folgenden Treffen wird deutlich, welches die Anlässe sind, sich durch Supervision helfen lassen zu wollen: Von *Regelsupervision* sprechen wir, wenn es in einer Einrichtung zum Normalfall gehört, dass das Personal sich supervisorisch unterstützen lässt. Am häufigsten kommt die Regelsupervision vor in psychosozialen Arbeitsfeldern (Beratungsstellen, Sucht- und Drogenhilfe, Krisenintervention, Telefonberatung, psychiatrischer Bereich, Hospizarbeit). Aber auch beim Allgemeinen Sozialdienst (ASD) und bei der Sozialpädagogischen Familienhilfe (SPFH) treffen wir regelmäßige Supervision immer häufiger an. Bei der Regelsupervision haben die Teams schon längere Erfahrung mit diesem Beratungsangebot. Im Idealfall erleben sie die Supervision als Bereicherung ihrer beruflichen Qualifikationen sowie als Entlastung. Manchmal holen sich diese Teams nacheinander auch Supervisorinnen, die nach unterschiedlichen Konzepten (beispielsweise psychoanalytisch, systemisch oder psychodramatisch) arbeiten, um ihr eigenes methodische Spektrum in der

Klientenarbeit erweitern zu können. Supervision erhält dann auch noch eine Weiterbildungsfunktion. In den Anfängen der Familientherapie waren beispielsweise entsprechend qualifizierte Supervisorinnen sehr gefragt, weil die Berater durch sie diese neue Sichtweise kennenlernen konnten. Ein weiteres Merkmal der Regelsupervision ist die Tatsache, dass die finanziellen Mittel für die Beratung von den Teams nicht erstritten werden müssen. Denn diese Gelder stellen einen festen Bestandteil im Etatposten für Weiterbildung des Trägers dar. Teilweise gehört die Supervision sogar zur Pflicht. Denn sie ist Teil eines professionellen Standards oder sogar gesetzlich vorgeschrieben. Immer häufiger wird schon bei Stellenanzeigen auf die *Weiterbildungsmöglichkeit Supervision* als Gradmesser der Fachlichkeit sowie besonderer Serviceleistungen des Trägers hingewiesen. Manchmal steht Supervisionsteilnahme als Recht und Pflicht sogar im Arbeitsvertrag.

Demgegenüber kommt die *Kompaktsupervision* dem Bedürfnis von Institutionen entgegen, sich etwa einmal im Jahr eine organisationsinterne Fortbildung durch externe Supervisorinnen zu ermöglichen. Diese oft ein- bis dreitägigen Weiterbildungen kommen vor allem im klinischen Bereich vor. Zu diesem Zweck werden prominente Supervisorinnen, auch aus dem Ausland, verpflichtet, um eine neues Verfahren kennenzulernen oder spezielle Fragen zu diskutieren. Solche Themen können sein: Gewalt, Migration, Traumata, Inzest. Teilweise wird die Kompaktsupervision sehr aufwändig betrieben. Die Gespräche der Helfer mit ihren Klienten werden (nach schriftlicher Genehmigung seitens der Klienten) mit Video aufgenommen und dann mit dem Supervisor diskutiert. Danach finden weitere Gespräche der Helfer mit den Klienten statt. Diesen folgt wiederum eine Supervisionssitzung.

Live-Supervision

Manchmal findet bei derartigen Kompaktsupervisionen auch eine *Live-Supervision* statt. Der Therapeut, Psychologe oder Sozialarbeiter führt ein Gespräch mit seinem Klienten. Der Supervisor beobachtet diese Kommunikation direkt im Raum, hinter einer Einweg-Scheibe oder über Video und greift direkt oder zeitverzögert in den Prozess ein. Danach geht der Beratungsprozess weiter. Alle diese Supervisionsvarianten nutzen in mehrfacher Hinsicht den Spiegelungs- oder Resonanzeffekt (S. 117, unten).

Eine besondere Form der Supervision findet jährlich in einer psychotherapeutischen Fachklinik im Rheinland statt. Ein aus den USA angereister international bekannter Familientherapeut und Experte für Psychotherapie bei sexueller Gewalt wird jährlich zu einer klinikinternen Weiterbildung eingeladen. Außer ihm, der Familie sowie dem behandelnden Therapeuten war noch eine Psychoanalytikerin als Dolmetscherin anwesend. Es ging um einen langjährigen sexuellen Missbrauch eines Vaters an der Tochter. Die gesamte Familie war anwesend und hatte ihr schriftliches Einverständnis zu dieser ungewöhnlichen Live-Behandlung und Live-Supervision abgegeben. Denn in einem separaten Raum verfolgten etwa 100 Personen, Klinikpersonal und auswärtige Fachleute, diese

Behandlung über Video. In den Gesprächspausen kam der Supervisor zu dieser Großgruppe, um sich von diesen über seine Arbeitsweise befragen zu lassen. Dieses für den Laien ungewöhnliche Verfahren ist inzwischen weltweit anerkannt und dient auch zu Forschungszwecken.

Oft kommt es vor, dass ein Träger (beispielsweise Jugendamt oder Heim) jährlich eine bestimmte Summe für Supervision ausgeben kann. Die knappen finanziellen Mittel werden jedes Jahr einer anderen Abteilung der Einrichtung für die externe Beratung zur Verfügung gestellt. Bei fünf Abteilungen kommt jede dieser Abteilungen alle fünf Jahre in den Genuss „rotierender" Supervision. Der Vorteil der *Rotationssupervision* liegt auf der Hand. Trotz knapper Mittel können alle Abteilungen zeitweise Supervision erhalten; man kann von hohem Konsens und starker Motivation der Abteilungsmitarbeiter ausgehen. Zwischenzeitlich können sich die nicht supervisorisch betreuten Abteilungen mit *Kollegialer Supervision* (S. 116, unten) weiterbehelfen. Nachteilig ist allerdings, dass durch das Fehlen von kontinuierlicher Supervision in akuten problematischen Situationen keine externe Hilfe vorhanden ist.

Anders sieht es bei der *Krisensupervision* von Einzelnen und Teams aus. Hier geht es um den Fall, dass eine Einrichtung, die vorher noch keine Supervision genutzt hatte, jetzt aus einer „Notsituation" heraus dringend Supervision wünscht. Denn häufig kommen viele „Supervisionsanfragen nach wie vor aus Arbeitsfeldern mit desolaten Struktur- und Personalbedingungen, wo Supervision in unterschiedlichen Kompensationsfunktionen angefragt wird (z. B. als Trostpflaster für schlechte Bezahlung oder ähnliches)" (Gotthardt-Lorenz 1996, S. 26).

Oft kommt dort die Supervision zu „spät". Interne Auseinandersetzungen, die schon länger stattfanden, und ambivalente Haltungen prägen die Anfrage. Meistens muss die Finanzierung der Supervision vom Träger „erkämpft" werden. Manchmal ist die Supervision für das Personal auch mit einem „Kränkungsfaktor" versehen, weil man doch „eigentlich" allein zurechtkommen wollte. Hinter diesem „Kränkungsfaktor Supervision" verbirgt sich bei intensivem Nachfragen allerdings oft eine Kränkungsgeschichte der Teammitglieder miteinander und/oder des Teams mit den übergeordneten Stellen.

Häufig sind diese Erfahrungen dann noch mit dem Missverständnis verknüpft, dass Helfer ihrerseits keine Hilfe benötigen. Weitere Merkmale der Krisensupervision sind: Neben dem hohen Druck sehen sich Supervisorinnen auch überhöhten und unrealistischen Erwartungen („Idealisierungen", S. 68f., übernächster Abschnitt) ausgesetzt, die bei nicht vollständiger Erfüllung dann in ihr Gegenteil (Entwertungen) umschlagen können. Für die Technik der Supervision ist es dann methodisch hilfreich, diesen Druck als eine arbeitsfeldtypische Problematik zu deuten („Gegenübertragung"). Der technische Umgang mit der Supervision in der Krise wird weiter unten beschrieben (S. 83f.).

5 Häufige Themen im Supervisionsprozess

Im Folgenden werden weitere typische Themen, Probleme und Chancen im Supervisionsprozess vorgestellt: Um im aktuellen Kapitel den Schwerpunkt bei den Supervisionsprozessen zu belassen, werden die Settings von Einzel-, Gruppen- und Teamsupervision hier vernachlässigt und weiter unten gesondert beschrieben (S. 97ff., unten).

Druck aushalten

Vor allem bei der Krisensupervision (S. 83ff., unten) spürt die Supervisorin schon beim Erstkontakt den Druck, der ausgeübt wird. Dieser ist oft mit hoffnungsvollen Erwartungen gepaart, dass die Supervision sofort und endgültig „die“ Lösung zu bringen habe.

> Eine Pädagogin, die in einer Beratungsstelle mit Prostituierten arbeitete, meldete sich telefonisch zu einem Erstgespräch für die Supervision an. Dabei übte sie zeitlichen Druck aus, um schnell einen Termin zu erhalten. Sie kam dann auch, allerdings zwanzig Minuten zu früh, so dass sie warten musste. Ihr „Auftritt“ in der Praxis der Supervisorin hatte teilweise dramatische Züge. Zu Beginn dieses Erstgesprächs ging es „in verschlüsselter Form“ um Probleme der Supervisandin. Sie identifizierte sich offenbar teilweise mit den „Tätern“ und auch teilweise mit den „Opfern“. Dabei drängte sie die Supervisorin in die jeweils entsprechenden Positionen, die mit den Schwierigkeiten der Klientinnen zu tun hatten. Denn die ratsuchende Pädagogin hatte wohl zu sehr die Probleme ihrer Klientinnen auf sich einwirken lassen: körperliche, seelische, zeitliche und räumliche Grenzverletzungen, welche sie von ihren Klientinnen kannte. Viele dieser Frauen waren als Kinder Opfer von Übergriffen und Missbräuchen gewesen. Der Pädagogin als Supervisandin fehlte es, obwohl sie zeitlichen Druck ausübte, wohl am Gefühl für „Timing“; sie kam zwanzig Minuten zu früh und dann nie wieder (Hennige 1995, S. 81).

In solchen Fällen ist es wichtig, den Druck wahrzunehmen, zu reflektieren und als Supervisorin eigenständig zu handeln, sich das Tempo und die Vorgehensweise nicht von der Klientel vorschreiben zu lassen. Man sollte langsam arbeiten und gründlich nach den Ursachen des Drucks forschen. Im vorliegenden Beispiel waren schon Elemente späterer Themen dieses Buches enthalten: Spiegelungen, Resonanz sowie szenische Darstellungen (S. 75ff.; S. 116ff.).

Idealisierung und Entwertung

Unter dem Begriff „Expertenfalle" versteht man die Gefahren für Supervisoren, die mit einem illusionären Glauben an die Allmacht von Fachleuten verbunden ist. Wir alle kennen die Idealvorstellung über den Arztberuf. Wir wünschen uns, dass die Mediziner immer das „Richtige" diagnostizieren und entsprechende Rezepte verschreiben. Oder die Vorstellung von einem Anwalt, der dem Mandanten zu seinem „Recht" verhilft. Doch Ärzte sind fehlbar, und nicht der Anwalt verhilft zur „Gerechtigkeit", sondern das Gericht spricht ein oft unbefriedigendes Urteil. Diese Wünsche nach „gerechter" Behandlung durch Experten zeigen nicht nur ein laienhaftes Verständnis von der Allwissenheit und Unfehlbarkeit von Fachleuten, möglicherweise verbergen sich dahinter auch frühkindliche Sehnsüchte nach gerechter Behandlung, Anerkennung und Einzigartigkeit. Wenn diese anfänglich idealisierten Experten dann die hohen Erwartungen nicht erfüllen, kann das Gegenteil eintreten. Sie können schnell entwertet werden. Vor allem in den helfenden Berufen sind „Expertenfallen" ein Problem. Helfer wissen viel und können doch nicht immer wirksam helfen. Wenn Sozialarbeiter sich nun in Form der Supervision Hilfe holen möchten, gestehen sie ein, dass es mit den vorhandenen Möglichkeiten so nicht weiterging, was auch das Eingeständnis einer vermeintlichen Schwäche beinhaltet. Die vielen Unzulänglichkeiten in den Berufsfeldern werden nun mit allen Hoffnungen und allen Ambivalenzen auf die Person des Supervisors projiziert: Er soll *es* lösen, aber *wenn* er es löst, dann sind die Beteiligten eventuell gekränkt. Wenn er es nicht lösen kann, kommt es möglicherweise zum „Das haben wir schon immer gewusst", also zur Entwertung des Supervisors: „Der kann es auch nicht besser." Auch hier fällt die Ähnlichkeit auf, die zwischen den Erwartungen an die Supervision durch die Sozialarbeiter sowie den Erwartungen mancher Klienten an die Sozialarbeiter besteht. Zur „Expertenfalle" gehört auch, dass sich der Supervisor (oder Sozialarbeiter) idealisieren oder dazu verführen lässt, den hochgesteckten Ansprüchen genügen zu wollen.

Die Klärung der Nachfrage nach Supervision ergibt, dass der Supervisor vor allem wegen seines akademischen Titels ausgewählt wurde. Ein Chefarzt möchte sich nun einmal nicht von einem „normalen" Sozialarbeiter ohne Doktortitel beraten lassen. Der Supervisor nimmt den Auftrag geschmeichelt an und versäumt es, die Hintergründe des Supervisionswunsches und die Wahl seiner Person genauer zu untersuchen. Die Supervision scheitert allerdings in erster Linie, weil der Chefarzt ein sehr formales und naturwissenschaftlich geprägtes Verständnis von seiner Führungsrolle hat und aus diesem Grund immer wieder mit den Mitarbeitern in Konflikt geriet. Gerade diese Haltung hatte auch die Wahl des Supervisors beeinflusst. Wenn der Supervisor den Chefarzt ausführlicher befragt hätte, weshalb gerade er ihn ausgewählt hätte, wäre ihm vielleicht die formale Sichtweise seines Auftraggebers aufgefallen.

Die zeitweilige Tätigkeit des Supervisors beruhte auch noch auf einer unlösbaren Paradoxie: „Verbessere die Arbeitssituation in der Klinik", lautete die verbale Seite des Auftrags durch den Chefarzt. „Du bist nur hier, weil du meine Arbeitsweise nicht hinterfragt hast", lautet dagegen die nonverbale Mitteilung.

Hierbei hatten wir es mit einem „geheimen Auftrag" zu tun. Wenn derartige Paradoxien nicht durch das „Darüber-Sprechen" (*Metakommunikation*) aufgelöst werden können (Watzlawick u. a. 1969), bleibt dieser schwer lösbare Widerspruch (*Paradoxie*) bestehen. Die eigentliche Ursache des Supervisionswunsches ist weiterhin unklar, die Supervision wird ineffizient oder scheitert.

Wer hat Verantwortung wofür?

Supervisoren und Supervisanden unterliegen der Gefahr, sich gegenseitig die Verantwortung für das Geschehen zuzuschieben. Auch in dieser unausgesprochenen Haltung liegt eine Verstrickungsgefahr.

Manche Supervisanden erwarten vom Supervisor: „Hoffentlich sagt er uns, was wir tun sollen."
Der Supervisor denkt möglicherweise: Hoffentlich finde ich den „richtigen Tipp" zur „Problemlösung".

Beide Haltungen können zum Scheitern der Supervision führen. Denn man kann seine Verantwortlichkeit nicht auf andere verlagern. Wer so denkt, missachtet Grundregeln des Beratungsverfahrens. Wie lauten diese?

- *Es gibt nur kommunizierte Probleme*: Dieser Satz heißt keineswegs, dass nicht ausgesprochene Probleme keine Bedeutung haben. Er meint vielmehr Folgendes: Einerseits will er Supervisoren davor schützen, sich mit Spekulationen zu beschäftigen. Andererseits aber möchte der Hinweis, dass es *nur kommunizierte Probleme gibt*, die Supervisoren darauf aufmerksam machen, dass durch die Kommunikation über das Problem erst ein problemorientiertes System entsteht.
- Allerdings ist das *Problemsystem* der Beteiligten nicht identisch mit dem Problem selbst. Es kann nämlich eine Eigendynamik entwickeln: Während sich beispielsweise die unter dem Problem Leidenden beklagen, wirken sie insgeheim an der Aufrechterhaltung gerade des Problems mit. Hier tauchen Ähnlichkeiten zum „sekundären Krankheitsgewinn" psychischer Störungen oder zur „Co-Abhängigkeit" auf.
- Es wurde schon diskutiert, dass die Supervisanden (Ratsuchenden, Klienten) in diesem Sinne das Problem *besitzen*. Nur sie können es lösen, haben aber auch unter Umständen eigenen Anteil an der Problementstehung oder Problemerhaltung (Schein 1987, S. 29f.).
- Der Berater (Supervisor) bzw. der Sozialarbeiter hat vor allem die *Verantwortung* für den *Beratungsprozess*, nicht jedoch für die Inhalte, Ziele und Problemlösungen.

- Zu den *Aufgaben der Berater* (Supervisoren bzw. Sozialarbeiter) gehört es, die Fähigkeit der Ratsuchenden bei der eigenständigen Problemlösung zu fördern.
- Die Klienten (hier: Supervisanden) sind die Einzigen, die das „Problem" lösen können (Schein 1987, S. 34).

Supervisoren müssen sich also „innerlich" vom Klienten-System abgrenzen, zugemutete Verantwortung diskutieren, um wirksam helfen zu können.

Supervision und Korruption

Auch in der Supervision spielen wichtige menschliche Motive wie *Macht*, *Geld* und *Sex* eine Rolle. Interne und vor allem externe Supervisoren verfügen über wenig formelle, oft allerdings über viel informelle Macht. Dabei wächst die Gefahr von Rollenkonfusion und Verstrickungen.

Eine noch unerfahrene Supervisorin bekommt von der ihr bekannten Leiterin einer Beratungsstelle eine Praktikantin zur Einzelsupervision vermittelt. Die Leiterin will von ihr nun immer wieder hören, wie es denn „läuft".

Der Geschäftsführer einer diakonischen Einrichtung „verordnet" einem ihm unterstehenden Jugendhaus-Team einen Supervisor, weil „die es nötig" haben.

Der langjährige Oberarzt einer Suchtklinik wird durch den vorzeitigen Abgang des Chefarztes zu dessen Nachfolger bestimmt. Als „Kumpel-Typ" hatte er alle Psychologen, Sozialarbeiter und das Krankenpflegepersonal immer schon geduzt. Dieser Kommunikationsstil verträgt sich nicht mit der neuen Rolle. Auch leidet er sehr darunter, dass die Stationen sich wünschen, dass er nicht an den Stationssupervisionen teilnimmt. Immer wieder ruft er den Supervisor an. Bei diesem beklagt er seine „Einsamkeit" und die Tatsache, dass er selbst das „ärmste Schwein" in der Klinik sei.

Das letztgenannte Beispiel findet seine Fortsetzung im Abschnitt über Coaching (S. 106, unten).

Bei solchen Themen befindet sich der Supervisor in der Gefahr, auch durch die Auftragsvergabe von den „Mächtigen" korrumpiert zu werden. Etwa wenn sie um des Machterhalts und des Geldes willen sich mit dem Geldgeber gegen die Mitarbeiter verbünden. In diesem Sinne meint Korruption hier nicht, „Geld gegen unerlaubte oder verbotene Leistungen bzw. Unterlassungen" im strafrechtlichen Sinne anzunehmen. Ähnlich ist es, wenn Supervisoren bei Einzel- oder Teamsupervisionen nicht die „kritischen Fragen", die nötig wären, stellen. Vielleicht weil sie hoffen, dass sie als „nette Supervisoren" gute Chancen auf einen Auftrag oder Vertragsverlängerung haben. Leffers hatte unter dem Stichwort „Mesalliance-Gefahr" (1987, S. 83ff.) solche Beispiele gesammelt. Die Gefahr, sich korrumpieren zu lassen, ist auch dann gegeben, wenn für das Team ein hoher Druck besteht, Supervision „nehmen zu müssen", und der Supervisor diesen Auftrag aus Gründen der Existenzsicherung benötigt. Beide Seiten können dann miteinander folgende verdeckte Kommunikation praktizieren:

Das Team signalisiert: „Wenn wir schon Supervision haben müssen, dann sei ein ‚guter' Supervisor und stell uns nicht in Frage".

Die unausgesprochene Antwort des Supervisors könnte dann lauten: „Wenn Supervision schon sein muss, dann möchte ich den Auftrag erhalten, dafür bin ich auch ‚nett' zu euch".

Tabus

In jeder Berufsgruppe kommt es zu einer gewissen Anzahl von nicht fachgerechten, unethischen oder gar strafbaren Handlungen seitens der Professionellen dem Klientel gegenüber. Wir kennen das aus den Medien: Polizisten als Bankräuber oder Helfer von Drogenhändlern, Geldboten als Millionendiebe, Feuerwehrleute als Brandstifter, Pflegerinnen als Mörderinnen von ihnen anvertrauten kranken und alten Menschen, Psychotherapeuten als sexuelle Verführer ihrer Patientinnen, Lehrer oder Erzieher als Pädokriminelle u. v. a. „Eine Untersuchung wies bei 13,7 Prozent der Therapeuten und bei 3,1 Prozent der Therapeutinnen sexuelle Kontakte mit gegengeschlechtlichen Patienten aus. In einer psychiatrischen Klinik waren 4,9 Prozent der Patientinnen und Patienten derartigen Übergriffen durch das Personal ausgesetzt" (Fengler 1994a, S. 195). Der Frage, weshalb bestimmte Berufsgruppen gerade gehäuft solche Taten begehen, die sie von Berufs wegen eigentlich verhindern sollten, kann hier nicht vertieft nachgegangen werden. Möglicherweise liegt an diesen beruflichen Milieus etwas Faszinierendes, was mit der eigenen Bedürfnis- und Triebstruktur zu tun hat und so (unbewusst) zur Berufswahl motiviert. Allerdings haben sich auch die helfenden Berufe diesen Tabuthemen zu stellen und selbstkritisch zu fragen, wie derartige Grenzüberschreitungen im professionellen Kontext vermieden oder in ihren Auswirkungen reduziert werden können.

Ein Supervisor mit viel Erfahrung in der Beratung von Einrichtungen der offenen Jugendarbeit: „Immer wenn es zu Anfang einer Teamsupervision eine so merkwürdige Sprachlosigkeit gibt, vermute ich, dass es auch um eine unausgesprochene Liebesbeziehung zwischen Teammitgliedern oder gar zwischen einem Teammitglied und Besuchern geht."

Das Team eines Wohnheimes für volljährige junge Frauen (ehemalige Trebegängerinnen, Abhängigkeitserkrankte) präsentiert der Supervisorin in der ersten Sitzung einer „Krisensupervision" folgenden Sachverhalt: Sozialarbeiter A. hat ein Liebesverhältnis mit einer Bewohnerin seiner Gruppe und dieses dem Team bis vor zwei Wochen verheimlicht. Sozialarbeiter B. unterhält ebenfalls intime Beziehungen zu einer anderen Bewohnerin. Im Gegensatz zum Falle des Kollegen A. hat er dies jedoch dem Team sofort mitgeteilt. Außerdem ist seine neue „Freundin" nicht (wie bei A.) Angehörige seiner Betreuungsgruppe. Das Team beschäftigt sich nun damit, ob überhaupt Regelverletzungen vorlagen und, wenn ja, welche und wie diese zu sanktionieren seien.

Die meisten Menschen verbringen einen Großteil ihres Lebens am Arbeitsplatz. So ist es verständlich, wenn dort auch Partnerschaften entstehen. Problematisch wird es jedoch, wenn es sich dabei um Betreuungs-, Erziehungs- oder sonstige Abhängigkeitsverhältnisse handelt.

Es geht an dieser Stelle nicht um eine Bewertung solcher Fälle. Wichtiger scheint mir zu sein, auf diese Tabuthemen hinzuweisen. Die selbstkritische Beschäftigung mit solchen Fragen findet in einigen Berufsfeldern derzeit statt (Missbräuche im kirchlichen Bereich, Aufarbeitung der Heimerziehung in West und Ost, Odenwaldschule). Die ihre Klienten ausbeutenden Helfer gehören genauso wenig in das idealisierte Selbstbild der Profession wie ein anderes Tabuthema, nämlich die „Gewalt der Klienten" an Sozialarbeitern (S. 168f., unten). Gerade Tabuthemen drängen sich in der Supervision vehement in den Vordergrund und sollten dort ihren Platz finden.

6 Den Supervisionsprozess vertiefen

Umgang mit Widerständen und Ambivalenzen

„Wasch mir den Pelz, aber mach mich nicht nass“, lautet ein bekannter Spruch. Diese Sichtweise hilft auch weiter, häufige und typische Szenen in der Supervision zu verstehen.

Wir befinden uns auf einer eintägigen Fachtagung zur „Supervision der Sozialen Arbeit“. Sozialarbeiterinnen, die noch keine Erfahrungen mit Supervision hatten, sollten mit dieser Beratungsmöglichkeit vertraut gemacht werden. Etwa zwanzig Personen hatten sich zur Arbeitsgruppe „Supervision in der Jugendhilfe“ angemeldet. Nach einem Einführungsvortrag wurden zwei Sitzungen zu je zwei Zeitstunden angeboten. In der Anfangsrunde äußerte etwa die Hälfte der Teilnehmerinnen einerseits sehr hohe Erwartungen an diese Veranstaltung.

Dabei fiel immer wieder der Wunsch auf, abwesenden Kolleginnen nach dieser Veranstaltung wichtige Hilfestellungen geben zu können. Andererseits betonten die meisten Teilnehmer jedoch auch, große Vorbehalte der Supervision gegenüber zu haben. Im Übrigen solle die Gruppenleiterin jetzt zeigen, wie „es“ gemacht werden könne. Die Gruppenleiterin ging zu Anfang weder auf diese verständlichen aber unrealistischen Erwartungen, die Verleugnung eigener Hilfebedürftigkeit und deren Verschiebung auf Abwesende noch auf die Entwertungen ein. Sie benötigte viel Kraft, um dem starken Druck nach schnellen Erfolgen standzuhalten oder eine „Wunderheilung“ vorzuführen. Stattdessen bemühte sie sich, ein produktives Gruppenklima zu schaffen, Ängste abzubauen und Gemeinsamkeiten herauszustellen. Mit Hilfe des Erklärens ihrer eigenen Gefühle („Gegenübertragung“) und der Darstellung dieser typischen Spiegelung von Klienten-Verhalten („Resonanzphänomen“) konnte die Gruppe langsam sich selbst finden und arbeitsfähig werden. Die Teilnehmerinnen dieser Tagung kamen – wie viele ihrer Klientinnen – „zu spät“ und übten großen Druck aus. Beim Besprechen dieser vielen Ansprüche äußerte die Gruppenleiterin auch ihre eigene Hilflosigkeit, die wohl den Erfahrungen in der Sozialen Arbeit ähnlich sein müsse.

Kopfnicken und erleichtertes Aufatmen war die Antwort. Allen schien es ähnlich zu gehen. Nun war das „Eis gebrochen“; es konnte Vertrauen gefasst werden. Danach meldeten sich mehrere Teilnehmerinnen, um einen „Fall“ vorzutragen.

Widerstände und Ambivalenzen sind ein normaler Ausdruck des Sicherheitsbedürfnisses von Menschen. In neuen Situationen und bei unklaren Gruppenverhältnissen steigen sie an. Supervisorinnen sollten damit umgehen können und es mit Hilfe von „vertrauensbildenden Maßnahmen“ (etwa Ansprechen der Bedenken) der Gruppe ermöglichen, ihre Arbeitsfähigkeit zu erhöhen. Es ist wichtig, nicht in dieser Phase der Blockade stecken zu bleiben, sondern durch konstruktive Arbeit voranzukommen.

Polaritäten und Spaltungen

Eine besondere Ausdrucksform von Ängsten, Widerständen und Ambivalenzen ist die Kommunikation in Polaritäten. Wenn man arbeitsmäßig unter Stress gerät, erlebt man Arbeitsprozesse extrem und polar: Geben oder Nehmen, Nähe oder Distanz, Identifikation oder Abgrenzung, Konflikt oder Versöhnung, Einsamkeit oder Selbstaufgabe (Fengler 1994a, S. 322). Vor allem in scheinbar aussichtslosen Situationen kann das der Fall sein; etwa in der Drogenhilfe, in der Straßensozialarbeit oder in der Arbeit mit HIV-infizierten Menschen. In der Teamsupervision müssen die Supervisorinnen dann ihre Fähigkeiten zum „Auffangen“ und „Gegensteuern“ unter Beweis stellen. Aufgrund ihrer außenstehenden (*exzentrischen*) Position sind sie die Einzigen, die von diesen durch die Klientendynamik geprägten Beziehungs- und Kommunikationsmustern nicht erfasst sind. Teamsupervision hat dann auch den psychohygienischen Charakter von „Unterstützungssitzungen“. Das sind „wiederkehrende Gespräche in Teams, in denen es weder um die Analyse von Problemen noch um gegenseitige Korrektur oder Supervision geht. Vielmehr ist das das einzige Thema: Wie kann ich ihr und ihm das Leben leichter machen? Was kann ich zu ihrer und seiner Motivation, Arbeitsfreude, Anerkennung und positiven Selbsteinschätzung beitragen?“ (Fengler 1994a, S. 302).

Ähnlich verhält es sich mit *Spaltungen* in den Beziehungen. Supervisanden (Sozialarbeiter) berichten dann, dass sie ihre Klienten eher in Kategorien wie „gut“ und „böse“ erleben („Gute Mutter“ – „Böser Vater“) (Fengler 1994a, S. 128). Derartige Spaltungen kommen auch in der Arbeit mit Abhängigen vor. Problematisch wird es, wenn diese Spaltungen sich so stark entwickeln, dass sie das Team zu sprengen drohen („Gute Sozialarbeiterin“ – „Böser Psychologe“). Wichtig ist es, in der Supervision die Versuche, das Team zu spalten und gegeneinander auszuspielen, als Problem und Folge der Klientendynamik zu verstehen. Wie schon erwähnt, „spiegeln“ sich im Team dann die Probleme, Wünsche und Ängste der Klienten (siehe: nächster Abschnitt). Oft gehen Polaritäten und Spaltungen auch mit *Idealisierungen* und nachfolgenden *Entwertungen* einher.

Der Nutzen von Resonanzphänomenen

Es ist schon erwähnt worden, dass sowohl Klienten als auch Helfer, Pflegende und Pädagogen, möglicherweise auch Supervisoren sich eigentlich nicht gerne helfen lassen. Diesem Thema haben sich die erwähnten Bücher von Schmidbauer (1977) und Fengler (1991, 1994a) gewidmet. Hilfe von außen schränkt auch die Autonomie des Individuums ein und stellt Fragen an das eigene Selbstwertgefühl. Diese Hürde gilt es in jeder Form eines Hilfeprozesses zu überwinden, ansonsten sind die Helfer von der jeweiligen Klientel abhängig, weil sie deren Bestätigung benötigen. Eine Möglichkeit, die Spannung zu reduzieren, besteht darin, das Resonanzphänomen konstruktiv zu nutzen. Darunter versteht man in Psychotherapie und Beratung die Nutzung der Spiegelung von Prozessen zwischen Klienten und Sozialarbeitern im Supervisionsgeschehen (S. 117, unten). Einen Aspekt davon haben wir schon unter dem Stichwort *Klientendynamik* kennengelernt.

> Sozialpädagogen in der offenen Jugendarbeit kleiden und verhalten sich ähnlich wie Jugendliche.
>
> In der Suchtkrankenhilfe werden auch von den Helfern viele legale Suchtmittel (Kaffee, Zigaretten) genossen, aber kein Alkohol und keine Drogen.
>
> Bedürfnisse aus dem Ursprungssystem (der Klientendynamik) werden in der Supervision relativ unvermittelt in den Beratungsprozess übersetzt, etwa in Form überhöhter Ansprüche oder Depressionen.
> In der ersten Supervisionssitzung präsentieren die Sozialarbeiter hoffnungslose „Fälle" und erwarten vom Supervisor, dass er sofort „ideale" Lösungen parat hat.

Da es in solchen Situationen keine idealen Lösungen geben kann, hilft oft die Deutung der Ursprungssituation, wie wir es auch in dem Beispiel der Fachtagung „Supervision in der Sozialarbeit" gesehen haben (S. 73f., oben). Vor allem in der Literatur zur Balint-Arbeit hat man eine Fülle derartiger Spiegelphänomene dargestellt und für die Anwendung in der Supervision systematisiert (Kutter 1994).

Beispielsweise können folgende Fragen gestellt werden:

> Wie sollen wir Sozialpädagogen von den Jugendlichen erwarten, sich etwas „kultivierter" zu verhalten, wenn wir selbst keine Termine einhalten können?
>
> Die „Junkies" sehen doch, wie sehr wir auch am Nikotin und Koffein „hängen".
> Die fragen sich dann: Wie können die „Einäugigen den Blinden" helfen?

Wenn Supervisionsteilnehmer „hoffnungslose Fälle" präsentieren, teilen sie auch mit, dass sie ihre Arbeit als „hoffnungslos" ansehen, dass Supervision keinen Zweck hat oder dass der Supervisor eine „Wunderheilung" vollziehen sollte. Wenn die Supervision eine andere Sichtweise herbeiführen kann, ändert sich die Selbstdeutung der Sozialarbeiter, es kann ein *Perspektivwechsel* eintreten: „Wer in die Beratung kommt, sieht sich selbst noch nicht als ‚hoffnungslos'; also ist auch unsere Arbeit nicht ‚hoffnungslos'."

Die gemeinsame Reflexion von Resonanz- oder Spiegelphänomenen leistet noch keine „Wunderheilung"; sie relativiert jedoch die Dramatik des Geschehens, verhilft zur notwendigen Grenzsetzung und lenkt den Blick auf kleine, realisierbare Ziele.

Exkurs: Selbstdeutungen statt Fremddeutungen

Unter dem Begriff *Deutung (oder Interpretation)* versteht man eine von einer Fachperson (Sozialarbeiterin, Supervisorin, Beraterin, Psychotherapeutin) der Klientin gegenüber geäußerte Erklärung oder Äußerung über ihr Denken, Fühlen oder Handeln, welche der Klientin selbst noch nicht bewusst ist. Oft helfen derartige Deutungen oder Interpretationen weiter. Möglicherweise können solche Deutungen auch „falsch" sein, obwohl sie inhaltlich „richtig" sind. Das ist beispielsweise der Fall, wenn die Klientin noch nicht bereit oder in der Lage ist, diese fremde Interpretation aufzunehmen. Solche *Fremddeutungen* können auch die Abhängigkeit von der Supervisorin erhöhen und Widerstände oder gar eine Krise im Supervisionsprozess hervorrufen. Deshalb ist es besser, wenn die Supervisorin den gemeinsamen Reflexionsprozess so gestaltet, dass die ratsuchende Person selbst darauf kommt und in der Lage ist, eine *Selbstdeutung* vorzunehmen.

Vereinfachtes Beispiel: Die Klientin berichtet von einem Konflikt mit einem dominanten Vorgesetzten, bei dem sie sich hilflos fühlte. Eine Fremddeutung könnte sein: „Da ging es Ihnen so wie mit Ihrem Vater (oder Lehrer)." Zu einer eigenen Erklärung (Selbstdeutung) gelangt die Supervisandin vielleicht eher mit Hilfe der folgenden Frage: „An was oder wen hat Sie dieser Konflikt möglicherweise erinnert?"

Verbale Botschaften unterscheiden lernen

Supervision besteht vorwiegend aus Kommunikation. Vereinfacht gesagt unterscheiden wir dabei zwischen *verbaler* (Worte und Sätze) sowie *nonverbaler Kommunikation* (Mimik, Gestik, Körpersprache). Schauen wir uns zuerst die verbale Kommunikation an. Aus den vielen Möglichkeiten, Kommunikation zu untersuchen, beschränken wir uns hier auf ein vereinfachtes Kommunikationsmodell. Denn mit dieser Hilfe kann man die meisten Botschaften auf *vier* Aspekte untersuchen:

- *Sachinhalt*: Was ich sage (Inhaltsebene, reine Information);
- *Selbstoffenbarung*: Was ich dabei von mir kundgebe;
- *Beziehung*: Oft kann man der Botschaft auch entnehmen, was ein Kommunikationspartner persönlich vom anderen hält;
- *Appell*: Häufig ist damit auch verbunden, dass der eine Kommunikationspartner den anderen zu etwas veranlassen möchte.
  (Schulz von Thun, Band 1, 1990, S. 26ff.).

Die nonverbale Kommunikation ist oft „ehrlicher". Eine Pflegerin äußert in der Teambesprechung:

Die neue Kollegin X hat schon wieder die Bewohner „verwöhnt" und „glaubt auch alles, was die sagen" (Sachinhalt). Dabei verdreht die Pflegerin ihre Augen und verzieht ihren Mund zu einer verächtlich scheinenden Grimasse. Durch die Mimik wird deutlich, dass ihr das Verhalten der Kollegin missfällt (Selbstoffenbarung). Die Pflegerin fährt fort: „Die X macht sich auf unsere Kosten beliebt" (Beziehungssaspekt). „Wollen wir uns das eigentlich gefallen lassen?" (Appell).

Körpersprache beachten

Wir haben gesehen, dass es wichtig ist, auch die nonverbale Sprache bzw. Körpersprache zu beachten.

Jemand spricht und vermeidet den Blickkontakt.

Ein anderer sitzt mit verschlungenen Beinen vor dem Berater.

In der Teamsupervision befinden sich einige Teilnehmer positionsmäßig in der Nähe der Tür, wie in einer „Fluchtrichtung". Rechts und links neben der Supervisorin klafft eine „neutrale Zone".
Aus dem Alltag wissen wir, dass innerpsychische Zustände oft mit Hilfe der Körpersprache symbolisch ausgedrückt werden: Da hat jemand einen „Kloß im Halse", „das Blut steigt in den Kopf", oder es wurde einem „ganz flau zumute".

Oft spricht der Körper eine ehrlichere Sprache als die Worte. Supervisoren sollten diese Körpersprache erkennen und zu passender Zeit thematisieren. Allerdings ist darauf zu achten, dass dies nicht auf eine Weise geschieht, welche die Supervisanden verunsichert und damit das Angstniveau erhöht.

Verstehen: szenisch und phänomenologisch

In jedem Team und in jeder Institution existiert eine Fülle von informellen Regeln und Kommunikationsformen, also eine spezielle Kultur (*Team- und Organisationskultur,* S. 128, unten), die den Supervisorinnen und Supervisoren anfangs unbekannt ist. Auffälligkeiten sollten hinterfragt werden. Denn sie können Bestandteil einer für den Außenstehenden unbekannten „Sinnwelt" sein, die es zu verstehen gilt. Insofern ist Supervision wissenschaftlich geleitetes „Fremdverstehen" nach den Regeln Biografischer Forschung (Schütze 1993; 1994a; 1994b). Wie kann man nun diese fremde Welt erkennen? Hier hilft der Begriff des „szenischen Verstehens". Zu Beginn mancher Supervisions- oder Beratungsgespräche erhält man Informationen über scheinbar Vordergründiges und Banales, das sich im Verlaufe des weiteren Prozesses als etwas gänzlich anderes herausstellt:

Beispielsweise war das im Wohnheim für Alkoholkranke der Fall (S. 53f., oben). Mehrere Bemerkungen über die Mitarbeiter vom Hausdienst bringen die Supervisorin dazu, Fragen über deren berufliche Situation zu stellen. Weitere Beispiele von Beschwerden der Sozialpädagogen verdichten sich mit diesen Informationen. Die Erinnerungen an eigene kurze Erlebnisse mit dem Telefonisten und dem Pförtner kommen hinzu. Der Supervisorin drängt sich der Gedanke auf, dass diese Laienhelfer auf ABM-Basis eigentlich „verkappte Alkoholiker" sein könnten, und sie teilt dieses „innere Bild" dem Team mit. Es folgt zustimmendes Kopfnicken.

Die Supervisorin hat ihre Gegenübertragungsgefühle ernst genommen und die Informationen, Emotionen und „inneren Bilder" zu einer deutenden Vermutung (*Hypothese*) zusammengefasst. Das kann auch in der Form einer Übertreibung geschehen. Dieses Verfahren hat verschiedene Quellen und Namen (Psychoanalyse, Tiefenpsychologie, Tiefenhermeneutik). In der Supervision geht es um das zeitweilige Verlassen des „logischen Verstehens", um mit Hilfe der eigenen Fantasie und Identifikation auf die Ebene des „psychologischen Verstehens" oder des „szenischen Verstehens" zu gelangen (Argelander 1970, S. 61; Lorenzer 1970, S. 149).

Weiter im Beispiel: Die Supervisorin „sieht" etwas, das es so konkret gar nicht gibt, das aber trotzdem eine reale Bedeutung haben könnte und sich auf die Dynamik im Wohnheim auswirkt.

Die Mitarbeiter vom Hausdienst trinken zusammen mit den suchtgefährdeten Bewohnern Alkohol.

Man kann das symbolisch wie folgt beschreiben: In der Supervision (und der Psychotherapie) ist es möglich, etwas zu „sehen", was real nicht sichtbar ist, was man aber hätte sehen können, wenn man mit einem „Röntgen-Auge" ausgestattet gewesen wäre. Das ist auch mit dem Titelbild dieses Buches gemeint.

Oder um ein Symbol des Psychoanalytikers *Theodor Reik* (1888–1969) zu verwenden: Man kann mit dem „dritten Ohr" etwas hören, was zwar nicht gesagt wurde, was aber hätte gesagt werden können und was für den zu erforschenden Zusammenhang eine Bedeutung hätte. Der Supervisor muss auch lernen, „mit ‚dem dritten Ohr' zu hören" (Reik 1983, S. 165). Er sollte auch erfassen, was andere nicht sagen, „sondern nur fühlen und denken" (S. 169).

Zurück zum Beispiel: Falls der Kontext es zulässt, könnte auch provokativ gesagt werden:

„Wenn das im Heim so weitergeht, werden alle zusammen saufen."

Manchmal dauert es, bis die Supervisanden sich auf diese nicht reale, aber doch wichtige Ebene des Reflektierens einlassen können. Nicht alles, was in solchen Phasen der Supervision gesagt und vermutet wird, muss „stimmen"; oft hilft es allerdings weiter.

Übersetzungsleistungen vollbringen

Die angesprochene Diskrepanz zwischen der rationalen Argumentation und einer eher spontan vermittelten Körpersprache verdeutlicht, dass die Supervisoren für sich immer wieder „innere" Übersetzungsleistungen vollziehen müssen. Sie sollten relativ schnell vorerst für sich allein verschiedene Wahrnehmungen aktivieren:

- Verbale und nonverbale Ebene,
- Inhalts- und Beziehungsebene,
- die Gegenübertragung sowie
- rangrichtige Abarbeitung der angebotenen Themen.

Welche methodische Vorgehensweise ist angesagt? Supervisoren können für sich einen Katalog von *W-Fragen* entwickeln. Dieser muss allerdings situativ „passen" und sollte nicht schematisch angewendet werden.

- *Was* wurde berichtet?
- *Wie* wurde geschildert?
- *Was* wurde überbetont oder ausgelassen?
- *Welche* Vermutungen (Hypothesen) habe ich jetzt?
- *Wie* kann ich meinen inneren Wahrnehmungsprozess produktiv in die Supervision einbringen?

Diese Fragen sollten Supervisoren nicht für sich allein beantworten, weil sie dann zu nicht rückgekoppelten – möglicherweise falschen – Deutungen kommen können. Man kann das Team in angemessener Weise daran beteiligen, sich aber auch später mit Kollegen oder in der *Kollegialen Supervision* (S. 116) austauschen. Bei den *W-Fragen* sollte man prozessbezogene Reize bevorzugen (*Was? Wie? Welche?*) und ursachenorientierte Fragen (*Wer? Warum? Weshalb?*) vermeiden. Denn viele Ursachen kann man nie ganz erhellen, und Ursachendiskussionen fördern Uneinigkeiten und Schuldzuweisungen. Auseinandersetzungen über „Schuld" oder „Schuldige" sind in der Supervision zu vermeiden.

Kommunikationsmöglichkeiten

Die folgenden „Regeln" sind als Vorschläge für die Kommunikation in der Supervision (sowie in den helfenden und pädagogischen Berufen) allgemein zu verstehen. Sie stammen aus unterschiedlichen Richtungen von Kommunikationswissenschaft, Beratung und Psychotherapie. Hierbei ist vor allem die von *Ruth Cohn* (1912–2010) entwickelte „Themenzentrierte Interaktion" (TZI) (Cohn 1976, S. 115ff.) hervorzuheben. Da diese Regeln seit vielen Jahren Allgemeingut des Wissens über menschliche Kommunikation sind, werden sie im Folgenden quellenmäßig nicht belegt.

Kommunikationsebenen: In jeder menschlichen Kommunikation existieren bewusste und unbewusste, verbale und nonverbale Ebenen der Kommunikation. Diese muss man erkennen und berücksichtigen.

Anfangen, wo der Einzelne oder die Gruppe steht: Supervisoren sollten von dem vorliegenden Informationsstand, den bestehenden Qualifikationen und den vorherrschenden Sichtweisen der Probleme ausgehen, die vorhanden sind. Ihre eigenen Konzepte und Ziele sind vor allem in der Anfangssituation zweitrangig.

Mit der Gruppe arbeiten: kreative Potenziale fördern, Grenzen sichern, Gruppenmitglieder ermuntern, die Co-Leitungsrolle zu übernehmen, sich im „Tempo" der Gruppe bewegen.

Sich entbehrlich machen: Supervisoren sollten sich so verhalten, dass sie nach einiger Zeit überflüssig werden. Ihre Hauptaufgabe ist die Stärkung der Selbsthilfepotenziale der Supervisanden. Deshalb ist es günstiger, von vornherein die Zahl der Supervisionstreffen festzulegen. Supervisionen sollten insgesamt nicht länger als drei bis vier Jahre dauern. Danach hat sich das Innovationspotenzial des Supervisors verbraucht.

Die Denk- und Kommunikationssysteme der Supervisanden müssen von den Supervisoren erkannt und genutzt werden. Supervisoren sind dann erfolgreich, wenn sie *im* und *mit* dem fremden Denk- und Kommunikationssystem handeln können („andocken").

Trennung von Person, Verhalten und *beruflicher Rolle*: Dieses „Muss" jeder beruflichen Arbeit gilt besonders für die Supervision. Jeder Kommunikationspartner verdient Wertschätzung; trotzdem kann man einzelne Äußerungen bzw. Verhaltensweisen hinterfragen, kritisieren oder ablehnen.

Eigene Absicht vor Kritik oder Verhörfragen: Bevor man Fragen stellt, sollte man sich überlegen, warum man dies tut.

Verdecktes Rivalisieren vermeiden: Ein Hindernis für offene Kommunikation sind Rivalitätsbestrebungen innerhalb von Gruppen und Teams. Oft werden gute Handlungen oder Vorschläge von anderen zerredet oder kritisiert, auch weil man „neidisch" ist. Hier sollte man selbstkritisch in sich hineinhören. Was hindert uns eigentlich daran, dem anderen zu sagen: „Ich finde, dass du das gut gemacht hast, und ich bin neidisch, dass ich nicht selbst diese Idee hatte."

Feedback: Rückmeldungen an andere, seien sie positiver oder negativer Art, sind erwünscht, wenn sie sich auf konkrete Verhaltensweisen beziehen. Nur dann können andere damit etwas anfangen.

Störungen haben Vorrang: Wenn man bei einem Gespräch „innerlich" nicht mehr dabei ist, sollte man das sagen. Das gilt nicht nur für Verständnisprobleme, sondern vor allem auch für „innere Abschweifungen" oder „querliegende" Gefühle.

Beziehung geht vor Inhalten: Bei Problemschilderungen sollte man sich nicht von den oft vordergründigen inhaltlichen Mitteilungen verführen lassen. Es ist zu fragen nach der Beziehung und danach, wie die Supervisanden ihre Realität darstellen, also ihre „Welt" konstruieren.

Es sind nur realisierbare Zieldiskussionen möglich: Supervision ist keine „Wunderheilung". Sie ist auch kein „Allheilmittel" gegen das Versagen von Organisationen, Recht und Politik. Im Normalfall kann Supervision nur dort helfen, wo die unmittelbar Beteiligten mit *eigener Kraft* etwas verändern können und wollen. Das bestätigen auch eindrücklich die Forschungsergebnisse über die Wirksamkeit von Supervision (S. 187f., unten).

Die Grenzen von Sagen und Fragen: Supervisoren dürfen alles sagen und fragen. Supervisanden haben zusätzlich noch das Recht, ohne sozialen Druck *nicht* antworten zu müssen.

Hilfe zur Selbsthilfe: Supervisoren sollten Teams dazu verhelfen, zeitweise oder immer auch ohne Supervision kreativ und erfolgreich weiterzuarbeiten. Vor allem in Zeiten knapper finanzieller Mittel ist das wichtig. In der Endphase von längeren Supervisionsprozessen kann man auf die nachfolgende *Kollegiale Supervision* vorbereiten (S. 116, unten).

Systemisches Arbeiten

An dieser Stelle können aus räumlichen Gründen nur einige allgemeine Hinweise zur Bedeutung der Systemischen Arbeit mit allen ihren Varianten gegeben werden. Die Bedeutung der Systemischen Arbeit liegt auch darin, dass sie weitgehend „theoriefrei“ mit pragmatischen, oft paradoxen und ungewöhnlichen Interventionen zu anderen Sichtweisen verhelfen kann. Viele Methoden der Systemischen Arbeit stammen aus anderen Zusammenhängen. Oft kann man nicht genau sagen, wer was zuerst entwickelt und verwendet hatte. Die systemische Arbeit legt zu Anfang eines Prozesses großen Wert auf die *Auftragsklärung*, um herauszufinden, wer welche ausgesprochenen oder unausgesprochenen Wünsche an die Supervision hat. Beim *Reframing* („Umdeuten“) geht es darum, dass etwas Negatives („Das Glas ist halb leer“) eher positiv („Das Glas ist halb voll“) gesehen werden könnte. Auch kann man störendes Verhalten als Ausdruck guter Absichten umdeuteten. Viele systemische Methoden wurden aus der Arbeit mit Familien gewonnen. Sie sollten dann für die Einzel- oder Teamsupervision modifiziert werden. Die *Skulpturarbeit* geht ursprünglich auf die amerikanische Sozialarbeiterin, Psychoanalytikerin und Mitbegründerin der Familientherapie, *Virginia Satir* (1916–1988), zurück. Beispielsweise kann man ein Team sich als *Skulptur* in einem Raum so aufstellen lassen, wie es der jeweiligen Nähe und Distanz der Teammitglieder zueinander entspricht, um sich dann darüber auszutauschen. Oder ein Teil des Teams kann einen anderen Teil beim Gespräch über die Arbeit beobachten und dann darüber berichten, um gemeinsam als *Reflecting Team* neue Erkenntnisse zu erhalten (Levold/Wirsching 2014, S. 220ff.). In einem anderen Lehrbuch finden wir eine Anzahl von „Supervisions-Tools“, also „Werkzeuge“ und Methoden für die Supervision (Neumann-Wirsig 2009).

Frauen und Männer in der Supervision

Es wurde eingangs schon erwähnt, dass die helfenden Berufen sowie einige pädagogische Berufe ursprünglich Frauenberufe gewesen sind. Wie ist die Situation in der Supervision? Die Mitglieder in der „Deutschen Gesellschaft für Supervision“ wie auch des Fachverbandes in der Schweiz (BSO) und in Österreich (ÖVS) sind etwa zu 60 Prozent weiblich. In Deutschland waren die ersten Vorstandsvorsitzenden

Männer. Ebenso wurde die erste Universitäts-Professur für Supervision in Deutschland von einem Mann besetzt. Eine ähnliche Tendenz konnte Brückner bei der Autorenschaft bei drei der vier deutschen Supervisionszeitschriften feststellen (2004, S. 222f.).

Wie wirkt sich die Geschlechtszugehörigkeit auf die Supervisionspraxis aus? Manchen Teams ist das Geschlecht des Beraters nicht so wichtig. Bei anderen Teams existieren klare Vorstellungen über das Geschlecht der Person, die Supervision anbieten sollte, etwa in Frauenprojekten. In feministisch geprägten Arbeitsfeldern werden oft nur Supervisorinnen akzeptiert. In anderen Teams sucht man einen Supervisor, weil man vorher eine Supervisorin hatte – oder umgekehrt.

Abgesehen von diesen Fragen scheinen für Frauen und Männer verschiedene Supervisionsthemen eine unterschiedliche Bedeutung zu haben. Einer Befragung zufolge verhalten sich Frauen als Supervisandinnen eher „klientenbezogen“, „handlungsbezogen“, „beziehungsklug“ und „partnerschaftlich“. Männer als Supervisanden dagegen verhalten sich im beruflichen und supervisorischen Kontext eher „institutionsbezogen“, „konkurrenzbezogen“, „ideologiebezogen“ und „beziehungsblockiert“ (Schneider 1995, S. 31).

7 Herausforderungen bewältigen

Krisen und Supervision

In der Supervision hat man es oft mit Krisen zu tun. Unter einer psychosozialen Krise versteht man eine Veränderung eines vorher einigermaßen sicheren Zustandes in eine negative Richtung. Etwas, was „stabil" war, wird unsicher und „labil". Es kommt zu einer Verengung von Wahrnehmung, Werten sowie einer Einschränkung von Handlungs- und Lösungsmöglichkeiten. Wir kennen innerpsychische Krisen, Krisen zwischen Menschen, in Familien, Gruppen, Teams und Organisationen. Viele Krisen sind gleichzeitig „kritische Lebensereignisse" wie Geburt, Einschulung, Schulwechsel, Berufseinstieg, Partner- oder Bezugsgruppenwechsel, Trennung, Arbeitslosigkeit, Krankheit, Verrentung, Unfall oder Tod. Lebensveränderungskrisen gelten als Anpassungsstörungen und haben in der „International Classification of Diseases" die Kennziffer ICD F 43.2.

Nicht selten erleben Sozialarbeiter, Pflegerinnen oder Lehrpersonen bei ihren Klienten, Pfleglingen oder Schülern krisenhafte Situationen. Wie sollten sie sich in einer Krise verhalten? Eine einfache Hilfestellung ist das „BELLA-Modell":

B = *B*eziehung aufnehmen,

E = *E*rfassung der Situation,

L = *L*inderung des Hauptproblems,

L = *L*eute einbeziehen (Ressourcen),

A = *A*nsatz zur Problembewältigung (Giernalczyk 2006, S. 466).

In der Supervision können diese Krisen besprochen sowie mögliche Hilfestrategien diskutiert werden.

Vielleicht ist der Suizidversuch oder der vollendete Suizid eines Klienten die größte Krise im Berufsleben eines Helfers bzw. eines Teams. Nach dem „präsuizidalen Syndrom" kommt es bei Suizidgefährdeten zu einer Einengung von Gefühlen und

Gedanken sowie verstärkter Aggression gegen sich selbst oder andere und Äußerungen von Suizidfantasien, auch als Appell (Ringel 1974). Das Thema Suizid kann bei den Helfern Schuldgefühle aktualisieren und sie in einen depressiven Sog ziehen. Das müssen Supervisoren erkennen und gegensteuern.

Krisen der Supervisanden äußern sich durch Verspätungen, Fehlzeiten, Abbrüche oder Kritik auch an der Supervisorin. Wenn diese Krise mit ihrer Supervisionstätigkeit zu tun hat, so empfiehlt sich (nach einer Reflexion mit Kollegen) Offenheit und Klarstellung den Supervisanden gegenüber. Für den Fall, dass diese Krise auch den privaten Bereich der Supervisorin berührt oder gar von dort stammt, sollte sie sich nicht scheuen, sich entsprechende psychotherapeutische Hilfe zu organisieren. Vieles von dem Vorhergesagten trifft auch auf das System Sozialarbeiter – Klient zu.

Wie in Beratung und Psychotherapie ist der zentrale Wirkfaktor in der Krise die helfende Beziehung (Dross 2001, S. 21). Krisen sind allerdings nicht immer negativ zu sehen. Sie bieten oft auch die Möglichkeit zum Umdenken und Neuanfang.

Supervision hilft beim „Schlechte-Nachrichten-Gespräch“

Wer überbringt schon gerne „schlechte Nachrichten?“ Doch häufig gehört das zum beruflichen Alltag.

> Einem Sozialarbeiter ist es unangenehm, einer Klientin mitzuteilen, dass sie eine geringere finanzielle Unterstützung erhält und stattdessen an einer Arbeits- und Bildungsmaßnahme teilnehmen soll. Hatte er doch mit ihr für eine Erhöhung der Unterhaltssätze gekämpft.
> Ärzte und Psychotherapeuten müssen ihre Patienten wahrheitsgemäß über den ungünstigen Gesundheitszustand informieren.
> Eine Lehrerin plant ein Gespräch mit den Eltern über die sehr schlechten Schulleistungen ihres Kindes.
> Ein Vorgesetzter muss einem Mitarbeiter die Kündigung der Geschäftsleitung erklären.

Weil solche Gespräche unangenehm sind, werden sie gerne aufgeschoben. Manchmal kommt es vor, dass die Betroffenen „hintenherum“, also über die „Gerüchteküche“, davon erfahren. Alles das ist zu vermeiden. Oft gibt es die Gelegenheit, vor einem solchen Treffen das „Schlechte-Nachrichten-Gespräch“ in der Supervision vorzubereiten. Worauf ist dabei zu achten?

Wichtig sind:

- Die sofortige Mitteilung der Nachricht,
- ein Auffangen der emotionalen Reaktion,
- eine gemeinsame Suche nach Lösungen (falls es welche gibt)
- sowie eine „Überleitung in den Alltag“ (P. Weber 2005, S. 35).

Auf diese Weise lassen sich Aggressionen gegen den Überbringer der Nachricht, Verleugnung, regressives Verhalten, Sprachlosigkeit oder ähnliche wenig hilfreiche Äußerungen bzw. Verhaltensweisen vermeiden. Auch können, vor oder nach dem Gespräch, die möglichen Reaktionen in der Supervision besprochen werden.

Containing: Aufnehmen von Problemen

Unter *Containing* verstand man ursprünglich die Fähigkeit von Psychotherapeuten, sich nicht von den oft aggressiven Projektionen ihrer Klienten negativ beeinflussen zu lassen, sondern diese auszuhalten. Dieses vom britischen Psychoanalytiker und Gruppentherapeuten *Wilfred Bion* (1897–1979) stammende Konzept kann man auch modifiziert auf die Supervision übertragen (1997). Dann ist damit gemeint, dass Helfer sich oft schwer erträgliches Leid und unlösbare Probleme ihrer Klienten anhören müssen. Nicht selten gelingt es ihnen, ohne billigen Trost oder Herunterspielen ihre Klienten zu entlasten, indem sie zuhören und die Probleme der Klienten symbolisch in sich „aufnehmen". Dabei besteht die Gefahr, dass die Helfer buchstäblich auf den Problemen ihrer Klienten „sitzen" bleiben. Supervision kann das vermeiden bzw. reduzieren. Auch wenn man mit Hilfe der Supervision die Ursprungsprobleme (Gewalt, Krankheit, Trennung, Tod) nicht löst, kann dieses Vorgehen hilfreich sein. Denn die Supervisoren sind eine *Projektionsfläche* für die „positiven" und „negativen" Gefühle und Fantasien, die aus der Welt der Klientel in die Psyche der Helfer (Supervisanden) eindringen und diese belasten. In einem übertragenen Sinne können sie die Belastungen der Helfer zumindest teilweise „mitnehmen".

Viele Klienten werden aus politischen, administrativen, personellen und finanziellen Gründen leider nur unzulänglich versorgt. Dazu gehören auch unbegleitete minderjährige Flüchtlinge. „Schätzungen gehen davon aus, dass in Deutschland zwischen 5.000 und 10.000 unbegleitete Minderjährige leben" (Schäfer 2013, S. 63). Allein in NRW wurden im Jahr 2013 über 1500 Kinder und Jugendliche aufgenommen. Nachdem sie in Deutschland angekommen waren, hat sie das Jugendamt in Obhut genommen und in Einrichtungen der Jugendhilfe gebracht. Diese Institutionen wie auch das Personal sind mit der Betreuung der oft schwer traumatisierten Kinder und Heranwachsenden überfordert (Kölner Stadtanzeiger 7. 1. 2015).

In einer Einrichtung des Betreuten Wohnens leben fünf Kinder zwischen drei und 17 Jahren. Sie kamen wie Hunderte in den letzten Jahren als „unbegleitete minderjährige Flüchtlinge" aus Kriegsgebieten. Beide Eltern sind tot. Diesen Kindern wurden seitens des Trägers einer Hilfsorganisation zwei deutsche Betreuerstellen zugewiesen. Aufgrund der ungünstigen Arbeitsbedingungen (ABM-Stelle, Stundenverträge, Wechselschicht) kam es innerhalb eines Jahres zu mehrfachem Personalwechsel der „Ersatzeltern". Jetzt sind ein jüngerer Erzieher und eine Erzieherin für die „Restfamilie" zuständig. Die depressive Stimmung und das Misstrauen den Betreuern gegenüber brachten die Helfer immer wieder an die Grenze ihrer Belastbarkeit. Die für sie zuständige Supervisorin kennt die Restfamilie inzwischen auch (indirekt). Lange Zeit bestand ein Großteil ihrer

Arbeit darin, wie eine „gute, nährende Mutter" alles Leid, das von den Heranwachsenden „in" die Erzieher gelangte, „aufzunehmen" und buchstäblich „mitzunehmen", um diese zu entlasten.

Idealerweise sollten Supervisanden (Sozialarbeiter) in solchen Fällen wie ein „Container" (Behälter) wirken, der Bedürfnisse, Äußerungen, Emotionen, Ängste und auch Aggressionen der Klienten in sich aufnimmt. Diese werden dann von der Supervisorin zu einem geeignet scheinenden Zeitpunkt als Anregung (in einer „reiferen" Form) zurückgegeben. Dabei kann der Dialog in der Supervision auch eine „tröstende" Funktion haben: Etwa indem einfach vermittelt wird, dass „gute Arbeit" geleistet worden ist (Lazar 1994, S. 395).

Das Schicksal des Haftinsassen, der sich trotz guter Betreuung das Leben nimmt; der junge HIV-Infizierte, der gerade gestorben ist, oder andere „Grenzsituationen" können die Helfer auch an die „Grenze" ihrer Belastbarkeit bringen und große Bedürftigkeit und Pessimismus aufkommen lassen.

Diese „Containing-Funktion" wird auch dann eingenommen, wenn *projektive Identifizierungen* im Spiel sind. Bei projektiven Identifizierungen handelt es sich um einen komplexen und mehrstufigen Beziehungsmodus, der hier vereinfacht wiedergegeben wird.

In der *ersten Phase* besteht bei einem Menschen der oft unbewusste Gedanke, dass ein Teil des eigenen Selbst in jemand anderes gesehen werden kann. Daraus entsteht der Wunsch, diesen Teil des Selbst loszuwerden, in eine andere Person zu verlagern (projizieren). In der *zweiten Phase* wird durch sozialen Druck auf den Empfänger in diesem genau das Gefühl bewirkt, welches man eigentlich loswerden möchte. Der Empfänger fühlt sich gedrängt, so zu fühlen, zu denken und zu handeln, wie es der Projektion entspricht. Die *dritte Phase* besteht in der „Annahme" dieser Projektion durch den Empfänger und in der Identifizierung des Senders mit der Art und Weise, wie der Empfänger mit dem in ihm Ausgelösten umgeht. Der Empfänger des projektiven Anteils dieses Prozesses steht vor der Aufgabe, das Angebot seines Kommunikationspartners aufzunehmen, eine Zeit zu bewahren und schließlich in eine reifere, gesündere Form umzuwandeln (Heltzel 1995, S. 32). Projektive Identifizierungen kommen vor allem in Arbeitsfeldern vor, in welchen wir es mit in ihrer Kindheit schwer vernachlässigten oder missbrauchten und psychisch gestörten Menschen zu tun haben. Von dort kann sich diese Klienten-Dynamik bis in die Professionellen-Dynamik hin auswirken (Löwer-Hirsch 1993, S. 59ff.). Bei extremen Schuldvorwürfen und Ohnmachtsgefühlen in der Supervision empfiehlt es sich, diese als „Ausdruck von Angst in einem Konflikt" zu verstehen. In technischer Hinsicht ist es deswegen sinnvoll, „Gefühle an Stelle von Tätern oder ‚falschen' Verhaltensweisen zu suchen. Die Fixierung in Feindpositionen beruht immer auch auf der Verdrängung von Gefühlen" (Bauriedl 1993, S. 20). Dieses Thema findet im Abschnitt „Notfallsupervision" und „Traumata" eine Fortsetzung (S. 162ff., unten).

Fehlerkultur und Fehlermanagement

Unter *Fehlerkultur* versteht man den Umgang einer Organisation mit Fehlern. Grundsätzlich gilt: Fehler sind menschlich, sie enthalten Lernmöglichkeiten und sind korrigierbar, sofern darüber gesprochen wird. Wer handelt, begeht auch Fehler, wer nicht handelt, tut gar nichts.

Konfuzius: „Wer einen Fehler gemacht hat und ihn nicht korrigiert, begeht einen zweiten." Einige Tausend Kilometer weiter westlich von China, im Swahili-Sprachraum Ostafrikas, hat man eine ähnliche „Fehler-Kultur": „Einmal Fehler, kein Fehler, zweimal Fehler, kein Fehler, dreimal Fehler, immer Fehler." Schwerwiegende und nicht kommunizierte Fehler machen die Supervision ineffizient oder lassen sie scheitern. Welche „typischen Fehler" sind bekannt?

An erster Stelle sind die *Rahmenfehler* zu nennen: mangelhafte Nachfrageanalyse, die Missachtung des Kontextes, Feldunkenntnis oder Unwissen über persönliche und institutionelle Grenzen.

Auf der *Prozess- und Kompetenzebene* zwischen Supervisor und Supervisand können das Nichterkennen der Projektionen und Übertragungen, Inflexibilität, zu wenig bzw. zu viel Emotionalität, Verletzung des Schutzverhaltens der Supervisanden oder vorschnelle Festlegungen und Bewertungen zu schwierigen Situationen in der Supervision führen. Darüber hinaus gilt, dass die Übernahme von zu viel Verantwortung seitens der Professionellen wie auch Verantwortungslosigkeit gleichermaßen von fachlicher Unreife zeugen. Besserwisserei, Verstrickungen in Machtkämpfe u. a. hängen oft mit Unsicherheiten und/oder Selbstüberschätzungen der Supervisoren zusammen. Eine häufig auftretende Quelle von Fehlern besteht in der Anwendung von unangemessenen psychologischen Deutungsmustern. Das passiert vor allem, wenn unerfahrene Supervisoren aus dem Bereich der Psychologie oder Psychotherapie kommen und zu wenig Kenntnis über die ihnen fremden Arbeitsfelder in der Sozialen Arbeit, Pflege oder Bildung, also mangelnde Feldkompetenz, haben. Oft fällt es ihnen dann schwer, ihnen unbekannte Teams und Organisation zu verstehen.

Auf der *Institutionsebene* sind unklare Rahmen- und Kontextfragen, ein falsches Setting („Fallarbeit" statt vorgeschalteter „Beziehungsarbeit") oder die einseitige Parteinahme mit dem Team gegen die Leitung bzw. umgekehrt weitere Anlässe für scheiternde Supervisionen.

Damit sind auch die *ethischen Fehler* angesprochen: Beispielsweise verfügen Supervisoren nicht über genügend Feldkompetenz und nehmen trotzdem einen Auftrag an, weil sie das Geld benötigen. Gleiches gilt für die Verwendung von Methoden, Verfahren und Techniken, welche allgemeinen, humanitären Prinzipien widersprechen. In einer Studie wurden weitere Fehlerquellen in Supervision und Coaching genannt:

- Selbstüberschätzung der Supervisorinnen und Supervisoren,
- mangelnde Auftragsklärung,
- zu wenig Berücksichtigung der Dynamik des Gesamtsystems,

- Theoriedefizit,
- unsicherer Umgang mit der Gruppendynamik und
- mangelnde Feldkompetenz (Schigl 2011, S. 116).

Fehler in der Supervision können schnell Krisen hervorrufen oder verstärken. Die Erfahrung zeigt: Krisen in der Beziehungsarbeit zeigen sich am ehesten an den Rahmenbedingungen: Vergessen, Verspätungen, Terminprobleme, fluktuierende Teilnehmerzahlen u. v. a. Deswegen haben Rahmenkonflikte „Bearbeitungspräferenz“. Sie erweisen sich nach ihrer Klärung häufig sogar als „besonders fruchtbar“ (Fürstenau 1992, S. 207).

In diesem Zusammenhang taucht häufig der Begriff *Fehlermanagement* auf. Darunter versteht man „die gezielte Steuerung von Aktivitäten im Umgang mit Fehlern“ (Schreyögg, 2007, S. 213), also den produktiven Umgang mit „Fehlern“:

- Man kann den Mitarbeitern zeigen, dass ein „Lernen mit Fehlern“ besser ist als ein „Stillstand ohne Fehler“.
- Offenheit und Selbstkritik von Mitarbeitern wird belohnt.
- Als Vorgesetzter bekennt man sich auch zu eigenen Fehlern und schützt nach Möglichkeit die Untergebenen.

In der Supervision sollte man positiv zur Fehleruntersuchung und zum Fehlerlernen eingestellt sein. Fehler sind weniger Fehler der Einzelperson, sondern des Systems (Team, Institution) (Schreyögg, 2007, S. 215ff.). Es gehört zu den Aufgaben von Leitungspersonen über ein entsprechendes Fehlermanagement eine konstruktive Fehlerkultur in der Organisation zu fördern.

Wenn Supervision schadet

Zwar ist erwiesen, dass Supervision oft hilft (S. 187ff., unten), aber aus Fehlern können auch größere Schäden entstehen. Im Folgenden die Ergebnisse einer Untersuchung zum Thema „Wenn Supervisionen schaden“ (Ehrhardt/Petzold, 2014). In dieser Studie gaben nur 61 Prozent der Befragten an, „freiwillig“ an der Supervision teilgenommen zu haben. 32 Prozent hatten den Begriff „gezwungenermaßen“ angekreuzt (S. 162). Supervisionen können Schaden anrichten, wenn die Supervisanden vom Supervisor (oder von Supervisionsteilnehmern) verletzt werden. Welche Verletzungen sind bekannt? Bei den *Teamsupervisionen* handelt es sich meistens um Grenzverletzungen, Kränkungen, Entwertungen oder Demütigungen der Supervisanden (S. 159).

Viele Verletzungen fanden während der Teamsupervisionen in Heimen und Kliniken statt. Teilweise handelte es sich um erzwungene Supervision („Zwangskontexte“). Welches können die Ursachen für verletzendes Verhalten sein? Es folgen Mehrfachnennungen.

- „84 Prozent sprechen von Eitelkeit der SupervisorInnen,
- 39 Prozent von Rivalität,
- 43 Prozent von einem technischen Fehler“ (S. 167) (Mehrfachnennungen).

Bei den Supervisionspersonen, die am häufigsten Verletzungen begehen, scheint es sich eher um männliche Personen und solche mit einer psychoanalytischen Orientierung zu handeln (S. 165f.). Bekanntlich reflektieren Frauen schwierige Situationen eher als Männer und sind auch öfter bereit, sich Hilfe zu organisieren.

Es leuchtet ein, dass in der Zweiersituation der Einzelsupervision aufgrund des Machtgefälles die Gefahr von möglichen Schäden größer sein kann. Noch ein Hinweis zu diesem Thema: Schreyögg und Rauen haben in ihrem Aufsatz „Machtmissbrauch – nun auch im Coaching?“ beschrieben, wie Klientinnen von männlichen Supervisoren bzw. Coaches finanziell ausgebeutet und sexuell belästigt wurden (2002).

8 Den Supervisionsprozess abschließen

Wie verlaufen Supervisionsprozesse?

Die Prozessabläufe in der Gruppen- oder Teamsupervision werden von verschiedenen Autoren sehr ähnlich beschrieben. Sie folgen auch dem Geschehen, welches wir seit *Kurt Lewin* (1890–1947) aus der Gruppendynamik kennen. Die Gruppe kommt zusammen. Man einigt sich auf einen „Fall". Dieser wird vorgetragen. Die anderen Gruppenteilnehmer stellen Fragen und äußern ihre Gedanken und Fantasien. Der „Falleinbringer" nimmt davon auf, was er gebrauchen kann und möchte. Der Gruppenleiter fasst eventuell zusammen und leitet zur nächsten Fallschilderung über. Es besteht kein Zwang, was über den Fall gesagt wurde, in Handlungen umzusetzen.

Zu Beginn und/oder Ende einer jeden Gruppen- bzw. Teamsitzung kann man als Einstieg bzw. Ausklang die Methode des *Blitzlichts* anwenden. Wenn Gruppen neu zusammenkommen, werden die Teilnehmer darum gebeten, möglichst mit einem Satz etwas über die eigenen Erwartungen und Befürchtungen an das Gruppengeschehen zu äußern. Wenn eine Supervisionsgruppe schon länger zusammenarbeitet, wäre noch die Frage nach Rückmeldungen vom „letzten Mal" interessant. Was hat sich bei den Klienten seit der letzten Supervisionssitzung getan? Am Ende einer Zusammenkunft in der Gruppe bietet es sich an, danach zu fragen, was man bei diesem Treffen Neues gelernt hat bzw. was man vermisst. Mit dem *Blitzlicht* ist es möglich, schnell eine Zentrierung der Gruppe auf sich selbst sowie eine gemeinsame Lernzielkontrolle zu erreichen. Dazu ist es wichtig, dass nicht nachgefragt oder im Prozess weiterverfahren wird. Man spricht in Ich-Form und sollte Bewertungen vermeiden. Über die Einhaltung dieser Regeln wacht die Gruppenleitung.

Am Ende einer längeren mehrjährigen Gruppen- oder Teamsupervision kann es sinnvoll sein, in einer gemeinsamen Bilanz den Arbeitsprozess zwischen Supervisandin und Supervisorin zu reflektieren, man spricht dabei von einer *Prozessanalyse*.

Aufgaben und Rollen von Supervisoren

Welches sind die Aufgaben und Rollen der Supervisorin oder des Supervisors im Gruppenprozess? Hauptaufgabe ist es, einen wertschätzenden und kreativen Kommunikationsprozess über Klienten und Arbeitssituationen in Gang zu bringen, sich neutral und diskret zu verhalten sowie die Kompetenzen der Supervisanden zu fördern. Weiterhin achten Supervisorinnen auf die Einhaltung der vorher erläuterten Regeln zur Kommunikation wie beispielsweise:

- Es kann nur einer reden,
- ausreden lassen und nicht unterbrechen,
- keine verallgemeinernde negative Kritik,
- wenn Kritik geäußert wird, dann zur Sache und nicht über die Personen,
- alles, was in der Gruppe besprochen wird, bleibt in der Gruppe.

Die Supervisoren beginnen, moderieren, strukturieren und beenden jeden Bericht. Zu ihren weiteren Aufgaben gehört auch:

- Fachgerechte Führung der Kommunikation: Sie schützen die Supervisanden vor (unwichtiger) Informationsflut, indem sie die Komplexität eines jeden Berichtes auf die wenigen wichtigen und veränderbaren Punkte begrenzen (*Komplexitätsreduktion*);
- Ermunterung zur Offenheit (Balint: „Mut zur eigenen Dummheit");
- Schutz der Falleinbringer vor unangemessenen Äußerungen der anderen Gruppenmitglieder (etwa Projektionen, Bewertungen);
- Aktivierung der eher passiven Gruppenmitglieder, auch einen eigenen Fall vorzutragen;
- freundliches, aber auch bestimmtes Stoppen von „Vielrednern".

Hilfreiche Interventionen

In den Supervisionssitzungen kommt es für die Supervisanden zu folgenden „Lernaktivitäten":

> Erkennen von „Unordnung" im Handlungsablauf, „Thematisierung eines Handlungsfehlers" und die „Herausarbeitung der moralischen Verantwortlichkeit". Darüber hinaus werden nach den „systematischen Ursachen des Handlungsfehlers in der Struktur des Arbeitsfeldes", den „biographischen Vorläufern" dieses Handlungsfehlers und seinen Parallelen bis zur Gegenwart gesucht. Schließlich folgt die „Generalisierung der Lernergebnisse auf andere Handlungssituationen" (Schütze 1994a, S. 34).

Diese von Schütze beschriebenen biografischen Veränderungen bei Sozialarbeitern kommen vor allem durch folgende, stützende und entwicklungsfördernde Interventionen zustande:

- Reflexion von Arbeitsprozessen,
- Akzeptieren und Bestätigen,
- Stärkung notwendiger Grenzen,
- Verringerung von Distanz und Isolation,
- Verstärken, Bekräftigen und Ermuntern,
- Beschreiben, Fokussieren, Konfrontieren, Hervorheben,
- Verdeutlichen wechselseitiger Bedingungen (*Zirkularität*),
- In einen anderen Rahmen setzen, Umdeuten (*Reframing*),
- Thematisieren von Regelungen,
- Unterschiede hervorheben,
- positive Absichten unterstellen und anerkennen (*konnotieren*),
- Werte und Positionen deklarieren,
- Bilder, Geschichten, Metaphern und Symbole benutzen,
- Zukunftsperspektive entwickeln,
- Aufgaben stellen
  (Fürstenau 1992, S. 187; Leffers 1995, S. 51ff.).

Auch hier wird deutlich, dass Autoren aus verschiedenen Supervisionsrichtungen bzw. Theorien (Psychoanalyse, Gruppenanalyse, Gruppendynamik, Gestalt-Ansatz, Themenzentrierte Interaktion, Systemische Arbeit) die Vorgänge ähnlich beschreiben. Wenn wir uns die vorgenannte Liste nochmals anschauen, werden wir entdecken, dass diese Interventionen weitgehend auch den üblichen beruflichen Rollen und Aufgaben in der Sozialen Arbeit, der Pflege oder den Bildungseinrichtungen entsprechen.

9 Der Supervisionsprozess endet

Der Abschluss der Supervision

In der Regel wird die Anzahl der Supervisionssitzungen vorher vereinbart, und sie ist vertraglich festgelegt. Einige Stunden vor dem letzten Termin sollte die Supervisorin an das nahende Ende erinnern und gemeinsam mit der Gruppe eine *Prozessanalyse* vornehmen. Dazu gehört ein kurzer Rückblick darauf, wie die Gruppe angefangen hatte, welche Phasen sie durchlebte und welches die dominierenden Themen und andere wichtige Geschehnisse (Krisen, Teilnehmerwechsel usw.) gewesen sind. Wie sieht die *Bilanz* dieser Supervision aus? Wobei hat sie geholfen, und was war weniger gut, oder was konnte nicht geklärt werden? Je wichtiger die Supervision für Einzelne oder eine gesamte Gruppe/ein gesamtes Team gewesen ist, desto schwerer mag der Abschied fallen. Es kann auch vorkommen, dass das nahende Ende geleugnet wird. Da erfahrungemäß die meisten Supervisionen erfolgreich sind, darf auch über eine klar definierte Verlängerung nachgedacht werden. Wenn das nicht möglich sein sollte, könnte die Supervisorin den Supervisanden helfen, allein zurechtzukommen, und sie dabei unterstützen, eine *Kollegiale Supervision* (*Intervision* oder *Peer-Group-Supervision*) aufzubauen (S. 116, unten).

Auch Supervisoren benötigen Supervision

In den helfenden Berufen existiert oft ein sehr zweischneidiges Verhältnis zur Macht. Einerseits kann man sich den Kindern, Jugendlichen und volljährigen Klienten gegenüber mächtig empfinden. Andererseits fühlt man sich den Vorgesetzten, Institutionen oder Gesetzen gegenüber oft ohnmächtig. Dieses *ambivalente Verhältnis zur Macht* ist dem Selbst nicht immer bewusst. Auch deshalb liegt eine große narzisstische Verführung in der Tatsache, dass viele der Berufsangehörigen meinen, von ihrer jeweiligen Machtposition aus keine Reflexion und Unterstützung durch andere mehr zu benötigen. Über den Zusammenhang von Narzissmus und Macht gibt es ein bedeutendes Buch von Wirth (2002), auf das hier nur verwiesen werden kann. Protokollführung nach jeder Supervisionsstunde und vor allem Gespräche mit Kollegen sind auch für Supervisorinnen und Supervisoren unabdingbar. Deshalb verlangen Fachverbände in Beratung und Psychotherapie von ihren Mitgliedern eine Teilnahme an Weiterbildungsveranstaltungen und die Besprechung eigener Arbeit in der *Kollegialen Supervision* (S. 116, unten).

Die Supervisionsverbände von Deutschland, Österreich und der Schweiz erwarten von ihren Mitgliedern regelmäßige Weiterbildung. Das DGSv-Mitglied Wilfried Lauinger kritisierte in der Mitgliederzeitschrift „Journal Supervision“, dass eine derartige Weiterbildung (und Supervision) zwar gefordert ist, aber leider nicht erzwungen werden kann (1/2014, S. 7ff.).

In der jüngsten Mitgliederbefragung der „Österreichischen Vereinigung für Supervision und Coaching“ (ÖVS) wurde die Frage gestellt, ob man „Mitglied einer Intervisionsgruppe“ sei. Dabei hatte ein knappes Drittel der Befragten diese Frage verneint (ÖVS-Mitgliederbefragung 2012, S. 18).

10 Settings: Wie man in der Supervision arbeitet

Ursprünglich gab es nur die Einzelsupervision. Wie bereits dargestellt, entstand sie bei der Anleitung amerikanischer Sozialarbeiter zur Casework-Tätigkeit. In den letzten Jahrzehnten sind noch weiteren Arbeitsformen (*Settings*) hinzugekommen. Diese sollen im Folgenden beschrieben werden. Zuvor noch einige begriffliche Klärungen:

- *Setting* nennt man den „institutionalisierten Rahmen für psychosoziale Beziehungsarbeit“. In der Supervision kennen wir die Settings der Einzel-, Gruppen-, Team- und Organisationssupervision.
- *Verfahren* meint einen „konsistenten Handlungsansatz psychosozialer Beziehungsarbeit wie etwa Psychoanalyse, Themenzentrierte Interaktion, Gesprächspsychotherapie, Gestalt-Ansatz, Verhaltensmodifikation, Systemischer Ansatz, Gruppendynamik (...). Diese Verfahren enthalten nicht nur eine Theorie des professionellen Handelns (Praxeologie), sondern auch Konzepte zur Interpretation der Geschehnisse, mit denen sie befasst sind (Interpretationsfolien), und eine Philosophie, die dieses Handeln begründet und rechtfertigt.“
- *Methoden* sind „geregelte Handlungsweisen, in denen Setting und Verfahren verbunden sind, um mit bestimmten Personen bestimmte Ziele zu erreichen“ (Buer 1996a, S. 21).

Da derzeit sehr viele Verfahren und Methoden im Bereich der Supervision verwendet werden, würde es den Rahmen dieses Buches sprengen, sie alle darzustellen und zu vergleichen. Teilweise wurden einige Methoden und Verfahren schon im Vorkapitel angesprochen. Ich bin der Meinung, dass nicht die Verfahren und Methoden einer bestimmten Supervisionsrichtung bedeutsam sind, sondern stattdessen Kompetenz, Erfahrung, Feldkenntnis und Selbstreflexivität des Supervisors als wichtige Voraussetzungen für den Supervisionserfolg gelten. Auch deswegen habe ich im folgenden Kapitel den „Umweg“ über die „Settings“ in der Supervision gewählt. Ich werde in erster Linie darstellen, *wie* man in der Supervision arbeiten kann, um entsprechenden *Ziele* mit einer *Person* oder einem bestimmten *Personenkreis* zu erreichen. Die übergeordneten theoretischen, verfahrensmäßigen und methodischen Zusammenhänge, die zum Teil auf komplexe Therapierichtungen sowie weitere sozialwissenschaftliche Theorien zurückgehen, werde ich vernachlässigen.

Viele Verfahren und Methoden sind sich ähnlicher, als es dem Laien vorkommen mag. Erfahrene Berater halten sich längst nicht mehr so eng an ihre ehemals erlernte Methode; sie arbeiten *eklektisch, methodenplural* oder *methodenintegrativ*. Darüber hinaus existiert immer eine *Differenz* zwischen den in der Literatur beschriebenen Methoden und der jeweiligen persönlichen Ausübung. Trotzdem sind natürlich theoretische Modellkonstruktionen zur Verständigung über Supervision wichtig. In einem Einführungsbuch haben sie meiner Meinung nach jedoch nachrangige Bedeutung.

Abb. 7: Wissensbestände und Arbeitsformen der Supervision

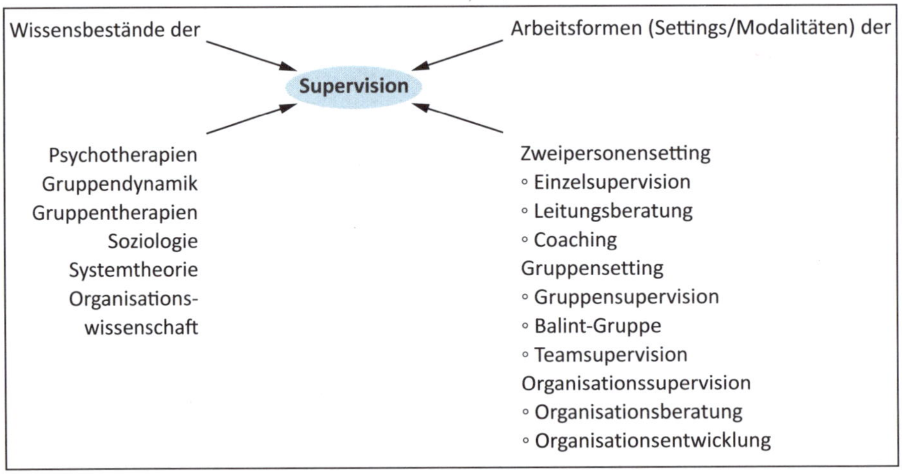

Das Zweipersonen-Setting: Supervision für eine Person

Wenn Supervision für eine Person angeboten wird, sprechen wir vom Zweipersonen-Setting (Zweiersetting). Vorwiegend geht es dabei um verschiedene mögliche Formen von Einzelsupervision sowie das der Supervision verwandte Einzelcoaching für Führungskräfte. Nach der Mitgliederbefragung des „Österreichischen Vereinigung für Supervision und Coaching" liegt der Anteil der Einzelsupervisionen bei den Mitgliedern bei 20 Prozent (ÖVS-Mitgliederbefragung 2012, S. 8).

Einzelsupervision

Wenn ein Supervisor oder eine Supervisorin eine Person hinsichtlich ihrer beruflichen Tätigkeit berät, sprechen wir von *Einzelsupervision*.

Worin unterscheiden sich Einzelsupervision vom Einzelcoaching? Bei der Einzelsupervision, der ursprünglichen Form der Supervision, geht es um die Reflexion der beruflichen Rolle sowie der Klientenarbeit eines Sozialarbeiters, Psychologen oder Pädagogen. Diese Einzelsupervision kann auch notwendiger Bestandteil einer Ausbildung zum Berater, Supervisor oder Psychotherapeuten sein. Häufig werden Einzelsupervisionen aber auch von Leitungspersonen angefragt. Wenn es dabei inhaltlich überwiegend um Führungsfragen geht, handelt es sich eher um Einzelcoaching (S. 105ff.). Aber viele Leitungspersonen leiten nicht nur, sondern sie arbeiten auch direkt im Klienten-Kontakt. An diesem Beispiel wird deutlich, dass es gerade bei der Einzelsupervision zu Überschneidungen mit dem Einzelcoaching kommen kann.

In den letzten Jahren hat das Zweiersetting der Einzelsupervision viele Differenzierungen erlebt. Wir kennen heute die *Einzelsupervision* als *Lernmöglichkeit* für folgende *Zielgruppen*:

Studierende in Form der (1) *Ausbildungssupervision* (S. 113f., unten). Diese Lernmöglichkeit kommt in Deutschland relativ selten vor. Denn sie ist sehr zeitaufwändig und damit teuer. Bevor die Ausbildung zum Sozialarbeiter an die Hochschulen kam, gehörte die Einzelsupervision als Praxisberatung zum Pflichtangebot an den Wohlfahrtsschulen. An der in den 1980er-Jahren englisch geführten Hongkong University (China) war ich der Supervisor („field instructor") von drei Studierenden. Während des Praxissemesters hatte ich mit jedem eine wöchentliche Supervisionsstunde und besuchte sie einmal in der Woche an ihren Praktikumsplätzen. Dort lernte ich die Einrichtung, die Klientel und die hauptberuflichen Mitarbeiter kennen. Zum Abschluss mussten die Studierenden einen Praktikumsbericht schreiben, den ich zu kommentieren hatte. An der Freien Universität Bozen (Italien) erhalten die Studierenden der Sozialarbeit und Sozialpädagogik während ihrer Praktika fünf von der Universität finanzierte Einzel-Supervisionsstunden. Diese werden von externen Supervisorinnen und Supervisoren im Lehrauftrag angeboten.

An vielen Hochschulen dominiert ein miteinander unverbundenes Fächerstudium. Manchmal werden leider die Praktika nicht ordentlich vor- und nachbereitet. Oben (S. 20f.) wurde dargestellt, welchen geringen Stellenwert die Supervision an den Fachhochschulen hat. Wenn jedoch eine gute Organisation der Praktika stattfindet und zudem noch eine begleitende Supervision, dann ist das für viele Studierende oft die wichtigste Erfahrung in ihrer Ausbildung. In der Ausbildungssupervision können zu Beginn auch die Motive, einen helfenden Beruf zu ergreifen, besprochen werden. Für alle Supervisionen in Ausbildungszusammenhängen (Fachschulen, Hochschulen) ist es wichtig, dass die Supervisoren nicht gleichzeitig als Prüfer oder Gutachter ihrer Supervisanden-Studenten auftreten. Auch sollte es über diese Supervisionen keine Bewertungen oder Benotungen, sondern höchstens eine Teilnahmebescheinigung geben.

Weiterhin kennen wir noch die Einzelsupervision für *Praktiker* aus unterschiedlichen Arbeitsfeldern, auch außerhalb der helfenden Berufe. Dann spricht man von (2) *Weiterbildungssupervision*. Wer nimmt an einer solchen Supervision teil? Manchmal handelt es sich um das Mitglied eines Arbeitsteams, in dem die Mehrheit keine Supervision möchte. Dann bleibt dem Supervisionsinteressierten nur die Möglichkeit einer „privaten Lösung". Auch Personen, die aus unterschiedlichen Gründen „berufsmüde" (*Burn-out*) geworden sind oder Ziel von Diskriminierungsprozessen (*Mobbing-Opfer*) am Arbeitsplatz wurden, können in der Einzelsupervision Klärung und Hilfe erhalten. In der Einzelsupervision erhält man auch Entlastung von schwierigen „Fällen" oder denkt über einen möglichen Arbeitsplatz- oder Berufswechsel nach. Als Sozialarbeiter kann man auch etwas Neues lernen, indem man mit einer Supervisorin zusammenarbeitet, die eine Methodik vertritt, die man noch nicht kennengelernt hatte (beispielsweise Familientherapie oder Psychodrama). Schlotterbeck stellt eine „gestiegene Nachfrage nach Einzelsupervision" fest. Die Ursachen hierfür liegen in der Zunahme von „Arbeitsbelastung" sowie „Leistungs- und Zeitdruck" (2008, S. 103).

Es gibt noch eine dritte Gruppe, welche die Einzelsupervision nutzt. Es handelt sich um (3) *Berufstätige*, vorwiegend aus den Bereichen Sozialarbeit, Pädagogik oder Psychologie, die Berater oder Psychotherapeuten werden möchten. In der Regel erwarten die Ausbildungsinstitute eine bestimmte Anzahl von Stunden in der Einzelsupervision.

Ähnlich ist es, wenn man Supervisor werden möchte. Auch dann muss eine Anzahl von Stunden in der Einzelsupervision absolviert worden sein. In diesem Falle spricht man von (4) *Lehrsupervision*.

Schließlich soll noch die (5) *Rollenberatung* erwähnt werden. Damit ist eine soziologische Variante der Einzelsupervision gemeint. Rollenberatung soll die Berufsträger bei der Findung und Gestaltung ihrer Arbeitsrollen unterstützen. Person, Rolle und Funktion stehen im Zentrum (Auer-Hunzinger/Sievers 1991; Hantschk 1994).

Welche Lernmöglichkeiten bietet das Zweierpersonen-Setting Einzelsupervision? Der Vorteil der Einzelsupervision ist, dass dieser Lernraum besonders geschützt und anonym ist. Als nachteilig mag sich auswirken, dass es keine anderen Gruppenmitglieder gibt, die als „kritische Spiegel" fungieren könnten.

Welches *Wissen* und *Können* benötigen Berater für die Einzelsupervision? Eine Situation, in der zwei Menschen sich gegenübersitzen und der eine dem anderen berufliche und damit auch persönliche Dinge mitteilt, berührt auch immer Tiefendimensionen. Deshalb sind für alle Formen der Einzelsupervision psychotherapeutische, sozialwissenschaftliche und berufsfeldspezifische Qualifikationen notwendig. Nicht ohne Grund existieren in der Fachliteratur zur Supervision relativ wenige gute Beiträge über Einzelsupervision (Pühl 1994c, S. 86). Denn es bedarf seitens des Supervisors „geradezu einer besonderen Anstrengung, Therapie auszuklammern, wenn die Supervision tief greift, wenn es im Zusammenhang mit beruflichen Schwierigkeiten und Umorientierungen zu einer existentiellen Krise kommt" (Gnädinger

1983, S. 35). Vor allem bei der Einzelsupervision ist deswegen psychotherapeutisches Geschick vonnöten, weil die therapeutische Dimension nicht – oder höchstens indirekt – angewendet werden sollte.

Fallbeschreibung: Ein Sozialarbeiter im Ministerium

Ein 38-jähriger Sozialarbeiter meldet sich zur Einzelsupervision an. Er verfügt über eine 14-jährige Berufserfahrung in der Jugendarbeit und im Suchtbereich. Seit einigen Monaten ist er als Sozialberater in einem Ministerium tätig. Unter den dort über eintausend Verwaltungsbeamten, darunter vielen Juristen, ist er der einzige Angehörige eines Sozialberufes.

Seine offizielle Stellenbeschreibung lautet: „Beratung und Vermittlung von Hilfen in sozialen Angelegenheiten des Personals". Hierzu zählen beispielsweise die Stellungnahme zu Anträgen auf Zuweisung von Dienstwohnungen, Gespräche und Vermittlung sozialer Hilfen in Krankheits-, Renten- und Kurangelegenheiten, präventive Gesundheitskurse wie etwa Raucherentwöhnung oder Anti-Stress-Kurse.

Inoffiziell soll sich dieser Sozialarbeiter jedoch auch um die hohe Quote der Suchtmittelabhängigen sowie um Mitarbeiter kümmern, die hoch verschuldet und/oder psychisch auffällig sind. Man erwartet von ihm, dass er auf entsprechende Hinweise von Vorgesetzten mit diesen Personen Gespräche führt und Hilfen anbietet, damit der hohe Krankenstand reduziert werden könne.

Anlass für das Interesse des Sozialarbeiters an der Einzelsupervision war diese für ihn neu aufkommende Problematik, also die Diskrepanz zwischen offiziellem und inoffiziellem Arbeitsauftrag, sowie die damit einhergehenden ethischen Probleme für ihn selbst.

In der nächsten Supervisionsstunde tauchte noch ein weiteres Thema auf: Mehrere Abteilungsleiter, alles Verwaltungsjuristen, schienen selbst ein Problem im Ministerium zu sein. Ihnen mangelte es offensichtlich an Fähigkeiten zur richtigen Personalführung. Monatelang verschlossen sie die Augen vor starken Alkoholproblemen von ihnen unterstellten Mitarbeitern. Diese Mitarbeiter konnten oft die einfachsten Tätigkeiten nicht mehr verrichten. Ihre Krankheitsquote war überdurchschnittlich hoch, das Betriebsklima entsprechend schlecht, weil andere für diese Ausfälle mehr leisten mussten. Als die betreffenden „Alkoholfälle" dann zum Sozialberater kamen, war es häufig zu spät.

Ein Fall von Überschuldung beschäftigte den Sozialarbeiter mehrere Monate intensiv. Ein Regierungsamtmann hatte, wohl auch um seiner geltungssüchtigen Frau zu imponieren, sich in den letzten Jahren mit einer halben Million Euro (Luxushaus, teure Autos und Ferienreisen) hoffnungslos überschuldet. Immer wieder wurden weitere Kredite aufgenommen, um die Schuldenzinsen abzutragen. Nun war es zu mehreren Gehaltspfändungen gekommen, so dass vom Gehalt kaum noch etwas übrigblieb. Der Beamte war nur noch mit Umschuldungs- und Gerichtsterminen beschäftigt und wirkte oft auch alkoholisiert und unausgeschlafen. Seine Krankmeldungen hatten zugenommen.

In der Supervision wurden die vielen Gespräche des Sozialberaters mit diesem Beamten ebenso thematisiert wie mehrere fehlgeschlagene „Rettungsversuche": Einschaltung der örtlichen Schuldnerberatung, Stundungsversuche, Umschuldungsanträge. Versuche, das Haus zu verkaufen und in eine Mietwohnung zu ziehen, scheiterten angeblich am Widerstand der Ehefrau. Auf Anraten des Supervisors kam es trotz anfänglichem Zögern seitens des Beamten zu einem Gespräch in dessen Haus, an welchem auch die Ehefrau teilnahm.

In der nächsten Supervisionsstunde wurde deutlich, dass es in diesem Falle sich zumindest um zwei Problemkreise handelte: das Beziehungsproblem eines kinderlosen Ehepaares im mittleren Lebensalter, das sich in dieser Überschuldung manifestiert. Der verzweifelte Ehemann riskiert seine Existenz, um seiner anspruchsvollen Ehefrau in materieller Hinsicht zu genügen. Über die Abhängigkeit des Beamten von seiner Frau und die dahinterstehende Beziehungsdynamik waren nicht genügend Informationen erhältlich. Versuche, das Ehepaar zu einer Paartherapie in einer Beratungsstelle oder beim niedergelassenen Psychotherapeuten zu bewegen, wurden schroff zurückgewiesen.

(Beamte, die hoffnungslos hoch verschuldet sind, verstoßen gegen ihre Dienstpflichten und können nach dem Beamtenrecht im Extremfall aus dem Dienst entfernt werden. Das einige Monate später durchgeführte Disziplinarverfahren endete mit der Entfernung des Beamten aus dem Dienst. Danach kam es zur Trennung des Ehepaares.)

Dieser für den Sozialberater trotz aller Anstrengungen erfolglos verlaufende Beratungsfall war beispielhaft für viele im Ministerium. Sie verdeutlichten, dass sich diese Behörde hinsichtlich der Personalführung in einem desolaten Zustand befand. Spitzenpositionen wurden eher nach Parteizugehörigkeit als nach Qualifikation besetzt. Viele Führungspersonen nutzten den Arbeitsplatz im Ministerium, um sich für eine politische Karriere vorzubereiten. In Fragen der Personalführung waren sie oft hilflos. Einige Abteilungsleiter, durchweg Regierungsdirektoren, verwechselten den Sozialarbeiter mit einem Psychologen und holten sich bei ihm in dienstlichen und privaten Angelegenheiten „Ratschläge".

Bei der Besprechung dieser Themen wurde eine große Unsicherheit des Sozialarbeiters deutlich: Er hatte Angst vor den, wie er sich ausdrückte, „großen Tieren" und wagte es selten, sich klar abzugrenzen. Aufgrund seiner Persönlichkeit wie auch der, wie er sagte, „wesentlich niedrigeren Gehaltsgruppe" war es ihm schwer möglich, die geforderten Kompetenzen einzubringen. Auftritte vor dem Personalrat ängstigten ihn tagelang. Bei Gesprächen mit den Ministerialräten und dem Staatssekretär war er völlig blockiert, obwohl diese „ganz normal" gewesen seien und sich von ihm Anstöße zur Verbesserung der Personalführung erhofft hatten. Den Hinweis, den lebensgeschichtlich bedingten Anteil seiner „Autoritätsprobleme" in einer Gruppentherapie bei einer niedergelassenen Psychotherapeutin intensiver zu thematisieren, konnte er nach einigem Zögern in Angriff nehmen. Viele Supervisionsstunden wurden damit verbracht, ihm „Nachhilfestunden" über den formalen Ablauf von bürokratischen Einrichtungen zu vermitteln. Damit zusammenhängend wurde ein weiteres professionelles Thema deutlich:

Der Sozialarbeiter litt offensichtlich unter seiner von „Einsamkeit" und „Freiheit" geprägten beruflichen Situation. Einerseits genoss er die vielen Freiräume sowie die Tatsache, dass er keinen direkten Vorgesetzten hatte. Andererseits fehlten ihm die Kollegen. Im Grunde genommen sehnte er sich zurück in die von Teamarbeit geprägte Atmosphäre des Jugendhauses. Der persönliche Anteil dieser Problematik liegt in seinem Selbstwertgefühl begründet, das nicht in der Supervision, sondern in der Gruppentherapie angesprochen wurde. Aus den Supervisionsstunden konnte er jedoch eine Anregung realisieren: Er wurde Initiator eines regionalen Arbeitskreises „Soziale Dienste in Industrie und Verwaltung". Regelmäßig traf sich eine Gruppe von etwa zehn bis 15 Sozialarbeitern, die eine ähnlich vereinzelte „Exotenrolle" in einigen großen Industriebetrieben, Ministerien, bei Versicherungen oder Krankenhäusern der Umgebung innehatten. Durch Supervision, Gruppentherapie und diesen Arbeitskreis, der eine Art Mischung zwischen Stammtisch und Kollegialer Supervision (S. 116, unten) darstellte, konnte sich nach zwei Jahren die neue Berufsrolle in persönlicher und fachlicher Hinsicht festigen.

Mit diesem Beispiel sollten nicht nur die durch Supervision unterstützten Problemlösungen des Sozialarbeiters in der alltäglichen Arbeit dargestellt werden. Es geht auch darum zu zeigen, mit welchen Schwierigkeiten Helfer konfrontiert sind, wenn sie „systemfremd" arbeiten, also nicht in den klassischen Organisationen des Sozial- und Gesundheitswesens beschäftigt sind. Oft existieren keine klaren Arbeitsaufträge Die Helfer werden mit berufsfremden Aufgaben überlastet, sind „Mädchen für alles". Systemfremd eingesetzte Sozialarbeiter als „Einzelkämpfer" finden wir als Schulsozialarbeiter bzw. Krankenhaussozialarbeiter, bei Gesundheitsämtern, Krankenkassen, Versicherungen oder in der Industrie als Betriebssozialarbeiter.

11 Was ist Coaching?

Im englischen Sprachraum war der *Coachman* ein Kutscher, der die Pferde lenkte und versorgte (Rauen 2001, S. 19ff.). Schon seit Jahrzehnten verstehen wir unter diesem Terminus die „Rundum-Betreuung“ von Spitzensportlern. Seit den 1980er-Jahren wird Coaching auch im Sinne von Beratung und Begleitung für Menschen in Management-Rollen verwendet. Coaching ist Leitungsberatung für *Person* und *Funktion.* Was darunter zu verstehen ist, erläutert Schreyögg (1995, S. 9). Zum Bereich *Person* sagt sie, dass es sich beim Coaching um „Unterstützung für Freud und Leid im Beruf“ handelt. Denn Leitungspersonen haben Rivalen. Oft sind sie im Beruf einsam und „leiden“ unter der Leiterrolle. Deshalb ist es für sie meistens nicht angebracht, berufliche Probleme auf der Mitarbeiterebene zu erörtern. Hinsichtlich der *Funktion* betont Schreyögg, dass Coaching sich an Menschen in Führungspositionen (Managementpositionen) wendet. Dabei ist es von untergeordneter Bedeutung, ob es sich um eine Einrichtung handelt, die profit- oder nonprofitorientiert ist. Ein anderer „Klassiker“ der Coaching-Literatur hat eine ähnliche Definition entwickelt: „Ein ‚Coach‘ ist ein (externer) Einzelberater für personenzentrierte Arbeit mit Führungskräften entlang der Frage, wie die Managementrolle von der Person bewältigt wird“ (Loos 1991, S. 15). Der „Deutsche Bundesverband Coaching“ (DBVC) definiert Coaching als „professionelle Beratung, Begleitung und Unterstützung von Personen mit Führungs- bzw. Steuerungsfunktionen und von Experten in Organisationen“ (Michel u. a. 2014, S. 432f.).

Coaching unterstützt Leitungsarbeit

Wie wird Leitung ausgeübt? Man kann in Organisationen führen durch *Belohnung* oder *Bestrafung*: direkt oder indirekt bzw. materiell oder immateriell. Manche Leitungspersonen wirken durch ihre besonderen Persönlichkeitsmerkmale und ihre Ausstrahlung auf andere Menschen (*Charisma*). Oft handelt es sich um idealisierte Gründungspersönlichkeiten. In vielen Fällen „steht“ und „fällt“ die Einrichtung mit der Präsenz dieser Persönlichkeit. Wir kennen auch Leitung durch *Expertentum*. Das ist vor allem in technischen Einrichtungen der Fall. Manchmal erhalten Leitungspersonen ihre Position durch eine besondere *Legitimation*, etwa durch Prüfungen, ein Amt oder höhere Weihen (Öffentlicher Dienst, Kirche) (French/Raven 1959; Schreyögg 2002, S. 171; M. Weber, Erster Halb-Band 1956, S. 157ff.).

Leitungspersonen sehen sich täglich mit einer Fülle von ungeplanten Herausforderungen konfrontiert. Vieles, was sie können müssen, ist nicht in der vorangegangenen Ausbildung oder Berufserfahrung eingeübt worden. Denn Management kann man schwerlich vorab lernen. Man wird Manager eher in reflektierter Praxis. Ein Manager ist nicht nur ein Vorgesetzter oder Verhandlungsführer, er ist ebenso Innovator, Netzwerkarbeiter in unterschiedlichen Systemen, er muss Lob und Tadel verteilen und ist aber auch „Mädchen für alles", Sündenbock und Galionsfigur (Schreyögg 1995b, S. 25f.). Natürlich kann man einen Teil dieser Kompetenzen auch in einer guten Beratung (Supervision, Coaching) erwerben und ausbauen.

Weshalb geht man zum Coaching?

Es wurde dargestellt, dass die Ansprüche an Leitungskräfte sehr unterschiedlich sein können. Kühl hatte 18 Führungskräfte der Sozialen Arbeit über die Anlässe, Coaching zu beanspruchen, befragt. Die Verteilung der im Coaching bearbeiteten Themen war wie folgt:

- 44 Prozent Konflikte mit Vorgesetzten,
- 33 Prozent Konflikte mit Mitarbeitern,
- 11 Prozent Konflikte unter Mitarbeitern,
- 11 Prozent innere Konflikte zwischen der Klienten- und Leitungsarbeit (2014, S. 41f.).

Wir sehen, dass die Anlässe, ein Coaching zu beanspruchen, fast ausschließlich aus der Leitungsrolle entstehen.

Der langjährige autokratisch führende Chefarzt einer Psychiatrischen Klinik erkrankte plötzlich schwer und ging in den Ruhestand. Sein als „Kumpeltyp" geschätzter Oberarzt wurde Nachfolger. Nun hatte dieser es plötzlich mit den Vorständen der Klinik, den Krankenkassen, dem Verwaltungschef, der Pflegedienstleitung und auch den Vertretern der Mitarbeiter zu tun. Einige im Personal nutzten den personellen Wechsel aus. „Ich bin hier das ärmste Schwein, und ich habe noch nicht einmal Zeit, aufs Klo zu gehen", war einer seiner bekannten Sprüche. Nach mehreren Coaching-Sitzungen wurde ihm klar, dass die Chefarzt-Position für ihn „eine Nummer zu groß" war, und er wechselte an eine andere Klinik – wieder in die Oberarzt-Rolle.

Daran kann man auch den *Unterschied* zwischen Supervision und Coaching verdeutlichen. Wenn der neue und überforderte Chefarzt über „schwierige Patienten" gesprochen hätte, dann wäre diese Beratung eine *Supervision* gewesen. Da er aber über seine Leitungsrolle reflektierte, handelte es sich um *Coaching*. Coaching als *Krisencoaching* kommt auch bei neu ernannten Führungskräften vor. Denn durch die

Art und Weise, wie diese in die Managementrolle gelangt sind, können sich Krisen entwickeln. Ein *Aufsteiger* aus der eigenen Organisation kann sich überfordert fühlen, wie im vorgenannten Beispiel deutlich wurde. Seine neue Rolle kann aber auch durch Neider und Rivalitäten erschwert werden. Manchmal wird die neu ernannte Leitungskraft von den Mitarbeitern, den ehemaligen Kollegen, als jemand von da „oben" oder als „Abtrünniger" angesehen. Auf der anderen Seite erwarten die übergeordneten Vorgesetzten oder Vorstände vom neuen Leiter die effiziente Ausführung von Vorgaben. Leitungspersonen befinden sich deshalb häufig in einer „Sandwichposition" zwischen „oben" und „unten". Sie sind „einsam" geworden. Aber auch die Rolle des *Quereinsteigers* ist nicht einfach. Er kommt meistens aus einer anderen Abteilung der gleichen Organisation. Oft befand er sich in der Hierarchie eine Stufe tiefer. Noch schwieriger kann es der *Seiteneinsteiger* aus einer anderen Organisation, eventuell sogar von der Konkurrenz, haben. Weshalb hat man nicht jemanden aus dem eigenen Team genommen, sondern einen Fremden, der sich erst einarbeiten muss und gleichzeitig unser Vorgesetzter sein soll?, könnten die Fragen der Mitarbeiter sein (Schreyögg 2002, S. 175ff.).

Leitungsberatung ist oft auch dann notwendig, wenn das Führungspersonal aus fachfremden Berufen kommt.

Eine kirchliche Einrichtung stellt einen Pfarrer, Arzt oder Juristen als Direktor für eine psychosoziale Organisation ein. Die meisten untergebenen Mitarbeiterinnen und Mitarbeiter kommen aus der Sozialarbeit, Psychologie oder Pflege.

Hier sind die Leiter fachfremd, und es kann zu Konflikten und Missverständnissen kommen, weil sie von der Arbeit der ihnen Unterstellten wenig verstehen.

Varianten von Coaching

Die *Settings* (Arbeitsformen) beim Coaching sind grundsätzlich die gleichen wie in der Supervision. Meistens dominiert das *Einzelcoaching*. Heute kennen wir noch weitere Formen wie *Gruppen-, Team-* oder *Systemcoaching*. Wie bei der Supervision sind *interne* und *externe* Berater (Coaches) denkbar. Grundsätzlich sollte Coaching nur auf der Basis freiwilliger Teilnahme angeboten werden. Aufgrund der notwendigen Anonymität scheinen jedoch externe (selbstständige) Coaches sinnvoller. Manchmal kommt es auch zum *Coaching von Doppelspitzen oder Dreierspitzen*. Was ist damit gemeint? Viele Einrichtungen, vor allem im sozialen und gesundheitlichen Bereich, verfügen über zwei oder drei Leitungspersonen, beispielsweise den ärztlichen Leiter, die Pflegedienstleitung sowie die Verwaltungsleitung.

In der ersten Auflage dieses Buches habe ich ein solches Coaching ausführlich vorgestellt (Belardi 1996a, S. 122–126).

Eine Suchtklinik für Frauen war in eine Krise geraten, weil die von allen Mitarbeitern geschätzte Chefärztin nach kurzer Zeit aus persönlichen Gründen gekündigt hatte. Sie, der therapeutische Leiter und der Verwaltungsleiter, kamen für wenige Krisensitzungen zum Coaching, um die eingetretene Unruhe beim Personal zu besänftigen und sich für eine mögliche (weibliche) Nachfolge dem Träger gegenüber starkzumachen.

Es handelte sich um Coaching, denn es wurde nicht über Patientinnen gesprochen, sondern über die Probleme der Führungsgruppe.

Wie unterscheiden sich Supervision und Coaching?

Supervision entstammt der Sozialarbeit und Psychotherapie. Sie arbeitet vorwiegend beziehungsorientiert und zielt auf die Verbesserung der direkten Arbeit von Helfern mit ihren Klienten bzw. Patienten und eventuell Kollegen. *Coaching* wendet sich an das Personal- und Managementwesen. Es ist ein Instrument der Personalentwicklung (Mitarbeiter einstellen, qualifizieren, versetzen, entlassen) und möchte Leitungspersonen befähigen, besser zu leiten (Schreyögg 2013, S. 232). Auch wenn in diesem Buch Coaching am Rande behandelt wird, muss deutlich darauf hingewiesen werden, dass es sich um etwas anderes, aber doch in manchen Prozessen auch Ähnliches wie Supervision handelt und man mit einer Ausbildung in Supervision nicht so einfach Führungskräfte beraten kann und sollte. Die Unterschiede liegen bei den zu beratenden Personen, Inhalten, Zielen und der ethischen Haltung. Für das Coaching von Führungskräften benötigt man zusätzlich zur Supervision *Wissen* und *Können* im Bereich von Management und Personalwesen. Weiterhin existieren Unterschiede in der Vertragsgestaltung (Zieldefinition) sowie der Ethik (beispielsweise weniger Neutralität, mehr Parteilichkeit). Es ist auch nicht richtig, die Begriffe Supervision für den Non-Profit-Bereich und Coaching für den Profit-Bereich zu verwenden. „Coaching ist mittlerweile in der Sozialen Arbeit ‚angekommen'" (Krczizek/Kühl, 2008. S. 66). Der Vollständigkeit halber soll noch erwähnt werden, dass inzwischen immer mehr Supervisions-Institute sowie die Fachverbände in Deutschland, Österreich und der Schweiz auch Ausbildungen für Coaching in ihr Angebot aufgenommen haben.

Coaching hat auch problematische Seiten

Laut „Psychologie heute" (Nr. 11/2014, S. 33) sollen auf dem deutschen Markt mindestens 8.000 Anbieter von Coaching arbeiten. Viele von ihnen behaupten, für alle möglichen Themen und Schwerpunkte kompetent zu sein. Ähnlich wie im Supervisionsbereich bemühen sich einige um einheitliche Standards, weil sie sich der Fachwelt als seriöse Partner präsentieren möchten. Im Jahr 2004 wurde der „Deutsche Bundesverband Coaching" (DBVC) (www.dbvc.de) gegründet. Ein Jahr später fand ein erstes Gipfeltreffen mit zehn anderen auf diesem Sektor tätigen Fachverbänden statt (OSC 4/2005, S. 407). Nach Quidde soll es inzwischen 13 Coaching-Verbände geben. Sechs Verbände haben mehr und sieben haben weniger als hundert Mitglieder (2014, S. 30).

Von Rauen, einem Coaching-Praktiker und Buchautor, kann man kostenfrei den „Coaching-Newsletter" erhalten und herunterladen. (http://www.coaching-newsletter.de/change.htm). Im Jahr 2014 hatte dieser Informationsdienst über 30.000 Abonnenten.

Eine junge Psychologin hatte kurz nach Ende ihrer Coaching-Ausbildung über private Kontakte den neu gewählten und in seiner Berufsrolle unsicheren Rektor einer privaten Universität als Supervisanden gewonnen. Ohne Kenntnis der Macht- und Mehrheitsverhältnisse an dieser Hochschule bestärkte sie ihn in Richtung einer autoritären Wahrnehmung seiner Leitungsrolle. In ihrem Umfeld prahlte sie mit ihrem „prominenten Klienten". Der Rektor isolierte sich immer mehr. Er beendete enttäuscht das Coaching und erhofft nur noch das Ende seiner Amtszeit.

In einem Artikel werden als *Misserfolgsfaktoren von Coaching* genannt – diese haben ähnliche Ursachen wie Misserfolge in der Supervision: Selbstherrlichkeit der Coaches, Vertrauensmissbrauch, mangelnde Kenntnis des Berufsfeldes, Anwendung falscher (oft rein psychologischer) Methoden oder ein erzwungenes Coaching durch die Vorgesetzten (Schmidt/Keil 2004, S. 249).

Entgrenzung des Coaching-Begriffs

Leider ist die Verwendung des Begriffs Coaching noch unpräziser als die missverständliche Bezeichnung von Supervision. Aus der ursprünglichen Beratung für Leitungspersonen ist ein „Allerweltswort" für Unterstützung und Beratung geworden. Nachstehend einige Beispiele für das sogenannte „Bindestrich-Coaching": Bücher für leidgeprüfte Eltern haben nicht mehr den Titel Erziehungsratgeber, sondern heißen „Kinder coachen. Die bessere Pädagogik" (Thiel 2014). Früher ging man in die Hundeschule. Heute besucht man das „Hundebesitzer-Coaching". In Anzeigen wird „Life-Coaching" angeboten, um „konstruktive Lösungen" im Leben zu erreichen. Ähnlich klingen die Überschriften von Aufsätzen zu „Gesundheits-Coaching – zwischen Burnout und beruflicher Neuorientierung" (Joder 2005). Da findet sich ein Artikel über „Coaching von Schlaganfallpatienten. Ein integratives Beratungs- und Trainingskonzept" (Fritzsche 2005). In einem anderen Angebot fungieren „Achtsamkeitstraining" und „Stressbewältigung als Coaching". Es gibt auch Bezeichnungen wie „NLP-Coaching", „Astrologie-Coaching", „Coachingwandern" und „Spirituelles Coaching". Geradezu inflationär ist der Gebrauch von „Work-Life-Balance-Coaching". Statt von Berufsberatung spricht die Arbeitsverwaltung vom „Berufsfindungs-Coaching für Schulabgänger". Die „Frankfurter Rundschau" veröffentlichte einen ganzseitigen Artikel mit der Überschrift „Coaching für Hartz-IV-Bezieher". Darin steht: „Bis zu 33.000 Menschen sollen einen Coach erhalten, der sie sechs Monate lang beim Einstieg ins Berufsleben unterstützt. Der Start in den Job soll auch stufenweise möglich sein – etwa für zwei, vier oder sechs Stunden am Tag" (6. 11. 2014, S. 5). Normalerweise ist das ein typisches Angebot der Sozialarbeit. Viele Supervisoren nennen sich jetzt Coach. Soll das heißen, dass sie wieder als Sozialarbeiter arbeiten möchten und deshalb die Bezeichnung gewechselt haben? In einem anderen Beitrag scheint der Begriff Coaching die betriebliche Sozialarbeit oder Suchtkrankenhilfe am Arbeitsplatz ersetzen zu wollen: „Abhängigkeitserkrankung am Arbeitsplatz. Eine Coachingaufgabe" (Björkmann 2002). Wir sehen, dass der Coaching-Begriff völlig ausgeufert ist. Denn bei allen Beispielen dieses Abschnitts handelt es sich nicht um die Beratung von Leitungskräften. Vereinfacht gesagt haben wir es mit *zwei Coaching-Begriffen* zu tun:

- Coaching als *Leitungsberatung für Personal- und Managementfragen* (wie zu Beginn dieses Kapitels dargestellt) und
- Coaching als *Allerweltsbegriff* für *Beratung, Betreuung, Begleitung* oder *Aktivierung* von Menschen außerhalb des Managements.

Coaching klingt schick und sehr amerikanisch. Zudem ist es nicht mit dem Negativ-Image des Vorgesetzten belastet wie der Supervisionsbegriff. Beide Bezeichnungen sind nicht geschützt, und für die Anbieter geht es darum, sich am konkurrenzträchtigen Weiterbildungs- und Sinnfindungsmarkt Anteile und Auskommen zu sichern. Rauen, der Herausgeber des „Coaching-Newsletters" schreibt dazu: „Insgesamt betrachtet muss der momentane Zustand als enttäuschend bezeichnet werden: Jede Form von Training, Seminar, Unterricht etc. wird mittlerweile als Coaching bezeichnet und von selbsternannten Coaches praktiziert" (2001, S. 16). Von T. Webers stammt ein kleiner Aufsatz, in welchem er sich kritisch mit einigen „modern" klingenden Bezeichnungen auseinandersetzt: „Coaching-Kompetenzen: Behauptungen und Kritik" (2013, S. 479ff.). Noch kritischer äußert sich Kühl: „Coaching hat ein Scharlatanerieproblem – ein typisches Problem neuer, noch nicht stark strukturierter Tätigkeitsfelder. Wegen fehlender Standards in der Ausbildung, uneinheitlicher Qualitätskriterien und schwacher professionsinterner Regulierungsstellen können Scharlatane nicht einmal identifiziert, geschweige denn an der Tätigkeit gehindert werden" (2006, S. 95).

12 Das Mehrpersonen-Setting

Wenn mehrere Personen an einer Supervision teilnehmen, sprechen wir von einem Mehrpersonen-Setting. Dazu gehören vor allem die Gruppensupervision, die Teamsupervision sowie verschiedene Varianten und Mischformen von Supervision in Organisationen.

Exkurs: Etwas über Gruppenarbeit

Etwa seit 1930 wird die sozialisierende Wirkung von Gruppen erforscht. In den USA und auch in Deutschland hatte man Jugendgruppen beobachtet. Später haben die Gruppenexperimente in der Nachfolge von *Kurt Lewin* (1890–1947) folgendes Wissen über das menschliche Verhalten in Gruppen zutage gebracht:
(1) Überschaubare und kontinuierliche Gruppen mit drei bis etwa zwanzig Mitgliedern können bei kompetenter Leitung *intensive* und *positive Erfahrungen* miteinander haben.
(2) Dabei bilden sich eigene *Ziele*, *Werte* und spezielle Beziehungen sowie *Rollen* (Erwartungen) heraus.
(3) Diese Rollen hängen einerseits von den vorher erlernten (familiären) Rollen ab. Sie entwickeln sich andererseits auch durch das Zusammen- und Gegeneinanderwirken der Gruppenmitglieder in jeweils spezifischer Weise als *Gruppenrollen* fort.
(4) Ein Fachmann beschreibt diese Rollen mit folgenden Begriffen. Ein dominantes Gruppenmitglied nimmt die „Alpha-Position" ein. Sein Gegenspieler in der Gruppe ist „Beta". Die „normalen" Gruppenmitglieder befinden sich in der „Gamma-Position" und fühlen sich meistens der „Alpha-Person" verbunden. Deren negative Einstellungen und Gefühle richten sich oft gegen eine Person in der Gruppe, die sich als „Omega" in der Außenseiterposition befindet. Die Gründe für die Außenseiterposition können je nach Gruppe unterschiedlich sein: Verschiedenartigkeit in der Meinung, Beruf, Stellung, Herkunft, aber auch Hautfarbe oder Religion sowie unterschiedliche sprachliche oder körperliche Merkmale. Das Besondere dieses Gruppen-Rollen-Modells von Schindler ist, dass es sowohl wissenschaftlich als auch praktisch erprobt wurde und in seinen Grundzügen in vielen Gruppen zu beobachten ist (1957/58, S. 310).

(5) Mit dem Begriff *Billard-Modell* kann man die Interaktion in diesem Gruppenprozess treffend beschreiben. Jede Äußerung eines Gruppenmitglieds löst etwas aus, das wie eine Billardkugel „in Gang gesetzt wird und seinerseits ein weiteres Ereignis auslöst" (Fengler 1986, S. 59).
(6) Die Gruppenmitglieder wirken aufeinander ein. Sie bringen ihre früheren *Erfahrungen* und vor allem auch *Übertragungen* mit. Es entwickeln sich mehrfache *(multiple)* Übertragungen untereinander. Menschen können sich nirgendwo so intensiv kennenlernen wie in gut arbeitenden Gruppen.
(7) Allerdings können Gruppen den Einzelnen bei ungünstigen Bedingungen (Fremdheit, Gruppendruck, Außenseiterrolle) ängstigen. Durch gezielte Interventionen ist es möglich, diesen unerwünschten Erscheinungen in der praktischen Gruppenarbeit entgegenzusteuern.
(8) Beim zeitlichen Ablauf in Gruppen kennen wir bestimmte *Prozesse* und *Phasen*. *Kurt Lewin*, ein Begründer der Gruppendynamik, sprach vom (a) *Auflockern*, um eine Bereitschaft zur Veränderung zu bewirken, (b) von der *Veränderung* durch die neuen Erfahrungen in der Gruppe sowie (c) der *Festigung* dieser Veränderung im Sinne neuer Erkenntnisse und Verhaltensweisen. Viele andere Gruppentheoretiker sind diesem Dreischritt gefolgt bzw. haben ihn weitergeführt. Derartige Gruppenprozesse sind für die menschliche Entwicklung in Gruppen gut nutzbar.
(9) Damit beinhalten Gruppen auch *Korrekturmöglichkeiten* früherer Erfahrungen: Eigene Verhaltensweisen und Rollen werden von anderen kritisch bzw. solidarisch gesehen, kommentiert und sind deshalb veränderbar.
(10) Hierzu hat die Gruppendynamik ein Instrumentarium von Beschreibungen und Veränderungsmöglichkeiten geschaffen. Sehr bekannt ist das *Feedback* (Cohn 1976) (S. 80, oben).

Schon seit den späten 1940er-Jahren hatte man in den USA zur Weiterbildung für Angehörige sozialer, pädagogischer und gesundheitlicher Berufe spezielle gruppendynamische Seminare angeboten, in welchen die Lernmöglichkeiten über menschliches Verhalten in Gruppen vermittelt werden sollten. In den 1970er-Jahren entwickelte sich in Deutschland eine *gruppendynamische Bewegung* (Belardi 1980b; 1990). Dabei kam es zu vielen Anregungen für das Sozial-, Gesundheits- und Bildungswesen und später auch für die Wirtschaft sowie andere Lebensbereiche. Die Gruppendynamiker dieser Zeit waren auch als Supervisoren tätig. Deswegen ist die Gruppendynamik nach der amerikanischen Sozialarbeiter-Supervision und der psychoanalytischen Kontrollanalyse die *dritte historische Quelle* der Supervision im deutschen Sprachraum. Darüber hinaus wurde das Gruppenwissen durch das Aufkommen von *Gruppenpsychotherapien* bereichert. *Jacob Moreno* (1889–1974) ist Begründer des *Psychodramas* und war 1938 der Schöpfer des Begriffs *Gruppendynamik*. Er begann auch damit, unter dem Begriff *Psychodrama* eine spezielle Therapieform in der Gruppe zu schaffen. Außerdem stammt von ihm das *Soziogramm*, die grafische Darstellung der Beziehungen von Menschen miteinander. Später folgten die Psychoanalytiker mit der Entwicklung der *Gruppenanalyse*. Viele Richtungen der Psychotherapie bieten inzwischen ihre jeweiligen Gruppenpsychotherapien an. Gruppenarbeit kann man vor allem gut praktizieren, wenn man sie fundiert als Teilnehmer gelernt hat und die dazu notwendige Theorie kennt. Positive Gruppenerfahrungen stellen auch eine gute Vorbereitung für die Tätigkeit in den helfenden Berufe dar (Tschuschke 2001). Nachstehend sollen einige wichtige Lernmöglichkeiten des Gruppenwissens für das *Mehrpersonen-Setting* in der Supervision benannt werden. Welche Einsatzmöglichkeiten von Gruppensupervision kennen wir, und was können sie leisten?

Supervision in der Gruppe

Bei den Mitgliedern der „Österreichischen Vereinigung für Supervision und Coaching" nahm die Gruppensupervision 35 Prozent der beruflichen Aktivitäten ein (ÖVS-Mitgliederbefragung 2012, S. 8). Vor allem seit den 1970er-Jahren hatte die Nachfrage nach Gruppensupervision zugenommen. Unter Gruppensupervision versteht man ein Beratungsangebot für etwa drei bis zwölf Personen, die sich *nicht* in einem direkten Arbeitszusammenhang miteinander befinden. In der Fachsprache spricht man deshalb auch von *Stranger Group* im Gegensatz zur Teamsupervision, die aufgrund der Bekanntheit der Teammitglieder untereinander oft den Charakter einer *Family Group* hat. Die Supervision in der *Stranger Group* gestattet dem Einzelnen mehr Freiheiten in den Äußerungen, weil ein höherer Grad von Anonymität gewährleistet ist. Außerdem haben die Gruppenmitglieder arbeitsmäßig nichts miteinander zu tun. Darstellungen eigener Schwäche sollten keine negativen Folgen am Arbeitsplatz nach sich ziehen.

Gruppensupervision für Lernende (Ausbildungssupervision)

Ausbildungssupervision finden wir meistens bei der Begleitung von Praktika (Praktikumsbesprechung, Praktikumsreflexion, Praktikumsvor- und Praktikumsnachbereitung) an den Fachschulen und Hochschulen. Oft kommen die Teilnehmer aus unterschiedlichen Praktikumsfeldern, was auch zum Kennenlernen der verschiedenen Tätigkeiten in den helfenden Berufen beiträgt. Dabei werden schnell *gemeinsame Strukturprobleme* der verschiedenen Arbeitsplätze deutlich.

> Die 22-jährige angehende Sozialarbeiterin kann im Jugendhaus nicht „Nein" sagen; immer wieder gelingt es einigen Jugendlichen, sie mit Regelverstößen zu provozieren. In der Supervisionsgruppe kommt es recht schnell zu einer „Polarisierung" der Meinungen. Einige äußern Verständnis für ihr Verhalten. Diese Studierenden schilderten später, dass es ihnen ähnlich ergangen sei. Andere verstehen das „Nähe-Problem" überhaupt nicht; sie verhalten sich ihren Jugendlichen gegenüber so zurückhaltend, dass kaum Kontakt zustande kommt. Das gemeinsame Gruppenthema, „Nähe und Distanz" an den unterschiedlichen Arbeitsplätzen, wiederholt sich allerdings auch in der Supervisionsgruppe. Diejenigen, welche das Gruppenthema „Nähe/Distanz" offen äußern, spüren

untereinander und in ihrem Verhältnis zum Gruppenleiter auch mehr Nähe; die distanzierteren Studenten bleiben „außen" vor. Wir haben es auch mit einem „Spiegelungs- oder Resonanzphänomen" zu tun (S. 75, oben, S. 116, unten).

An der Fachhochschule Nordwestschweiz ist die Ausbildungssupervision ein Pflichtfach. Im Bachelorstudium der Sozialen Arbeit wird sogar die wechselseitige Gruppensupervision ohne Leitungsperson (Kollegiale Supervision) eingeübt (Journal BSO 1/2014, S. 15).

Während meiner dreizehn Jahre als Lehrstuhlleiter für Sozialpädagogik und Sozialarbeit an der TU Chemnitz konnte aus Mangel an Geld und Lehrpersonal keine intensive Supervision angeboten werden. Alle Studierenden hatten jedoch die Gelegenheit, an einer dreitägigen Gruppensupervision in Form einer Blockveranstaltung, die nicht von mir, sondern von Lehrbeauftragten angeboten worden war, teilzunehmen. Die Gelder dafür musste ich von der Universitätsleitung regelrecht „erpressen". Universitäre Ausbildungen für helfende Berufe sollen dem herrschenden Verständnis nach weniger „praxisbezogen", sondern eher „wissenschaftlich" sein. Wohl deshalb und aufgrund der höheren Studierendenzahlen finden wir an den Universitäten viel weniger Supervisionsangebote als an den Fachhochschulen.

Vor allem ältere Supervisorinnen und Supervisoren müssen bei der Gruppensupervision mit Auszubildenden wissen, dass sie auf der unbewussten Ebene des Gruppenprozesses in die Übertragungsposition von Eltern, Lehrern oder anderen Autoritätspersonen geraten können. Das bedeutet, man kann ihnen seitens der Lernenden positive oder negative Gefühle und Erwartungen aus früheren Beziehungen entgegenbringen. Dann ist aufklärendes und flexibles Verhalten nötig. Ebenso ist es möglich, diese Schwierigkeit im Sinne des Transferlernens auch für die Praxis zu nutzen: Wie verhält man sich als Sozialarbeiterin oder Pflegerin, wenn man selbst in diese Position durch Erwartungen der Klienten gerät? Noch ein Thema, das in die Ausbildungssupervision gehört: Hier ist vielleicht der beste Ort, sich auch einmal über die Studienmotive und die Vorstellungen vom Beruf auszutauschen sowie diese mit den eigenen und fremden Erfahrungen aus dem Praktikum zu vergleichen.

Gruppensupervision für Berufstätige (Weiterbildungssupervision)

Ursprünglich war die Gruppensupervision historisch die erste Möglichkeit, Supervision in einer Gruppe zu erleben. In den Anfängen der Supervision wurde noch nicht so häufig in Teams gearbeitet wie heute. Infolgedessen kannte man auch kaum Teamsupervision. Demgegenüber kommt heute die Gruppensupervision weniger vor als die Teamsupervision. Denn es ist selten, dass Berufstätige aus unterschiedlichen Einrichtungen zusammenkommen, um Supervision zu erleben.

Die Gruppensupervision für Berufstätige ähnelt der Gruppensupervision für Studierende bzw. Lernende. Allerdings gibt es hierbei selten einen Zwang zur Teilnahme, und damit entfallen auch (reale oder nur befürchtete) Kontrollen durch die Arbeitgeber. In der Regel sind die Teilnehmer an einer Gruppensupervision hoch motiviert. Insofern ist diese Gruppensupervision eine ideale *Stranger Group*: Man kommt freiwillig, kennt niemand anderen und entscheidet autonom, was man von sich preisgibt und wie lange man in dieser Gruppe bleibt. In der Fachliteratur finden wir viele Beiträge über diese Variante der Gruppensupervision. Sie findet vor allem dort statt, wo Angehörige helfender oder pädagogischer Berufe vereinzelt arbeiten, etwa als Bewährungshelfer (Belardi/Belardi-Günther 1983), Betreuer (Nienaber 2007) oder Lehrpersonen. Nicht selten kommt es aufgrund der Rollen der Gruppenteilnehmer auch zu Überschneidungen mit dem *Gruppencoaching* (S. 107, oben), etwa wenn Ärzte oder Leitungspersonen bzw. Leiter unterschiedlicher Institutionen an einer Gruppensupervision teilnehmen.

Aus dem in der „Studentenbewegung" verpönten „Casework" hat sich inzwischen ein den gegenwärtigen Erfordernissen angepasstes „Case-Management" (in Pflegefällen: „Care-Management") entwickelt. Dabei steuert beispielsweise ein mit anderen sozialen Diensten vernetzter „Case-Manager" die notwendigen Hilfen für eine Person, ein Paar oder eine Familie: Kontakte zur Schule sowie Hausaufgabenhilfe für die Kinder, Sucht- und Schuldnerberatung für die Familie, Sozialpädagogische Familienhilfe als Unterstützung für den Alltag. Weil bei diesen Hilfen verschiedene Personen aus unterschiedlichen Diensten beteiligt sind, hat man die Rolle des Case-Managers als Prozessverantwortlichen geschaffen, und es kommt zu gemeinsamen Treffen aller Helfer (Helferkonferenz). Dabei ist oft eine punktuelle Gruppensupervision angesagt (Belardi 2010, S. 59ff.; Wendt 2008).

Gruppensupervision als Teil der Supervisionsausbildung

Nach den Richtlinien vieler Supervisionsverbände muss jeder Ausbildungskandidat für längere Zeit auch Mitglied einer Ausbildungsgruppe sein. Dort finden Selbsterfahrungs- und Weiterbildungsprozesse statt. Die Gruppenmitglieder haben Beispiele aus ihrer eigenen Berufspraxis als „Fälle" vorzutragen. Dabei verwenden sie das jeweils von den anderen Gesagte als Lernmöglichkeiten. Ähnlich wie in der Ausbildung zum Gruppentherapeuten sind die Ausbildungsteilnehmer wechselweise in der Rolle von „Klienten" und „Supervisoren". Man lernt am und vom Nachbarn. Dabei kann das gleiche *Paradox* wie in der Ausbildung für Beratung und Psychotherapie vorkommen:

- Einerseits muss man sich mit eigenen beruflichen Problemen und Krisen einbringen und als *lernfähig* erweisen,
- andererseits darf die Darstellung sowie Rolle in der Gruppe *nicht* so *problematisch* sein, dass man die Weiterbildung verweigern müsste.

Kollegiale Supervision

Eine weitere Form der Gruppensupervision ist die *Kollegiale Supervision.* Hierfür existieren unterschiedliche Bezeichnungen: *Kollegensupervision, Peer Group Supervision* oder *Intervisionsgruppe*. Gemeinsames Merkmal dieses Supervisionssettings ist, dass kein Supervisor von außerhalb kommt. Deswegen spricht man auch von der *Supervision without parents.* Berker hat *drei Grundtypen* der Kollegialen Supervision vorgestellt:

(1) Gruppen, die während ihrer Ausbildung als Regional- und/oder Balint-Gruppen gegründet wurden und über das Ende ihrer Ausbildung hinaus zusammengeblieben sind. (...)

(2) Gruppen, die als Praxisgemeinschaften bestehen oder entstanden sind, sowie

(3) Gruppen, in denen sich frei- oder nebenberuflich arbeitende Kolleginnen und Kollegen zusammengefunden haben (Berker 1995, S. 70f.).

In der Praxis widmen sich diese Gruppen hauptsächlich der „kollegialen Fallbearbeitung“. Über den Bereich der Sozialarbeit hinaus ist die Kollegiale Supervision auch unter Psychotherapeuten sehr verbreitet. Die Psychotherapeutenkammern und Kassenärztlichen Vereinigungen anerkennen die Kollegiale Supervision ihrer psychotherapeutischen Mitglieder als notwendige Fortbildung. Sicherlich funktioniert die Kollegiale Supervision bei langjährig erfahrenen Praktikern besser als bei Berufsanfängern. Voraussetzungen für einen Erfolg sind nachstehende Faktoren:

- Keine überhöhten Ansprüche,
- klare und möglichst von Neid und Missgunst freie Beziehungen,
- keine „heimlichen“ Leiter oder Rivalitätskämpfe (Fengler u. a. 1994, S. 195; Thiel 1994, S. 199ff.; Schlee 2004, S. 72ff.).

Die Balint-Gruppe

Die Balint-Gruppe ist eine besondere Form der Gruppensupervision. Ursprünglich kommt dieses Setting aus der psychotherapeutisch orientierten ärztlichen Weiterbildung. Der ungarische Arzt und Psychoanalytiker *Michael Balint* (1896–1970) erkannte ab 1960 die heute allgemein anerkannte Tatsache, dass eine Anzahl von Menschen, die in die Praxis des Allgemeinarztes kommen, auch psychische Probleme haben. Allerdings werden viele der Schwierigkeiten dieser Patienten durch die Ärzte nicht erkannt. Diese verschreiben dann Medikamente, anstatt eine Veränderung in der Lebensführung oder eine psychotherapeutische Behandlung anzuregen. Auf dem Hintergrund dieses Wissens entwickelte Balint später in England eine Weiterbildungsgruppe für Ärzte. In seinem Buch „Der Arzt, sein Patient und die

Krankheit" skizziert er das Ziel, „die psychologischen Probleme innerhalb der medizinischen Allgemeinpraxis zu studieren" (1965 S. 15ff.). Verbreitung und Erfolg dieser *Balint-Gruppen* beruhen auf der Beachtung folgender Regeln:

- Die Teilnehmer einer Balint-Gruppe sollten sich im Idealfall vorher *nicht kennen*, also auch nicht in gemeinsamen Arbeitsbezügen stehen.
- Die Gruppenmitglieder sind in ihrem Fach (damals dem Arztberuf) kompetent; sie möchten allerdings mehr über etwas Neues, also ihre *Beziehungsdynamik* zu den Patienten, lernen.
- Ursprünglich war der Balint-Gruppenleiter Mitglied der *gleichen Berufsgruppe* wie die Teilnehmer und zusätzlich noch Psychoanalytiker.
- Selten werden Fachfragen erörtert. Vielmehr ermuntert der Balint-Gruppenleiter die Gruppenmitglieder zur *freien Fallschilderung* über Beziehungsprobleme *von* und *mit* Patienten.
- Gruppenmitglieder und -leiter äußern danach ihre Gefühle und spontanen Einfälle zur geschilderten Arzt-Patient-Beziehung im Sinne einer *freien Assoziation*.
- Die Balint-Gruppe ist *kein technisches Seminar;* sie zielt auch nicht auf konkrete Handlungsanweisungen ab. Sie will eher „herauszufinden, was die vorgetragene professionelle Beziehung aktuell, d. h. zum Zeitpunkt des Vortragens, problematisch macht" (Harrach 1986, S. 158).

Zur Abgrenzung der Balint-Arbeit von der Gruppensupervision schlägt Rappe-Giesecke folgende Definition vor: „Balintgruppenarbeit ist eine Form von Gruppensupervision, in der Angehörige einer Profession, die beruflich und privat unabhängig voneinander sind, sich mit Hilfe einer/s psychoanalytisch bzw. psychotherapeutisch gebildeten Leiters/Leiterin mit der Analyse von Professional-Klient-Interaktionen befassen" (1994b, S. 75). Balint-Gruppenarbeit ist also eine besondere Form der *Beziehungsdiagnostik* auf tiefenpsychologischem Hintergrund. Neben den Übertragungs- und Gegenübertragungsvorgängen wird vor allem auf vielfältige *Spiegelphänomene* oder *Resonanzphänomene* geachtet (Kutter 1990b; 1994). Hierbei handelt es sich, vereinfacht gesagt, um ein allgemein menschliches und beziehungsmäßiges Verhalten, nämlich um die Wiederholung latent vorhandener und gefühlsmäßig wirksamer Interaktionsstrukturen in einem *anderen Handlungssystem*. Diese Wiederholung erfolgt teilweise über Worte, aber auch durch Handlungen oder körpersprachlich (Wolf 1995, S. 145). So können sich beispielsweise in der Balint-Gruppe bzw. Supervisionsgruppe Gefühle und Vorgänge aus der Ursprungssituation (Sozialarbeiter–Klient) wiederholen („spiegeln"). Derartige Beispiele sind weiter oben schon geschildert worden (S. 53, S. 75). Diese Spiegelphänomene verhelfen zum Verständnis der „Fallarbeit". Sie sind darüber hinaus ein wichtiger Beitrag des Balint-Konzepts für die Psychotherapie, die Supervision und die helfenden Berufe. Eine weitere Besonderheit der Balint-Methode ist, dass die persönlichen Probleme der Teilnehmer nicht direkt angesprochen, Übertragung und Regression (Rückkehr in kindhafte Gefühlswelten) nicht vertieft werden. Balint-Gruppenleiter „grenzen" diesen persönlichen Bereich der „Falleinbringer" aus, weil sonst deren persönliche Probleme im Vordergrund stehen würden. In diesem Punkt gleicht die

Balint-Arbeit den bekannten Supervisionskonzepten. Balint-Arbeit ist natürlich keine Psychotherapie und nur in eingeschränkter Weise Supervision, weil sie für die Behandlung von Team- und Organisationsfragen weniger geeignet ist. Denn im Ursprungskonzept der Balint-Arbeit fehlen gruppendynamische und organisationswissenschaftliche Elemente (Häfner 2007). Wenn man mit Arbeitsgruppen (Teams) diese Methode verwenden will, muss über ihren ursprünglichen Ansatz hinausgegangen werden. Auch der für die Balint-Arbeit notwendige „Mut zur eigenen Dummheit" (Balint 1965, S. 25), also ohne langes Nachdenken „Fälle" einzubringen oder sich dazu spontan zu äußern, wird in Teams weniger intensiv möglich sein als in *Stranger Groups*.

Die im Balint-Ansatz gewollte Vereinfachung der Beziehungen zwischen Helfer und Klient kann natürlich nicht direkt auf komplexe Gebilde wie Teams und Organisationen übertragen werden. Wenn man den Balint-Ansatz in einem solchen Rahmen verwendet, ändert sich einiges. Oft kommen die Teilnehmer nicht freiwillig. In der Gruppe befinden sich Angehörige verschiedener Berufe. Hierarchie, Machtfragen, berufliche Abhängigkeiten sowie Vorerfahrungen und eventuell Konflikte miteinander spielen bei der Kommunikation eine Rolle. Die Schweigepflicht lässt sich nicht so einfach durchsetzen. Es kann außerdem zur „Spiegelung sozialer Strukturen des Teams" und der Organisation in der Gruppe kommen (Rappe-Giesecke 1994c, S. 25). Deshalb hat in den letzten Jahren das Balint-Konzept auch notwendige Erweiterungen erfahren (www.balintgesellschaft.de).

Außerdem hat man sich neuen Zielgruppen zugewendet. Beispielsweise werden „Junior-Balint-Gruppen" für Studierende in Medizin oder Psychologie angeboten. Es sind auch spezielle Balint-Gruppen für Juristen, Lehrer oder Pflegepersonal bekannt.

Damit verlassen wir das Thema Gruppensupervision; jedoch nicht ohne das Ergebnis einer nicht repräsentativen Umfrage unter DGSv-Mitgliedern aus dem Jahr 2008 mitgeteilt zu haben. Schlotterbeck schreibt, dass es bei der Gruppensupervision vermutlich eine „zurückgegangene Nachfrage" gebe. Denn diese sei wohl keine wichtige Lernform mehr, und sie findet „hauptsächlich nur noch ausbildungsbegleitend" statt (2008, S. 103).

Teamsupervision

Bei den Mitgliedern der „Österreichischen Vereinigung für Supervision und Coaching" stellt die Teamsupervision mit 45 Prozent den größten Anteil der Tätigkeiten dar (ÖVS-Mitgliederbefragung 2012, S. 8). Wenn wir heute von Supervision sprechen, ist vorwiegend die Teamsupervision gemeint.

Teamarbeit ist sowohl in der Wirtschaft als auch in der Sozialen Arbeit eine relativ neue Erscheinung. Seit den 1960er-Jahren wurde sie zunehmend notwendig, weil die zu lösenden Probleme so komplex geworden sind, dass sie nicht mehr durch bloße Anweisung „von oben" und Vollzug „von unten", eventuell sogar von einer Person allein gelöst werden konnten. In vielen Organisationen (wie etwa dem

Allgemeinen Sozialen Dienst oder dem stationären Bereich für ältere Menschen) sind oft mehrere Personen mit einem Menschen oder einem Aufgabenbereich befasst bzw. für ein regionales Einzugsgebiet zuständig. Dann ist Teamarbeit erforderlich. Teamarbeit ist vor allem auch bei interdisziplinär bzw. multiprofessionell zusammengesetzten Arbeitsgruppen notwendig, wenn diese für ein gemeinsames Aufgabengebiet zuständig sind (etwa in der Arbeit mit Menschen mit besonderen Bedürfnissen oder Heimerziehung). Viele unklare Aufgaben erfordern einerseits eine teaminterne Aufgabenverteilung und -bewältigung wie auch andererseits Autonomie und Kreativität. Manche Teams benötigen zur Lösung ihrer Aufgaben viel Freiheit. Beispielsweise kann in einer Beratungsstelle, einer Pflegefamilie oder einer stationären Unterbringung nicht jede Handlungsweise der Pädagogen vorgegeben oder angeordnet werden. Mit dieser „Teilautonomie" liegen manche Teams allerdings „quer" zur weiterhin bestehenden Hierarchie der übergeordneten Verwaltung. Auch deshalb befinden sich nicht wenige Teams in einem Dauerkonflikt mit den übergeordneten Dienststellen. Die Sozialen Dienste nahmen diese Entwicklung auch zum Anlass, Reformversuche in Gang zu setzen. Entsprechende Vorschläge zur *Dezentralisierung* sowie zu den *Neuen Steuerungsmodellen* für die Jugendhilfe seitens der „Kommunalen Gemeinschaftsstelle für Verwaltungsmanagement" in Köln sind seit Jahren bekannt und fanden Eingang in die Organisation sozialer und gesundheitlicher Dienste.

Was ist eigentlich ein Team? Ein Team ist eine kooperierende Arbeitsgruppe innerhalb eines organisatorischen Zusammenhangs. Grundsätzlich kann man unterscheiden zwischen *monoprofessionellen* Teams (alle Teammitglieder gehören einer Berufsgruppe an) und *multiprofessionellen* Teams wie beispielsweise im Krankenhaus (Ärzte, Psychologen, Pflegerinnen und Pfleger sowie sonstige Mitarbeiter).

In der Praxis haben viele Teams ihre Probleme. „Ein populäres Missverständnis des Teamgedankens besagt, dass es in einem ‚gut funktionierenden' Team keine Differenzierung von Entscheidungsbefugnissen geben dürfe, dass alle Teammitglieder gleichberechtigt seien, die gleiche Verantwortung trügen etc. Dieses Missverständnis trägt gerade im sozialen Bereich leicht zur Ideologiebildung bei – dann nämlich, wenn über unterschiedliche Kompetenzen nicht mehr geredet werden darf oder so getan wird, als gäbe es sie nicht. Sowohl starre hierarchische Systeme, die dem einzelnen Mitarbeiter keinen Freiraum für die Entfaltung eigener Ideen und Interessen lassen, als auch pseudo-egalitäre Strukturen, in denen jeder für alles zuständig ist, behindern effektive Teamarbeit. Wo es keine geregelten Zuständigkeiten gibt, ist die Gefahr groß, dass selbst um Kleinigkeiten Machtkämpfe geführt werden, die sich destruktiv auf das Gesamtklima der Einrichtung auswirken" (Johach 1993, S. 57). Allein die vorgenannten Themen führen zur erhöhten Nachfrage nach Teamsupervision. Im Bereich der helfenden Berufe stellt die Teamsupervision auch deswegen das am häufigsten praktizierte Beratungssetting dar. Es wurde schon darauf hingewiesen, dass in einigen Arbeitsfeldern, die unter das „Kinder- und Jugendhilfe-Gesetz" (KJHG) oder die „Psychiatrie-Personalverordnung" fallen, die Teamsupervision auch eine vom Gesetzgeber vorgeschriebene Pflichtreflexion darstellt. Anfragen zur Teamsupervision sollten, wie oben gezeigt, kritisch untersucht werden

(S. 55ff., oben). Was bedeuten diese Überlegungen für die Teamsupervision? Welche typischen Merkmale weist die Teamsupervision im Gegensatz zu den anderen Settings der Supervision auf?

In der Teamsupervision geht es um

- die *Fallarbeit* mit der Klientel,
- *Beziehungen* im Team (Selbstthematisierung),
- *Organisationsfragen* (Institutionsanalyse) (Rappe-Giesecke, 1990).

Diese Schwerpunkte können nicht scharf voneinander abgegrenzt werden:

„Um einen Fall, den ein Teilnehmer in der Gruppe vorträgt, effizient zu bearbeiten, ist es erforderlich, dass die Beziehungen innerhalb der Arbeitsgruppe geklärt sind. Ansonsten besteht die Gefahr, dass gruppen- und institutionsdynamische Aspekte auf der Inhaltsebene, also der Ebene des Falles, ausgetragen werden. Das geschieht besonders häufig, wenn unbearbeitete Kränkungen zwischen den Teilnehmern vorhanden sind, und z. B. inhaltliche Beiträge als Racheaktionen dienen. Andererseits kann gerade die Bearbeitung dieser Beziehungsdynamik reiches Material für die Verbesserung der Kooperation bieten und vielleicht sogar durch die Fokussierung möglicher Spiegelungen des vorhandenen Falles zum Analogielernen für die berufliche Praxis führen“ (Kersting/Krapohl 1994, S. 99). Aufgrund der längerfristigen und intensiven Arbeitsbeziehungen spricht man in der Teamsupervision auch von der *Family Group*. In der praktischen Arbeit bedeutet das für die Leitung einer Supervisionsgruppe, dass die Klärung von Beziehungen und internen Auseinandersetzungen nicht so weit gehen darf, dass das Team sich so zerstreitet, dass es nicht mehr zusammenarbeiten möchte und die Supervision damit scheitert. Zur Teamsupervision gehört auch die Reflexion folgender Themen:

(1) Kein Team ohne Leitung: Manchmal wird in Teams behauptet, es gebe zwar für die Geschäftsführung einen „Pro-orma-Leiter“. Aber das sei nur ein notwendiger und formaler Akt, denn im Binnenverhältnis seien alle „gleich“. Diese kollektive Leugnung von Leitung und Struktur hat spätestens dann ein Ende, wenn der „Leiter“ von der Geschäftsführung wegen Fehlern oder Mängeln im Team zur Verantwortung gezogen wird oder wenn er umgekehrt vom Team kritisiert wird, weil er sich bei der Geschäftsführung nicht genügend für das Team einsetze. Aus dem „nur formalen Leiter“ kann dann schnell ein Sündenbock werden.

(2) *Kein Team ohne Teamideologie*: Die Arbeit eines jeden Teams beruht neben der Routine auch auf Erfahrungen, Werten und Normen. Diese prägen als wichtige Unterscheidungen das Selbst- und Idealbild eines Teams, das manchmal auf Harmonie hin ausgerichtet ist. Neben der offiziellen Ideologie ist immer auch eine „geheime“, eine latente Ideologie vorhanden und wirksam. Diese Unterscheidung wird in der Regel nicht gemacht oder gesehen. Je nach Teamideologie dürfen Unterschiede in Bezug auf die Machtverteilung, Bezahlung, den Status, die Position usw. innerhalb des Teams existieren oder eben nicht.

(3) *Kein Team ohne Tabus*: Tabus können die Arbeitseffizienz von Teams behindern, gewährleisten aber auch Schutz und Sicherheit: Sie haben Sicherungsfunktionen und halten das Angstpotenzial in Schach.

(4) *Kein Team ohne Geschichte, Geschichten, Mythen*: Neben der historischen Dimension eines Teams gibt auch die Mythenbildung (Geschichten über das eigene Team, über Unterscheidungen von anderen Teams, Vorgesetzte, die Institution, die Klientel, das System, S. 126ff., unten) Aufschluss über die Wirkweise, die Kommunikationsmuster, die Regeln des Systems. Sie eröffnet Deutungsmöglichkeiten über die Sichtweisen der Mitglieder und der Außenstehenden. In den Mythen und Geschichten erreden die Teammitglieder das Team. Auch neue Kollegen werden durch diese Mythen und Geschichten „systemkonform" gemacht. Sie erzählen sich eine Teamgeschichte und konstruieren damit ihr Kollektiv. Als Teil von Organisationen stehen sie in der Auseinandersetzung mit anderen, hierarchischen, gleichgestellten oder unter- bzw. übergeordneten Systemen. Identität erhält ein Team durch Grenzsetzung, Grenzziehung und Unterscheidung. Das alles sind Vorgänge, die auch mit Kränkungen, Verlust und Begrenzung verbunden sein können. Ein Team findet dann zu einer brauchbaren Identität, wenn von einer gelungenen „Selbsteinredung" gesprochen werden kann. Die Supervision kann das Ihre dazu beitragen.

(5) *Teams haben einen Aufgaben- und Arbeitsbezug*: Diese selbstverständliche, banal wirkende Aussage hat insofern ihre Berechtigung, als viele Teams sich zeitraubend und kräftezehrend mit Machtkämpfen, Verwicklungen in Kränkungsdynamiken, Kompetenzstreitereien und persönlichen Animositäten beschäftigen.

(6) *Das Team als Selbstzweck*: Manchmal setzt ein Team sein persönliches Wohlergehen über den Arbeitsbezug oder die Bedürfnisse der Klientel. Das Team bildet eine Art Intimgruppe und beschäftigt sich energiemäßig fast ausschließlich – und oft über lange Zeit – mit sich selbst. Diese Teams – oder Teamphasen – gibt es häufiger, als viele glauben mögen. Plötzlich auftauchende Klienten „stören" dann.

(7) *Teams haben enge Verknüpfungen, Konflikte und existenzielle Ängste*: Konflikte in Teams, seien sie nun als individuelle, gruppendynamische und/oder institutionelle beschrieben, können sehr schnell Existenzängste auslösen. Je nach Konstellation kann der Konflikt mit einem (oder mehreren) Teammitglied(ern) zur inneren oder äußeren Kündigung, zum „Mobbing" (Psychoterror am Arbeitsplatz), zur Unterwürfigkeit oder Verleugnung führen. Das führt in einem Team immer zu energieabsorbierenden, kreativitätshindernden und motivationshemmenden Mechanismen. In Tendenzbetrieben (beispielsweise Kirchen und Gewerkschaften) kann sogar die private (mit den Tendenzen des Betriebs nicht übereinstimmende) Lebensführung den Konfliktstoff bilden bzw. zur fristlosen Kündigung führen. Dass Konflikte zwischen Leitung und Angestellten auf diesem Hintergrund eine besondere Brisanz erhalten, versteht sich.

(8) *Teams sind Bestandteile eines größeren Systems*: Teams können als Subsysteme verstanden werden. Sie sind zwar eigenständige Einheiten, die häufig für die Mitglieder eine identitätsstiftende und damit abgrenzende Funktion wahrnehmen. Aus einer anderen Perspektive jedoch können sie wahrgenommen werden als die Teile eines umfassenderen Systems (nach Kersting/Krapohl 1994, S. 100ff.).

Welches sind die typischen Anlässe und Themen bei der Nachfrage nach Teamsupervision?

- Wünsche, die eigene Arbeit zu reflektieren;
- Konflikte im Team oder von Teammitgliedern mit der Leitung;
- verwirrende Kommunikation, Konkurrenz, Rückzug;
- überhöhte Ansprüche;
- unklare Regeln, Absprachen und Entscheidungsstrukturen;
- erhöhter Aushandlungsbedarf täglich notwendiger Entscheidungen;
- Informationsaustausch über Klienten;
- Organisationsprobleme oder
- anstehende organisatorische Veränderungen etwa durch die Einführung von Qualitätsmanagement.

Bei Teams, die in *hoch institutionalisierten Organisationen* (etwa Jugendamt, Behörden) arbeiten, haben wir es oftmals mit „Übersteuerungsproblemen" zu tun: Mögliche und zur Aufgabenbewältigung notwendige Eigeninitiativen der Teammitglieder werden – scheinbar oder real – durch enge bürokratische Vorschriften „von oben" behindert. Diesen hoch institutionalisierten sozialen Einrichtungen kann man idealtypisch eine *niedrig institutionalisierte Organisation* entgegenstellen: Diese „leidet" an einem „Untersteuerungsproblem". Es gibt zu wenige Vorgaben von „oben" oder „außen". Das Team ist zwar „autonom" und damit auch weitgehend sich selbst überlassen. Die finanziellen Mittel fließen spärlich. Die Arbeitskapazitäten werden von Machtkämpfen gelähmt. In manchen dieser Teams kursiert folgender Spruch:

Was heißt Team?

T = Toll

E = Ein

A = Anderer

M = Macht's

Das ist beispielsweise bei vielen kleinen freien Trägern, Alternativ- und Selbsthilfeprojekten der Fall. Eine Gemeinschaftsideologie" („Wir sind alle gleich", „Wir arbeiten demokratisch", „Hier gibt es keinen Chef") verhindert notwendige Regelhaftigkeit, Arbeitsteilung und letztlich Effizienz. Ideologisch und real erleben sich viele dieser Teammitglieder „nahe" bei der Klientel; vor allem wenn sie selbst auch nur über zeitlich befristete Verträge eine Anstellung erhalten haben (Pühl 1989).

Nach der „Wende“ kam es in einer ostdeutschen Großstadt zur Besetzung leer stehender Häuser durch jugendliche Erwerbslose, die sich teilweise der „Punker-Szene“ zurechneten. Mehrere aus dem Staatsdienst entlassene Lehrer und Erzieher gründeten einen „Selbsthilfe-Verein“. Dessen Finanzierung erfolgte vorwiegend über Projektförderung. Die sich nun plötzlich als Sozialarbeiter wiedergefundenen Pädagogen renovierten mit den Jugendlichen ein ihnen von der Stadt überlassenes Haus und betrieben eine Recycling-Firma sowie ein Second-Hand-Möbellager. Zu Beginn der Aktivitäten erlebten sich alle als „gleich“, auch weil sie sich gemeinsam als „Opfer“ der „Wende“ erlebt hatten. Doch mit dem Wachstum des Vereins kam es zur Festanstellung einiger Pädagogen auf Sozialarbeiter-Stellen und damit zu Binnenkonflikten. Neu professionalisierte Sozialarbeiter und Szenen-Jugendliche konnten keinen Konsens mehr über die Geschicke des Vereins finden.

Anders als in der Einzel- oder Gruppensupervision ist man in der Teamsupervision nicht mehr Supervisanden aus „fernen“ Arbeitsplätzen verpflichtet. Wie schon oben beim Thema Erstgespräch und Nachfrageanalyse angesprochen (S. 55ff.), ist man als Teamsupervisorin plötzlich in einer fremden Einrichtung. Man wird über einen „Dreieckskontrakt“ beauftragt. Wer ist eigentlich ihr „Klient“ bzw. „Auftraggeber“?

- Das *Team*, welches die Supervisorin unter anderen Bewerbern nach einem Vorstellungsgespräch ausgesucht hat, oder der
- *Geschäftsführer,* der einerseits für die Finanzierung der Supervision sorgt und andererseits „hintenherum“ erfährt, dass in der Teamsupervision über ihn „gemeckert“ wird, oder sollte sich die Supervisorin orientieren an den Aufgaben der Institution bzw. gar den Bedürftnissen der abwesenden Klientel?

Dabei wird „deutlich, dass gerade in der Teamsupervision der Supervisor seine Identität im vorhinein geklärt haben muss“ (Kersting/Krapohl 1994, S. 98). Denn sowohl die „Abstinenzregeln“ aus der Psychoanalyse wie auch die „Parteilichkeitsvorstellungen“ „klienten-bezogener Sozialarbeit“ helfen hier nicht weiter. Welchen Nutzen kann die Teamsupervision für die Teammitglieder haben?

- Sie ist oft eine besser strukturierte Teamsitzung;
- manchmal ist sie auch die einzige Gelegenheit, bei der professionelle Diskussionen stattfinden können;
- sie fördert das Zusammengehörigkeitsgefühl, verbessert Klienten- und Teamarbeit und erfüllt eventuell fachliche oder gesetzliche Anforderungen.

Der Strukturwandel von Arbeit, Personal- und Finanzkürzungen haben in den letzten Jahren auch den Druck auf manche Teams erhöht. Angst vor Arbeitsplatzverlust, personelle Fluktuation, geringe Erfolge im Beruf sowie Überforderung haben Teams auch in die Krise geführt.

Von Fengler stammt folgendes Beispiel: Eine Internistin und Oberärztin hatte gerade die Leitung einer Psychotherapie-Station übernommen. Sie hatte noch niemals einen Patienten psychotherapeutisch behandelt. Nun bittet sie den Supervisor, ihr möglichst schnell alles Wichtige über die Psychotherapie zu vermitteln (2011, S. 164).

Ähnlich sind meine Erfahrungen während eines Praktikums im Rahmen meiner Weiterbildung in Psychotherapie zu Ende der 1980er-Jahre in einem psychiatrischen Krankenhaus im Rheinland gewesen. Stationsleiterin war eine junge Ärztin. Nach jeweils mehreren Monaten in der Inneren Medizin und in der Gynäkologie war sie nun glücklich, in der Psychiatrie ihre Ausbildung ohne Unterbrechung und ordentlich bezahlt fortsetzen zu können. Sie hatte keine Ahnung von Psychiatrie oder Psychotherapie. Formell musste sie die Stationsleitung übernehmen. Gerne ließ sie sich von der erfahrenen psychiatrischen Krankenschwester und mir die möglichen Diagnosen erklären und „probierte" es dann mit den Medikamenten. Einmal am Tag kam der psychiatrische Oberarzt und kontrollierte alles.

Die Erhaltung eines Arbeitsplatzes oder die rasche Absolvierung der Ausbildung scheint auch angesichts des ökonomischen Drucks wichtiger zu sein als die sachgerechte Erledigung von Aufgaben. Kein Wunder, dass man es bei Personalmangel, beim Versagen von Leitung auch mit „ausgebrannten Teams" zu tun hat und Supervisoren oft in unpassende Rollen als „Tröster", „Vermittler", „bessere Chefs" oder in eine „Sandwich-Position" zwischen Team und Geschäftsführung geraten (Fengler/Sanz 2011). In solchen Fällen ist Feldkompetenz der Supervisoren wichtig.

Teamsupervision ist ein unklarer Begriff

Bauer hat untersucht, welches Verständnis das Personal im psychiatrischen Bereich von „Teamsupervision" hat. Sie stellte fest, dass sich die Definition „zwischen dem Team der Pflege und dem Gesamtteam, das Ärzt/innen und Psycholog/innen und in unterschiedlichem Maß auch andere Berufsgruppen mit einschließt", unterscheidet. Denn das Unterteam der Pflege „zeichnet sich dabei durch eine starke Gemeinschaftsorientierung aus, als solches wird es auch häufig als Ort des emotionalen Rückhalts und der Entlastung durch die geteilte Verantwortungsübernahme" von den Befragten bezeichnet. Andererseits orientieren sich auch Ärzte und Psychologen bei der „Beschreibung des Teams an ihresgleichen" (2003, S. 108; 2004). Man kann den Team-Begriff also nicht unabhängig von der jeweiligen Organisation, ihren Berufsgruppen, Aufgaben, Rollen und Hierarchien betrachten. Die Bezeichnung „Team" scheint je nach Situation und Interessenlage unterschiedlich gebraucht zu werden. Einmal gehören alle aus der eigenen Berufsgruppe zum Team (*monoprofessioneller Aspekt*), also das Team des Pflegepersonals bzw. das Team der Ärzte. Ein anderes Mal sind mit dem Wort „Team" alle auf der gleichen Station Tätigen gemeint (*multiprofessioneller Aspekt*). Zuweilen wird dann auch vom „Gesamtteam" des Pflegepersonals *und* der Ärzte gesprochen.

Zum gleichen Thema kritisiert Schreyögg, dass in vielen sogenannten Teamsupervisionen „‚alles' verhandelt wird, was ansteht", oft gebe es keine „thematische Kontinuität" und „keine spezifischen Ziele". Vielfach nehme der Vorgesetzte an der Supervision „natürlich nicht teil". Über ihn werde oft „abfällig geredet oder gelacht. Seine

Position wird verleugnet oder bagatellisiert, vielfach soll der Supervisor als bessere Alternative zum Vorgesetzten fungieren." Dann werde die Teamsupervision leicht zur „Quatschbude" oder zum „Lamentierclub" (2003, S. 177f.).

Schmidbauer ergänzt in einem Beitrag über die „Utopie des Teams": „Führungsschwäche und Führungsprobleme sind nicht die Ausnahme, sondern die Regel in der Hintergrunddynamik einer Anfrage nach Teamsupervision". Ferner sei der Teambegriff „verschwommen und mit Illusionen aufgeladen". Weiterhin schreibt Schmidbauer: „Wenn eine Teamsupervision dazu dient, über (abwesende) Vorgesetzte zu klagen, verfehlt sie ihre Aufgabe ebenso wie in den Fällen, in denen der Vorgesetzte selbst ‚Supervision' gibt" (Schmidbauer 2003, S. 383).

Abgesehen von den erwähnten unklaren Verwendungen von Teamsupervision, haben sich Mischformen dieses Settings entwickelt. Hierzu zählt beispielsweise die *Indoor-Supervision*, in welcher Elemente von Gruppen- und Teamsupervision enthalten sind. Von Indoor-Supervision spricht man, wenn die Supervisanden alle aus einer Einrichtung (beispielsweise Jugendamt, Klinik) aber nicht aus einem Bereich, sondern aus mehreren Abteilungen oder Teams kommen. Diese personelle Zusammensetzung bewirkt eine spezielle Dynamik sowohl zwischen den Teams als auch innerhalb der Teams. Denn es sind aus den in der Organisation tätigen Teams einige, aber nicht alle „dabei". Die Indoor-Supervision findet stärker im Rampenlicht der Organisationsöffentlichkeit statt als die Teamsupervision. Teilweise wird die Indoor-Supervision auch als „Querschnitt-Supervision", etwa für Leitungspersonen aus den verschiedenen Teams oder für Mitarbeiter, die vergleichbare Aufgaben in den unterschiedlichen Abteilungen (etwa Aufnahme neuer Patienten) wahrnehmen, eingesetzt.

Wahrscheinlich stellt die Teamsupervision die höchsten Anforderungen an die Berater, vor allem auch weil sehr unterschiedliche Varianten von Teamsupervision oder der Supervision in Organisationen existieren. Denn hier werden neben den schon genannten Wissensbeständen aus der Einzel- und Gruppensupervision auch noch Kenntnisse aus der Organisationswissenschaft und der Organisationsberatung benötigt. Ein weiterer Kritikpunkt, weshalb manche Autoren den „verschwommenen" (Weigand 1996, S. 5ff.) bzw. „fragwürdigen" (Leffers 1996, S. 12ff.) Terminus Teamsupervision problematisieren, ist die darin enthaltene Verleugnung von organisatorischen Bezügen. So meint Weigand, dass die Teamsupervision als *Family Group* sich „oft am familialen Werte- und Beziehungsmodell, nicht an rational-professionellen Organisationsstrukturen" orientiere. Deshalb bevorzugen viele Praktiker zunehmend statt des unklaren Terminus Teamsupervision den Begriff Organisationssupervision bzw. Supervision in Organisationen.

Vom Team zur Organisation

Was versteht man eigentlich unter dem schon mehrfach benutzten Begriff Institutionen bzw. Organisationen? *Institutionen* sind zentrale Handlungs- und Beziehungsmuster unserer Gesellschaft, die regelhafte Verfestigungen erlebt haben (beispielsweise Betriebsfeiern, Geburtstage, die Kommunion oder Konfirmation, die Ehe oder Beerdigungen). Institutionen laufen eigentlich „automatisch" ab. Sie sind längerfristig festgelegt, sie regeln, typisieren und normieren soziale Handlungen. Demgegenüber handelt es sich bei *Organisationen* um einen Spezialfall von Institutionen. Denn es sind nach dem traditionellen und bürokratischen Organisationsverständnis von *Max Weber* (1864–1920) dauerhafte soziale Gebilde, bestehend aus Mitgliedern, Binnenstruktur, Arbeitsteilung, Hierarchie, Dienstweg, Trennung von Amt und Person sowie nachvollziehbaren Arbeitsprozessen (Aktenführung). Damit soll planvolles, zielbezogenes und oft auch gewinnorientiertes Handeln ermöglicht werden (M. Weber 1956, S. 157ff.). Vereinfacht gesagt unterscheiden wir *zwei Zieltypen* von Organisationen:

- *Wirtschafts- und Dienstleistungsorganisationen*, welche messbare Erfolge und Gewinne erzielen (*Profit-Organisationen*), sowie
- *Sozialorganisationen*, deren Ziele darin liegen, Menschen (ambulant oder stationär) zu beeinflussen, ihnen zu helfen, sie zu erziehen, zu bilden, zu versorgen, zu pflegen oder zu heilen (*Non-Profit-Organisationen*). Dazu gehören neben Schulen und Krankenhäusern die Einrichtungen der Jugendhilfe und des Wohlfahrtswesens (Mayntz 1963; Schreyögg 2002, S. 152).

In den letztgenannten Einrichtungen wird stärker beziehungsmäßig gearbeitet. Außerdem sind die Leistungen und Erfolge schwer messbar. *Konflikte* beim Typus *Sozialorganisation* ergeben sich auch durch einen in den letzten Jahren zunehmenden Prozess der Ökonomisierung, wie er eingangs unter dem Stichwort „Strukturwandel von Arbeit" beschrieben worden ist: „Amerikanisierung des Erwerbslebens", Wettbewerb, Mittelkürzungen, Personaleinsparungen, Qualitätskontrolle, Evaluierung u. v. a.

Organisationen sind viel komplizierter aufgebaut und damit komplexer als Teams. In der Regel arbeiten mehrere Teams, Stationen oder Abteilungen zusammen, auch nebeneinander, manchmal sogar gegeneinander. In traditionellen und bürokratisch aufgebauten Organisationen verläuft die Kommunikation von „oben" nach „unten". Oft dürfen die Subsysteme (Teams, Abteilungen) nicht direkt miteinander kommunizieren.

Während der letzten Jahrzehnte nahm die Notwendigkeit zur Kommunikation auch „quer" zur immer „flacher" werdenden Hierarchie zu. Durch den erhöhten Leistungsdruck haben viele Organisationen immer weniger Zeit, und sie benötigen dabei doch mehr Zeit, um den neuen Anforderungen der Märkte gerecht zu werden. Zu diesem Widerspruch kommt noch ein zweites Dilemma: Die einzelnen hoch qualifizierten Mitarbeiter werden jeder für sich in seinem Fachgebiet immer „besser". Aber auch deshalb kann ihre Kommunikation und Zusammenarbeit schwerer koordiniert werden. Scala und Grossmann beschreiben dieses Dilemma am Beispiel des Krankenhauses folgendermaßen: „Der Widerspruch zwischen Professionssystem und Organisation ist charakteristisch für sogenannte Expertenbetriebe. Zugespitzt formuliert, stellt sich das Krankenhaus als ein hochprofessioneller Expertenbetrieb mit einer immer noch ‚archaischen' Sozialorganisation dar" (1997, S. 165). Dieses Beispiel gilt auch für das Sozial-, Gesundheits- und Bildungswesen. Bisher wurde die prozessbezogene Seite der Organisation vernachlässigt. Zumindest ebenso wichtig wie die formale Beschreibung von Organisationen sind die Prozesse und Ergebnisse. Denn die Leistungsfähigkeit einer Organisation hängt auch davon ab, wie dort Informationen und Dienstleistungen zur Verfügung gestellt und verarbeitet werden. Deshalb spielen für modern ausgerichtete Organisationen in systemischer Sichtweise vor allem die Aspekte *Kommunikation*, *Handlung* und *Beziehung* eine Rolle:

- Eine Organisation ist auch so, wie sie intern und extern kommuniziert.
- Organisationen bestehen aus einer unendlichen Reihenfolge von Handlungen.
- Kommunikation und Handlungen sind Ursprung und Folgen von beruflichen Beziehungen.

Prozesse in Organisationen sind jedoch selten offen und allen Beteiligten zugänglich. Sie sind von individuellen Interessen und manipulativen Machtstrategien beeinflusst. Umso schwieriger ist es, Organisationen zu untersuchen, um positiv auf sie einwirken zu können. Im Folgenden einige Hinweise, wie man „hinter die Kulissen der Organisation" schauen könnte (Iding 2000; Selvini Palazzoli 1984).

Organisationsgeschichte: Viele Strukturen und Probleme von Organisationen versteht man besser, wenn man die Möglichkeit hat, ihre Entstehungsgeschichte zu untersuchen. Das führt dann in die Aufbauphase einer Organisation zurück.

Oft haben Einrichtungen im Sozial- und Gesundheitswesen mit wenigen hauptamtlichen Kräften angefangen. Die Leitungspersonen wurden im Sinne einer „Institution" mit der Einrichtung gleichgesetzt. In dieser *Pionierphase* ist die Arbeitsweise autokratisch und familienähnlich. Jeder kennt jeden und ist über vieles informiert. Die Kommunikation ist direkt. Es dominiert ein personenbezogener Leitungsstil. Durch Ausweitung der Tätigkeiten und Einstellung von neuem Personal kann es zu einer *Differenzierungsphase* mit den Merkmalen der Teilung von Arbeit, Spezialisierung, Hierarchisierung und Bürokratisierung kommen. Statt persönlicher Beziehungen existiert jetzt der „Dienstweg". Mit der Formalisierung innerhalb der Organisation beschränken sich die ehemals familienähnlichen Beziehungen nur noch auf einige wenige Mitarbeiter aus der Pionierphase. Es entsteht die Notwendigkeit zur Koordination, aber auch die Schwierigkeit, optimal zu kommunizieren. Viele Organisationen haben die dabei entstandenen Probleme nicht bewältigen können. Ehemals persönlich geprägte Arbeitsbeziehungen mussten durch Erweiterung von Aufgaben sowie Einstellung von jüngerem, oft besser qualifiziertem Personal aufgegeben werden. Langjährige ältere und nebenamtliche Mitarbeiter fanden sich plötzlich in der „zweiten Reihe" wieder (die „Alten" gegen die „Neuen"). Interne Dauerkonflikte, hohe Krankenstände und personelle Fluktuation sind die Folge. So kommt es in dieser Phase häufig zu Krisen. Wenn Organisationen in eine Krise geraten, können sie sich nicht mehr innovativ verhalten, sondern sie bewegen sich auf einer „Fehlerspirale nach unten".

Wie kann sich eine Organisation positiv verändern? Organisationswandel ist dann erfolgreich, wenn die Betroffenen daran beteiligt sind. Das wurde im letztgenannten Beispiel versäumt. Im Idealfall kommt es danach zu einer *Integrationsphase* (Glasl/Lievegoed 1993, S. 46f.; Lievegoed 1974). Es ist eine Großorganisation entstanden, die in der Lage ist, ihre Subsysteme (Stationen, Teams) zur Bewältigung ihrer Aufgaben optimal zu koordinieren und einzusetzen. Merkmale dieser Integrationsphase sind: kollegiale Unternehmensführung, Zielbezogenheit, Marketingorientierung, Beziehungspflege sowie das Selbstverständnis als „lernende Organisation" (Lievegoed 1974, S. 105). Hilfreich bei der Betrachtung von Organisationen kann auch der Ansatz der *Organisationskultur* sein. Damit ist gemeint, dass sich in jeder Organisation grundlegende Werte, Normen, Mythen, aber auch spezielle Umgangsformen und „geheime" Ziele herausgebildet haben. Diese können die Realisierung der offiziellen Ziele beeinflussen oder verschieben (*Zielverschiebung)*. Wie sehr unterscheiden sich beispielsweise die Organisationskulturen verschiedener Heime voneinander, etwa bei einem städtischen, einem kirchlichen oder einem privaten Heim. Aber auch innerhalb einer einheitlichen Trägerschaft können in der stationären Altenhilfe Umgangsstil des Personals, soziale Herkunft und gesundheitlicher Zustand der Bewohner, bauliche Vorgaben und nicht zuletzt die Führungsqualitäten der Heimleitung die Organisationskultur und den Alltag entscheidend beeinflussen.

Jeder kennt die Veränderungen bei der Deutschen Post (früher: Bundespost) und der Deutschen Bahn (früher: Bundesbahn). Auf dem Weg zur Privatisierung werden auch die Organisationskulturen sowie der tägliche Kontakt mit den Kunden einem Wandel unterworfen. Die ehemaligen Beamten sind durch schlechter bezahlte Helfer in teilweise weniger sicheren Arbeitsverhältnissen ersetzt worden.

Wie unterschiedlich sind doch die Umgangsformen in einem McDonald's-Schnellrestaurant, einem italienischen Restaurant im Familienbesitz oder in einer deutschen Eck-Kneipe. Auch das sind Merkmale von Unternehmenskultur bzw. Organisationskultur.

Organisationen kennzeichnen sich selbst mit *Symbolen*. Zusätzlich demonstrieren *Riten* Gemeinsamkeit und Übergänge von einer Situation zur anderen, etwa bei Einstellung, Entlassung, Eintritt in den Ruhestand, Jahresfeiern oder Betriebsausflügen. *Mythen* sind kollektive Selbstdeutungen und Selbstansprüche, die selten hinterfragt werden. Beispielsweise kann sich in einer Einrichtung der Mythos eines *Familienmodells* entwickelt haben. Dazu gehört die Grundvorstellung, dass alle „gleich" sind und alles „gemeinsam" entscheiden sollten. Das kann auch zu ewigen Teamsitzungen und endlosen Diskussionen mit hohem Energieverbrauch führen. Demgegenüber stehen bei einer *Kultur des Machens* die bloße Zielorientierung und der Aktivismus im Vordergrund. Bekannt sind auch die Mythen *Aus der Not eine Tugend machen* oder die *Misserfolgsorientierung*. Das „Mythos-Thema" kann man auch erweitern: *Fürsorglichkeits-Kultur, apathische Kultur, Antreiber-Kultur* und *Integrative Kultur*. Hier sprechen die Begriffe für sich selbst.

Unter dem Begriff *Mikropolitik* versteht man, dass in vielen Organisationen beim Kampf der Organisationsmitglieder um Macht, Ansehen oder knappe Ressourcen häufig Koalitionen, Taktiken, Kompromisse, Tricks oder Aushandlungsstrategien unter- bzw. gegeneinander angewendet werden. Es handelt sich um ein *informelles Gruppenverhalten*, das eine Form von Machtausübung darstellt (Neuberger 1995, S. 16). Dabei können verschiedene Machtmittel praktiziert werden: Zwang ausüben, sich Vorteile verschaffen, höhere Autoritäten erwähnen („Ich habe diese geheime Information von ‚ganz oben'"), nur rational diskutieren, Koalitionen eingehen, moralisch oder ideologisch argumentieren, die persönliche Macht einsetzen, für andere (scheinbar) vermitteln oder sie vertreten, Täuschungstaktiken anwenden, etwa nur Teilinformationen liefern (Neuberger 1995, S. 138ff.).

In teilautonomen Teams und Organisationen mit einem hohen Grad an Entscheidungsfreiheit kommt es oft zu Mehrheitsbeschlüssen über Arbeitszeiten, Urlaub, Verteilung von Arbeitsmitteln, Raumnutzung oder Zuweisung von Klienten. Wenn Einzelne oder Minderheiten dabei mehrfach und auch aus persönlichen Gründen benachteiligt werden, kann das zu Dauerkonflikten, Krankmeldungen oder (inneren) Kündigungen führen.

Oft wird auch das Klienten- oder Kundensystem in diese „Kampfspiele" mit hineingezogen. Das ist beispielsweise der Fall, wenn Lehrer sich vor Schülern negativ über ihre Kollegen äußern. Während der letzten Jahrzehnte hat man in der Praxis eine Fülle von Konzepten entwickelt, um über die Teamsupervision hinaus verändernd auf Organisationen einwirken zu können. Diese können hier nur angedeutet werden.

Die *Organisationssupervision* (*Institutionssupervision*) eignet sich eher für Themen, die in der Einzel-, Gruppen- oder Teamsupervision nicht befriedigend reflektiert werden können: so beispielsweise die Arbeit der Organisation als Ganzes oder in ihren Teilen miteinander und nach außen hin: Leitungs-, Steuerungs- und Hierarchiefragen, Beziehungen zwischen Teams, Abteilungen und Stationen sowie Probleme mit Klienten, Bewohnern oder Kunden. Manchmal kann es sich auch um Delegierte aus verschiedenen Abteilungen (*Planungs-* oder *Querschnittgruppe*) oder spezielle Problembeteiligte handeln, die über die verschiedenen Abteilungen hinaus an der Lösung eines gemeinsamen Themas arbeiten.

Falls eine Organisation langfristig verändert werden sollte, beginnt man mit einer *Organisationsanalyse*. Damit ist die Sammlung und Interpretation aller notwendigen Daten und Informationen über die Institution gemeint: Dokumente, Organigramme, Stellen- und Dienstpläne sowie Mitarbeiterbefragungen. Auch mit Hilfe der Ergebnisse einer Organisationsanalyse kann eine kürzere *Organisationsberatung* durch außenstehende Personen – etwa Supervisoren oder Organisationsberater – erfolgen. Dabei sollte das gesamte Personal oder zumindest Vertreter aller betroffenen Berufsgruppen bzw. Abteilungen beteiligt werden.

Die Organisationsentwicklung schließt die Organisationsberatung mit ein und geht gleichzeitig über sie hinaus. Sie beinhaltet nämlich eine die vorgenannten Maßnahmen einschließende längere Untersuchung, Weiterbildung und dann folgende Strukturveränderung in der jeweiligen Organisation. Dazu kann auch unterstützend eine wissenschaftliche Begleitung stattfinden. Ziel ist es, mit Hilfe eines externen Beratungsteams (*change agents*) einen langfristigen und geplanten organisatorischen Wandel unter Beteiligung möglichst aller zu erreichen. Es leuchtet ein, dass die Ziele von Organisationsentwicklung nicht mit bloßer Leistungssteigerung auf dem Rücken der Beschäftigten zu erreichen sind. Denn bei der Organisationsentwicklung gelten immer ökonomische *und* soziale Ziele *gleichermaßen*: Kostensenkung *und* Qualitätserhöhung, aber auch Beteiligung des Personals *und* Verbesserung der Arbeitssituation. Es sollte also nicht *gegen*, sondern *mit* dem Personal gearbeitet werden.

Leider scheitern Organisationsentwicklungsprojekte oft, weil:

- Die wirtschaftliche und verwaltungsmäßige Seite, vor allem von Beratern, die zu sehr psychologisch orientiert sind, vernachlässigt wird;
- aber auch die zu geringe Berücksichtigung der Vorbehalte und Ängste der Mitarbeiterinnen und Mitarbeiter oft eine erfolgreiche Organisationsentwicklung verhindert (Trebesch 2000).

Die Ausbildung in Supervision (und Coaching) befähigt nicht ohne Weiteres, auch in Organisationen beratend und verändert tätig zu werden. Hierzu bedarf es weiterer Qualifikationen und oft mehrerer Beratungspersonen. Eine Arbeit mit dem Titel „Im Dickicht der Organisation“ zeigt mit Fachbeiträgen, wie „komplexe Beratungsaufträge“ die Rolle der Supervisoren verändern (Heltzel/Weigand 2012). In der Mitgliederbefragung der „Österreichischen Vereinigung für Supervision und Coaching“ von 2012 hatten 63 Prozent angegeben, im Bereich Organisationsberatung bzw. Organisationsentwicklung eine weitere Qualifikation absolviert zu haben (ÖVS-Mitgliederbefragung 2012, S. 23). Dabei stellt die Tätigkeit als Organisationsberater etwa zehn Prozent der gesamten Beratungsarbeit dar (S. 5).

Fallbeispiel: Das „erfolgreiche Scheitern“ einer Bildungseinrichtung

Aus den Medien kennen wir viele Beispiele für Politik- und/oder Organisationsversagen: Brücken, die im Nirgendwo stehen, große Banken oder Industriekonzerne, die trotz scheinbar guter Bilanzen plötzlich drohen in Konkurs zu gehen, um dann mit Steuergeldern gerettet zu werden. Milliardenteure Flughäfen, die möglicherweise nie in Betrieb genommen werden können. Von einer bestimmen ökonomischen Größe und politischen Bedeutung an kann man nicht mehr in Konkurs gehen, weil damit ein Prestigeverlust der politischen Klasse verbunden ist und die Ausgaben schon viel zu hoch waren. Niederlagen werden dann als Erfolge umdefiniert, öffentliche Gelder führen zum Überleben. Im folgenden Beispiel sind viele Elemente dieses Kapitels enthalten. Der Begriff von „erfolgreich scheiternden Organisationen“ entstammt der Habilitationsschrift von Seibel (1991).

Der nebenamtliche Vorsitzende des Aufsichtsrates eines international ausgerichteten interdisziplinären Bildungszentrums hatte die Entscheidungsgewalt zur Besetzung des Postens des Generaldirektors dieser Einrichtung. Er wollte allein entscheiden und lehnte Hilfe von Mitgliedern des Aufsichtsrates, Personalfachkräften oder Organisationsberatern ab. Es waren schon Direktoren vorhanden, die ihre jeweiligen Abteilungen aufgebaut hatten. Diese wurden vom Vorsitzenden brüskiert, weil er sie nicht in die Personalauswahl eingebunden hatte. Da der Vorsitzende ein Ökonom war, ließ er sich im Bewerbungsverfahren von einem Ökonomen mit vielen akademischen Titeln, internationalen Kontakten sowie angeblicher Kenntnis vieler Sprachen beeindrucken. Dieser Kandidat schien das zu sein, was er selbst gerne geworden wäre. Der Vorsitzende überprüfte viele Angaben des Bewerbers nicht gründlich und entschied sich für ihn. Der neue Generaldirektor erwies sich als Blender. Er hatte keine Leitungserfahrung. Von den vielen angeblichen Sprachkenntnissen blieb wenig übrig. Auch durch seine Auftritte in der Öffentlichkeit war der Fehlgriff offenkundig. Aber der Vorsitzende hatte nicht verstanden, dass er selbst die Ursache der Fehlentscheidung war. Er dachte sehr formal in akademischen Abschlüssen und Fachdisziplinen, aber nicht an Kompetenzen zur Leitung einer Großeinrichtung. Als Nachfolger des geschassten Ökonomen suchte er dann einen Ingenieur. Er wollte es jetzt mit einem Kandidaten aus einem anderen Fach versuchen. Auch dieser scheiterte an der Aufgabe, weil er ebenfalls nicht über Leitungserfahrung verfügte und einen unproduktiven Machtkampf mit den langjährigen Direktoren begonnen hatte. Ein später von ihm in Anspruch genommenes Leitungscoaching konnte die Situation nur noch verschlimmern. Denn der noch unerfahrene Coach verstärkte den neuen Generaldirektor darin, noch autoritärer zu agieren, anstatt einen kollegialen Führungsstil zu erproben.

Eine selbstkritische Fehleranalyse hätte dem Vorsitzenden des Aufsichtsrates gezeigt, dass er abermals die Quelle einer Fehlentscheidung gewesen war. Erst nachdem auch der zweite Generaldirektor zurücktreten musste, wurde der Vorsitzende vom zuständigen Minister entlassen.

Auf der Ebene der Direktoren nutzten einige die hausgemachten Probleme in der Chefetage aus, um ein eigenes Machtzentrum zu etablieren. Einige lieferten Interna über das Bildungszentrum, die dann in den Medien anonym abgedruckt wurden.

Ein neuer, ebenfalls nebenamtlicher Vorsitzender des Aufsichtsrates durfte dann die Fehler seines Vorgängers fortsetzen. Denn er sprach bei Amtsantritt nur mit den vier oder fünf führenden Akteuren und versäumte es, über eine Organisationsanalyse die mittleren und unteren Mitarbeiter und vor allem die Nutzer zu befragen. Auch er hatte die Komplexität des Bildungszentrums nicht verstanden und war von den einseitigen Informationen einiger Direktoren abhängig. Die befeuerten immer wieder anonym die Medien mit angeblichen „Skandalen". Um weitere Pannen mit externen Bewerbern zu vermeiden und weil kaum noch qualifizierte Bewerbungen von außerhalb zu erwarten waren, nahm man einen der Direktoren als neuen Generaldirektor. Dieser war fachlich und menschlich nicht besonders für eine Führungsaufgabe geeignet. Aber er hatte das Geschehen seit Jahren verfolgt, sich auf der politischen Ebene und im Bildungszentrum eine Hausmacht aufgebaut und verfügte über gute Kontakte zur Presse. Er wusste, dass er einen „Freibrief“ hatte und praktisch tun konnte was er wollte, solange er die Medien hinter sich hatte. Schnell etablierte der neue Generaldirektor eine eigene Seilschaft und verschaffte seinen Unterstützern aus der Politik, Freunden und seiner Geliebten lukrative Aufträge. Intern wusste man, dass die Leistungen des Bildungszentrums auch aufgrund der personellen Probleme immer schlechter geworden waren. Aber nicht der fachfremde und an Interna desinteressierte neue Vorsitzende, sondern der Generaldirektor durfte externe Evaluatoren beauftragen, die Leistungsfähigkeit der Bildungseinrichtung zu untersuchen. Diese lieferten die erwünschten „positiven“ Untersuchungsergebnisse. Der zuständige Minister hörte gerüchteweise von allem, aber er war froh, dass „sein“ Bildungszentrum endlich eine „gute Presse“ hatte und von „unabhängigen Evaluatoren“ positiv bewertet wurde.

Für Externe ist es sehr schwer, die eigentlichen Ursachen des Scheiterns einer Organisation zu verstehen. Im oben genannten Beispiel führte eine verfehlte Personalpolitik auf der politischen Ebene in die Krise. In der Organisationsberatung sagt man dazu: „Der Fisch stinkt immer vom Kopfe her.“ Wenn es nicht zu einer kritischen Fehleranalyse kommt, sondern die gleichen Verantwortlichen ihre Fehler wiederholen dürfen, um frühere Fehler zu vertuschen, nennt man das: „mehr von demselben.“

13 Zur theoretischen Begründung der Supervision

„Allem Ratgeben selbst liegt, anthropologisch gesehen, an sich keine Theorie zugrunde. Es basiert auf Erfahrung und weitergeführtem Praktizismus. Erst durch die moderne Wissenschaft vom Menschen, verkürzt gesagt: Seitens der Psychologie wurde Beraten zum Gegenstand wissenschaftlicher Erforschung gemacht, wurden diesbezügliche Theorien, Konzepte und Verfahren entwickelt" (Münch 2011, S. 219). Auch deshalb existiert in der Supervision ein Pluralismus von historisch entstandenen sowie in Veränderung begriffenen Verfahren und Methoden, die manchmal auch nur für Teilbereiche oder bestimmte Problemstellungen Geltung haben können (Neumann-Wirsig 2009). *Die* Theorie der Supervision gibt es nicht. Vielmehr kennen wir derzeit verschiedene Richtungen (beispielsweise Psychoanalyse, Gruppendynamik, Gestalt-Ansatz, Psychodrama, Systemischer Ansatz). Schon ein Blick in die Entwicklung der Supervision verdeutlicht, dass das schon immer so gewesen ist.

Meistens verwendet ein Supervisor *einen* Ansatz oder je nach Situation und persönlicher Einschätzung *mehrere* oder *Teile von mehreren* Ansätzen (*eklektisches Verfahren*). Knapp zwanzig Jahre nach dem Erscheinen der Erstauflage dieses Buches war es reizvoll, bei den Recherchen für die Neubearbeitung gerade auf dieses Thema zu schauen. Was gibt es Neues im Bereich Theorien der Supervision? Die kurze Antwort lautet: nichts Neues.

Inzwischen sind lediglich weitere Beratungsmethoden und ähnliche Ansätze in das Geschäft mit der Supervision eingestiegen. Dazu gehören beispielsweise die *Themenzentrierte Interaktionelle Methode (TZI),* das *Neurolinguistische Programmieren (NLP)*, der *Konstruktivismus* sowie ein Buch über Verhaltenstherapeutische Supervision (Schmelzer 1997).

Im Buch von *Rappe-Giesecke* mit dem Titel „Theorie und Praxis der Gruppen- und Teamsupervision" (Neuauflage) wird Supervision in systemtheoretischer Sichtweise verstanden als eine *Beratung zweiter Ordnung,* also eine *Beratung für Berater und Multiplikatoren* und nicht für die jeweiligen Klienten als „Endverbraucher". Das Problem der Vielfalt von Konzepten und Methoden bewältigt Rappe-Giesecke, indem sie eine „Sichtweise der Supervision" einführt, „die nicht identisch ist mit der Sichtweise und der Begrifflichkeit eines Konzepts von Supervision. Es ist mit anderen Worten ein metatheoretischer Standpunkt nötig" (1990, S. 5). Dafür benutzt sie die Systemtheorie und die Kommunikationstheorie, „um eine von den Konzeptualisierungen der Praktiker unabhängige Beschreibungssprache zu gewinnen" (S. 5). Gruppendynamik, Gruppenpsychotherapie und der Balint-Ansatz werden nun in die Möglichkeiten dieser Gruppensupervision „eingebaut", um drei Leistungen oder *Programme* anzubieten:

- „Das erste Programm ist die *Fallarbeit*, das auf der Methode der Balint-Gruppenarbeit basiert und die Psychodynamik der Professional-Klient-Beziehung erfasst.
- Das zweite Programm heißt *Selbstthematisierung*, es greift Methoden der Gruppentherapie und Gruppenselbsterfahrung auf. In diesem Programm kann man die psychodynamischen Beziehungen in der Supervisionsgruppe und im Team, sofern sie nichts mit der Institution zu tun haben, thematisieren.
- Das dritte Programm, die *Institutionsanalyse,* hat ihre Wurzeln in der ‚angewandten Gruppendynamik', in der ‚Sozioanalyse' und der ‚Organisationsentwicklung'" (Rappe-Giesecke 1990, S. 5).

Ein Jahr später wurde von *Schreyögg* ein Theoriemodell zur Supervision vorgestellt. Auch sie beschäftigt sich mit den Settings Einzel-, Gruppen- und Teamsupervision sowie unterschiedlichen konzeptionellen und theoretischen Ansätze. Diese werden in ein „metatheoretisches Modell" integriert. Es existiert eine wertemäßige Stufung von „oben" nach „unten": An der Spitze stehen Menschenbild, ethische Prämissen sowie allgemeine Ziele. Auf einer „darunterliegenden" allgemeinen Theorieebene werden nun alle verfügbaren Wissensbestände auf ihre Brauchbarkeit und Übereinstimmung mit den vorgenannten Postulaten hin untersucht und eingebaut. Dazu gehören beispielsweise Psychoanalyse, Gestalttherapie, Psychodrama, Gruppendynamik, Gruppentherapien, Balint-Arbeit, Organisationstheorien u. a. Weiter „unten" angesiedelt finden sich nun praktisch verwertbare Bestandteile aus diesen Theorien für die Supervisionsarbeit einschließlich des dazu notwendigen klienten- und feldspezifischen Wissens (Schreyögg 1991, S. 82ff.) (s. Abb. 7: Wissensbestände und Arbeitsformen der Supervision, S. 98).

Supervisorinnen und Supervisoren gebrauchen je nach ihrer Ausbildung und Erfahrung, aber auch nach den Erfordernissen des „Falles" und des Teams oder der Institution unterschiedliche Deutungsmuster oder „Brillen" (Schreyögg 1994c). Wenn es nicht *die* Theorie und Praxis der Supervision gibt, dann ist es interessant, welche und wie viele Verfahren und Methoden Supervisorinnen und Supervisoren eigentlich verwenden. Schon im Jahr 1995 erschien eine Umfrage unter 777 Lesern der Zeitschrift „Supervision". Diese verdeutlicht, dass psychotherapeutische Verfahren an der Spitze liegen: Psychoanalyse, systemische Beratung, Gruppendynamik, Gesprächstherapie, Gestalttherapie, Psychodrama u. a. Hierbei zeigt sich, dass „Supervision gleichsam ein Seitenast am Baum der Therapie ist" (Hege 1996, S. 104). Allerdings verwenden die meisten dieser Berater selten ein Verfahren allein. Vielmehr wenden sie Teile aus drei bis vier Verfahren und Methoden an (Durchschnitt: 3,2). Ebenfalls befürworten nahezu alle Befragten die „Offenheit“ für verschiedene Richtungen und Schulen in konzeptioneller Hinsicht. Die Untersuchung von Effinger bestätigt, dass vor allem „integrative Ansätze“ an den Fachhochschulen Verwendung finden (2002, S. 260). Ein Blick in die Forschung über Psychotherapie zeigt, dass man dort ähnlich vorgeht. Dort kam es vor allem durch eine Gruppe um K. Grawe (1994) zu einer Kritik an den teilweise personengebundenen und ideologisch ausgerichteten „Schulen“ der Psychotherapie. Folge davon ist auch, dass die heutigen staatlich anerkannten Psychotherapie-Ausbildungen zwar eine dominante Richtung lehren, aber auch Inhalte und Themen anderer psychotherapeutischer Schulen vermitteln, sich also der Methodenvielfalt und Interdisziplinarität angenähert haben. Ähnlich, aber nicht so theoretisch fixiert ist es in der Supervision. Möller schreibt dazu: „So stellt sich die Frage nach der Notwendigkeit einer einheitlichen Supervisionstheorie. Diese birgt die Gefahr der Monokultur in der Supervisionsszene.“ Die Autorin hält es für sinnvoller, „mit der Vielfalt zu leben“. Wichtiger sei es, Gütekriterien zu benennen und an der Verbesserung des „Instruments Supervision“ zu arbeiten (2001, S. 320f.). Schreyögg, die seit mehr als einem Vierteljahrhundert Supervision und Coaching erforscht und mitgestaltet, äußert über ihre Veröffentlichungen der 1990er-Jahre, dass ihr „damaliger Anspruch, ein universelles Supervisionsmodell kreieren zu wollen“, doch „etwas vermessen war“ (2001, S. 294). Neue empirische Forschungen über Supervision (Effinger 2002) wie auch einige Lehrbücher (beispielsweise Boeck 2008) sehen das ähnlich.

Zusammenfassend kann zum Thema Theorien der Supervision festgehalten werden, dass sich am pragmatischen Eklektizismus wenig geändert hat. Wie auch in anderen Bereichen der Sozialwissenschaften scheint es keine alles erklärende Theorie bzw. kein allgemeingültiges Praxismodell für mögliche menschliche Verhaltensweisen, Tätigkeiten und institutionelle Bedingungen zu geben.

14 Supervision zwischen Beruf, Markt und Geld

Was ist ein entwickelter Beruf? Bei der soziologischen Untersuchung von Professionen dienten in der Vergangenheit Ärzte, Juristen und Theologen als Modell. Heute hat eine Profession etwa folgende Merkmale:

- *Spezialausbildung* (Studium, akademische Ausbildung),
- *Expertentum* und *Berufsautonomie*,
- die Berufsangehörigen versuchen, als Spezialisten ein *Handlungsmonopol* in der Öffentlichkeit zu erlangen.
- Sie sind in *Fachverbänden* organisiert und üben eine Art Selbstkontrolle (Berufsethos, Qualitätskontrolle) sowie Öffentlichkeitsarbeit aus (Heiner 2007, S. 160ff.).

In diesem Kapitel soll der Weg der Supervision in die Neben- bzw. Freiberuflichkeit beschrieben werden.

Supervision geht an die freien Bildungsstätten

Bis Ende 1972 wurden in Deutschland etwas mehr als 200 Praxisberater, wie sich die Sozialarbeiter-Supervisoren damals noch nannten, ausgebildet. Freiberuflichkeit war damals noch kein Thema. Die meisten arbeiteten als mittlere Vorgesetzte in sozialen Einrichtungen oder als Dozenten an den Wohlfahrtsschulen. Supervision-Geben war nur eines ihrer Tätigkeitsfelder. Im Jahr 1972 gründete sich der „Verein für Praxisberater und Supervisoren“. Er zählte jedoch nie mehr als etwa 100 Mitglieder. Sieben Jahre später konstituierte sich der „Berufsverband der Sozialarbeiter, Sozialpädagogen – Vereinigte Vertretung sozialpädagogischer Berufe“. In dieser Organisation wurde der „Verein für Praxisberater und Supervisoren“ eine eigene Fachgruppe (T. Müller 1985, S. 22f.).

Schon 1972 veranstaltete die „Akademie für Jugendfragen“ in Münster den ersten Fachkongress mit dem Thema: „Supervision im Spannungsfeld zwischen Person und Institution“. Auch hatte sich 1984 im „Deutschen Arbeitskreis für Gruppenpsychotherapie und Gruppendynamik“ (DAGG) eine Fachgruppe „Supervision“ entwickelt.

Der Bedarf an externer Supervision wächst

Seit den 1970er-Jahren kam es zu einem Aus- und Umbau der Sozialen Dienste und auch gesamtgesellschaftlich gesehen zu einem enormen Weiterbildungsbedarf, der zu Beginn dieses Buches mit dem Stichwort „Strukturwandel der Arbeit“ angedeutet worden ist. Es sollte „mehr“ und „besser“ gearbeitet und gleichzeitig Kosten „gespart“ werden. Die Anzahl stationärer Einrichtungen wurde zugunsten neuer ambulanter und kleiner Einrichtungen reduziert. Dabei hat man verstärkt Teamarbeit praktiziert. Auch verlangt das *Kinder- und Jugendhilfegesetz* (*KJHG)* von 1990/1991 „Fortbildung“ und „Praxisberatung“ (§ 72,3) bei den Mitarbeitern des Jugendamtes. Durch diese Entwicklungen stieg bei den Trägern die Nachfrage nach Supervision. Das wiederum förderte die Tendenz, dass die Supervision nun außerhalb der Sozialarbeiter-Ausbildung in der freien Weiterbildung ihren Platz fand.

Schon in den 1980er-Jahren erhöhte sich die Nachfrage nach Supervision. Supervisorinnen konnten über das Sozial- und Gesundheitswesen hinaus auch in der Schule, der Wirtschaft oder der Verwaltung ihre Aufträge finden. Zusätzlich entwickelte sich ein „Psychomarkt“ (Nagel/Seifert 1979), teilweise mit unseriösen „Heilsversprechungen“. Auch aus diesen Gründen waren eine Standardisierung und Transparenz der vielen Supervisionsangebote dringend geboten.

Die Deutsche Gesellschaft für Supervision (DGSv)

Um „Wildwuchs und Beliebigkeit“ (Lippenmeier 2011, S. 10) abzuhelfen, wurde am 13. Dezember 1989 in Köln die *Deutsche Gesellschaft für Supervision (DGSv*) gegründet. Zu den Gründern gehörten Einzelpersonen und Weiterbildungseinrichtungen der freien Wohlfahrt und Jugendhilfe, sowie Weiterbildungsträger mit unterschiedlichem, oft psychotherapeutischem, gruppendynamischem oder kirchlichem Hintergrund. Im Jahr 1996 hatte die DGSv etwa 1.700 persönliche Mitglieder. Inzwischen ist das Verbandsgeschehen in mehrere Regional- und Fachgruppen organisiert, und man verfügt über 4.000 persönliche sowie mehr als 30 juristische Mitglieder. Dabei handelt es sich um Ausbildungsinstitute sowie anerkannte Hochschulkurse zur Supervisorenausbildung. Ähnlich wie in anderen Bereichen des Bildungs-, Sozial- und Gesundheitswesens sind auch hier die meisten Mitglieder weiblich. Der Frauenanteil beträgt etwa 60 Prozent. Schon seit Längerem veranstalten die DGSv bzw. ihre Untergliederungen Fachkongresse zur Supervision. Sie tritt auch gegenüber den „Abnehmern“ von Supervision (beispielsweise den Wohlfahrtsverbänden) und der Öffentlichkeit als berufsständische Interessenvertretung und Garant für fachliche Standards auf. Über die Aktivitäten der DGSv kann man sich im Internet informieren: www.dgsv.de.

Angaben über die „Österreichische Vereinigung für Supervision und Coaching“ (ÖVS) findet man unter www.oevs.or.at und zum „Berufsverband für Coaching, Supervision und Organisationsberatung“ (BSO) unter: www.bso.ch. Der „Berufsverband für Supervision und Coaching“ von Südtirol (Italien) hat folgende *Homepage*: www.supervision-coaching.it.

Konkurrenz für die DGSv

Bisher war im Zuge der Professionalisierung von Supervision nur von der *DGSv* bzw. den Schwesterverbänden in Österreich (ÖVS) und der Schweiz (BSO) die Rede. In einem Buch, das sich mit der Supervision helfender Berufe beschäftigt, hat das auch seine Berechtigung. Denn sowohl die Supervision als auch die DGSv haben ihre Ursprünge vorwiegend in der Praxisberatung der Sozialarbeit. Weiterhin existiert neben der DGSv noch ein zweiter kleiner Verband mit etwa 400 Mitgliedern, die „European Association for Supervision" (EASC) (www.easc-online.eu).

Auch von psychologischer Seite organisiert man Ausbildungen in Supervision. Der *Berufsverband Deutscher Psychologen (BDP)* verfügt über etwa 12.000 Mitglieder und bietet im Rahmen der „Deutschen Psychologen Akademie" Weiterbildungs-Curricula in *Supervision* und *Coaching (BDP)* an. Vor allem Diplom- und Masterpsychologen mit den Schwerpunkten Klinische Psychologie, Psychotherapie sowie Arbeits-, Betriebs- und Organisationspsychologie werden sich für die Weiterbildung in Supervision (und Coaching) interessieren.

Bei der *Gesellschaft für Personenzentrierte Psychotherapie und Beratung (GwG)* (3.000 Mitglieder) wurde schon vor Jahren eine Weiterbildung in Supervision eingerichtet. Ähnliches gilt für die *Deutsche Gesellschaft für Verhaltenstherapie (DGVT).* Andere Therapierichtungen sind diesem Trend gefolgt, werden folgen, oder sie stellen sich marktmäßig ins Abseits. Der Konkurrenzkampf scheint jedoch nicht total zu sein. Viele dieser Neugründungen orientieren sich an den Standards der *DGSv* oder befinden sich mit ihr im Gespräch oder in Kooperation. Allein die Tatsache, dass die *DGSv* die öffentliche Diskussion und Standardisierung von Supervision überhaupt angestoßen hat, ist ein großes Verdienst. Weiterhin ist auch die *Deutsche Gesellschaft für Beratung (DGfB)* als Dachverband entstanden. Ihr gehören etwa 30 Beratungsorganisationen an (www.dachverband-beratung.de).

Professionalisierung und Akademisierung der Supervision

Supervision in Deutschland entwickelt sich ähnlich wie die Soziale Arbeit. Aus einer neben- oder ehrenamtlichen Tätigkeit wurde zuerst für einige wenige eine bezahlte Arbeit. Noch vor 1970 war Freiberuflichkeit in der Supervision schwer vorstellbar. Heute scheint diese Freiberuflichkeit der Wunsch vieler zu sein. Für die Zukunft werden noch weitere Studiengänge an den Hochschulen erwartet. In der Regel sind diese modular in Blöcken von ein bis drei, manchmal auch fünf Tagen aufgebaut. Teilweise beinhalten diese Kurse und Abschlüsse auch noch neben der Supervision die Bezeichnung Coaching und Organisationsberatung und Organisationsentwicklung (OB/OE). Zumindest als Master-Aufbaustudium ist die Supervision wieder an die Hochschulen zurückgekehrt (Baur/Krapohl 2008). Ob ein Studiengang Supervision mit von „oben" genehmigten Studien- und Prüfungsordnungen und wechselnden Lehrbeauftragten oder ein kleines freies Institut mit wenigen Lehrsupervisoren, die sich inhaltlich abstimmen, „besser“ ist, lässt sich schwer sagen. Möglicherweise liegt eine Chance zur Qualitätssteigerung auch in der Kooperation zwischen freien Instituten und Hochschulen.

Die stärkere Beteiligung der Hochschulen hat auch die Verwissenschaftlichung der Supervision gefördert. Inzwischen existieren in Deutschland mehrere Professuren für Supervision. Seit 1982 wird die Fachzeitschrift *Supervision* herausgegeben. 1993 folgte dann die Gründung von *Forum Supervision*, die sich vor allem der psychoanalytisch und gruppendynamisch orientierten Beratungsarbeit verpflichtet sieht (seit 2013 als Online-Zeitschrift). Ein Jahr später kam die Zeitschrift *Organisationsberatung, Supervision, Coaching (OSC)* (bis 2001: *Organisationsberatung, Supervision, Clinical Management*) auf den Markt. Schon der Titel weist darauf hin, dass man in den Beratungsangeboten über den Bereich der Supervision hinausgehen möchte. Insgesamt haben die Veröffentlichungen zum Thema Supervision in den letzten Jahren erheblich zugenommen. Durch die Ausweitung des Supervisions-Marktes in neue Felder (S. 153ff., unten) sind die Publikationen unüberschaubar geworden. Viele haben allerdings Werbecharakter. Es handelt sich oft um selbstfinanzierte Publikationen von Doktorarbeiten mit kleinen, wenig aussagekräftigen Befragungen über ein bestimmtes Feld. Nicht selten wird irgendeine „neue“ psychologische Theorie hervorgehoben, die man dann mit dem Begriff „Supervision“ oder „Coaching“ anreichert. Gerade im Hinblick auf Veröffentlichungen hat sich die Supervision teilweise von ihrem „Ursprungsland“ (Weigand 1989), der Sozialarbeit, abgekoppelt und sich zu einer eigenständigen berufsbezogenen Beratungsdisziplin entwickelt.

Der Umfang des Supervisions-Marktes

Im Sektor der Freien Wohlfahrtspflege bzw. der Sozialen und Gesundheitlichen Dienstleistungen gibt es etwa 100.000 Einrichtungen (Kindergärten, Erziehungsheime, Jugendhäuser, Krankenhäuser, Behindertenheime, Altenhilfe, Beratungsstellen u. v. a.) mit etwa 1,5 Mio. haupt- und nebenberuflichen Mitarbeitern. Für den führenden Trägerverband, die Caritas, arbeiten 520.000 Menschen. Zum Vergleich: VW als Deutschlands größter Automobilkonzern (und nach Toyota die Nr. 2 in der Welt) beschäftigte im Jahr 2013 etwa 550.000 Menschen auf Vollzeitstellen. Für die deutsche Automobilindustrie arbeiten insgesamt etwa 800.000 Menschen. In der Kinder- und Jugendhilfe, einem Teilbereich der Freien Wohlfahrtspflege, sind etwa 700.000 Menschen tätig. Das ist ebenso viel Personal wie an Deutschlands öffentlichen Schulen arbeiten (KomDat Juni 2014, S. 2). Auch hat sich die Zahl der Absolventen der Studiengänge Sozialpädagogik und Sozialarbeit von 1985 bis 1995 praktisch verdoppelt.

Bei den Abnehmern von Supervisionsleistungen haben wir es mit einem großen Markt zu tun. Jährlich sollen in Deutschland schätzungsweise von 25.000 bis 100.000 Personen etwa 30 Millionen Euro für Supervisionsleistungen aufgewendet werden (Leitner u. a. 2004, S. 4).

Allerdings ist die Inanspruchnahme von Supervision sehr unterschiedlich über die Arbeitsfelder verteilt. In einigen Praxisgebieten kommt Supervision selten vor (Jugendarbeit), in anderen müsste sie eigentlich Pflicht sein, wie in Beratungsstellen, Heimen, Suchtkliniken, der Sozialpädagogischen Familienhilfe, dem Allgemeinen Sozialen Dienst oder in Bereichen des Betreuungswesens. In einigen wenigen Feldern gehört das Angebot an Supervision zu den Pflichten einer Einrichtung, wie in der Psychiatrie oder Psychotherapie. Supervision scheint in den Ballungszentren der alten Bundesländer stärker vertreten zu sein als im ländlichen Bereich (DGSv-Mitgliederbefragung 2009, S. 4) oder in den neuen Bundesländern. Auch in der Mitgliederbefragung des Schwesterverbandes ÖVS in Österreich zeichnet sich diese Tendenz ab (ÖVS-Mitgliederbefragung 2012, S. 15). Ähnlich ist die Situation in der Schweiz (BSO-Mitgliederbefragung 2010, S. 4). Es kommt hinzu, dass mit der Globalisierung und der Veränderung von Märkten neue soziale Problemlagen, neue Armut, neue Klientel und auch neue Rahmenbedingungen (Gesetze, Institutionen) entstanden sind. Folgt der „Entgrenzung“ von Arbeit möglicherweise auch eine „Entgrenzung“ von Supervision?

Wie wird man Supervisorin bzw. Supervisor?

Nach den Standards der DGSv (2012) sollten Bewerber für eine Ausbildung in Supervision in der Regel ein grundlegendes Studium absolviert haben. Ferner müssen Vorerfahrungen mit mindestens 30 Stunden supervisionsähnlicher Beratung, sonstige Weiterbildungen sowie eine mindestens dreijährige Berufserfahrung nachgewiesen werden. Der Supervisionsverband in Österreich (ÖVS) verlangt eine fünfjährige Praxis. Die Ausbildung zur Supervisorin bzw. zum Supervisor findet berufsbegleitend (meistens am Wochenende) statt und dauert etwa drei Jahre. Sie enthält in der Regel eine längere Gruppenerfahrung, theoretische Seminare, Supervision der eigenen beruflichen Tätigkeit („Lernsupervision“) und später dann auch die Supervision eigener Fälle unter Kontrolle („Lehrsupervision“). Wenn die Supervisionsausbildung an einer Fachhochschule oder Universität stattfindet, kann man den akademischen Titel „Master“ (früher: „Diplom-Supervisor“) erwerben. Manche Abschlüsse enthalten neben dem Begriff „Supervision“ noch die Termini „Coaching“ und/oder „Organisationsberatung“. Die Curricula der jeweiligen Verbände in Deutschland, Österreich und der Schweiz sowie der angeschlossenen Institute kann man im Internet nachlesen. Die Anforderungen sind weitgehend vergleichbar, weil diese drei Organisationen tragende Mitglieder im europäischen Supervisions-Dachverband ANSE sind und sich auch Leistungen wechselseitig anerkennen (S. 194, unten).

Die Ausbildungskosten können etwa 10.000 Euro betragen. Zusätzlich fallen eventuell noch Kosten für Fahrten und Übernachtungen an.

Wer wird Supervisorin bzw. Supervisor – und weshalb?

Wichtig ist es, die Motivation zur Ausbildung in Supervision am Beginn der Weiterbildung zu hinterfragen. Was bedeutet es, wenn jemand schon nach wenigen Berufsjahren mit Hilfe der Supervision beruflich „aussteigen" oder „aufsteigen" möchte, um Kollegen bei deren Arbeitsproblemen zu „helfen"? Ist es sinnvoll, „Berufsflüchtlinge" bei diesem Vorhaben zu unterstützen? Vom Gründungspräsidenten der DGSv *Heinz J. Kersting* (1937–2005) stammt folgende Bemerkung: Viele Supervisoren, die im Grundberuf Sozialpädagogen oder Sozialarbeiter waren, „verschweigen (schamhaft?), wenn sie einmal SupervisorInnen DGSv geworden sind, ihre Herkunft aus der Sozialen Arbeit. Denn mit der Bezeichnung SupervisorIn DGSv konnte man/frau sich eine neue – gesellschaftlich angesehenere – Profession zulegen. Selbst wenn man nur nebenberuflich einige Supervisionsprozesse durchführen konnte oder gar keine Supervision erteilte, war der Zusatz DGSv – zumindest für das eigene Selbstwertgefühl – sein Geld wert" (Kersting 2004, S. 215).

Es folgen vor allem Resultate aus den Mitgliederbefragungen der DGSv von 2009 (3.646 Mitglieder angeschrieben, Rücklauf 40 Prozent), der ÖVS von 2012 (1.106 Mitglieder angeschrieben, Rücklauf 32 Prozent) sowie des BSO von 2010 (1.229 Mitglieder angeschrieben, Rücklauf 47 Prozent).

Leider sind aufgrund unterschiedlicher Fragestellungen die Ergebnisse nicht immer vergleichbar. Wenn kein Land bzw. Verband erwähnt wird, ist die Situation in Deutschland gemeint. Alle Daten wurden gerundet, und teilweise gab es Mehrfachnennungen.

Wer sind die Supervisoren?

Nach der DGSv-Mitgliederbefragung liegt die grundständige Berufsausbildung der Mitglieder in folgenden Bereichen:

- 42 Prozent Sozialarbeit/Sozialpädagogik
- 23 Prozent Pädagogik
- 15 Prozent Theologie
- 15 Prozent Psychologie

Weitere 8 Prozent absolvierten eine Lehrerausbildung. Es studierten 7 Prozent Soziologie, Politik oder Philosophie, 3 Prozent Ökonomie, 2 Prozent Medizin, 1 Prozent Pflegewissenschaft. 11 Prozent verfügen über andere Studienabschlüsse. 4 Prozent sind ohne Hochschulabschluss (Mehrfachnennungen) (2009, S. 4).

In der BSO-Mitgliederbefragung wurden folgende Erstausbildungen genannt:

- 21 Prozent Sozialarbeit/Sozialpädagogik
- 19 Prozent Lehrerberuf/Bildung

- 12 Prozent Pädagogik
- 10 Prozent Pflege/Gesundheit/Medizin

Es studierten 7 Prozent Ökonomie, 6 Prozent Psychologie, 5 Prozent Technik, 5 Prozent Theologie, jeweils 1 Prozent Soziologie bzw. Politologie und Jura. In die Kategorie „Sonstige" wurden 10 Prozent klassifiziert (2010, S. 9).

Aus Österreich liegen keine Angaben vor. Die Mitgliederbefragungen aus Deutschland und der Schweiz zeigen, dass die Mehrheit der Supervisorinnen und Supervisoren nicht mehr aus der Sozialarbeit, der ursprünglichen Disziplin der Supervision, kommt.

Interessant ist auch die Altersverteilung: Obwohl man schon mit 30 Jahren oder noch früher Supervisor sein könnte, sind nur etwa 10 Prozent der DGSv-Supervisoren unter 45 Jahre alt. Das Durchschnittsalter aller Verbandsmitglieder liegt in Deutschland bei etwa 53 Jahren. 70 Prozent sind älter als 50 Jahre (DGSv-Mitgliederbefragung 2009, S. 5).

Das Durchschnittsalter in Österreich ist etwas geringer als in Deutschland und liegt bei 50 Jahren (ÖVS-Mitgliederbefragung 2012, S. 3). In der Schweiz wurden diese Daten nicht erhoben.

In Deutschland, Österreich und der Schweiz sind rund 60 Prozent der jeweiligen Verbandsmitglieder weiblich.

Wo und wie arbeiten die Supervisorinnen und Supervisoren?

Laut der DGSv-Mitgliederbefragung von 2009 sind:

- 43 Prozent selbstständig,
- 48 Prozent fest angestellt und auch selbstständig sowie
- 9 Prozent nur fest angestellt (S. 8).

45 Prozent arbeiten im Sozial- und Gesundheitswesen. Bei der DGSv steigt die Selbstständigkeit mit zunehmendem Alter; und es sind dann mehr Frauen als Männer (S. 9). Nach dieser Untersuchung arbeiten mehr als 80 Prozent der selbstständigen Mitglieder im Sozial- und Gesundheitswesen. Dann kommen die Branchen Erziehung und Unterricht mit 57 Prozent. Nahezu gleich folgen mit etwa jeweils 24 Prozent öffentliche Verwaltung und Sozialversicherung sowie Interessenvertretung und religiöse Vereinigungen. „Im Produzierenden Gewerbe sind lediglich 20 Prozent der Mitglieder tätig, davon zwei Drittel in der Industrie". Durchschnittlich ist jedes Mitglied in 2,5 Branchen aktiv (S. 19). Neben der Supervisionsarbeit üben 58 Prozent auch Coaching und 49 Prozent Fort- und Weiterbildung aus. Eine geringere Rolle zwischen 23 Prozent und 17 Prozent spielen Organisationsberatung, Moderation, Training und Psychotherapie (S. 15) (Mehrfachnennungen). Von den

Festangestellten in Deutschland arbeiten 41 Prozent als Leiterin/Geschäftsführerin, 25 Prozent als Lehrer, Dozenten oder Referenten und 5 Prozent in der Beratung (S. 11).

Nach der BSO-Mitgliederbefragung waren etwa 45 Prozent selbstständig (2010, S. 7), und jeweils etwa drei Viertel aller Mitglieder arbeiten im Sozial- und Gesundheitswesen bzw. im Bildungsbereich (Mehrfachnennungen) (2010, S. 10).

Bei der ÖVS ist der hohe Anteil von 93 Prozent Selbstständigen auffällig. Nur 6 Prozent sind abhängig beschäftigt (ÖVS-Mitgliederbefragung 2012, S. 4). Die Mehrheit bietet Supervision im Sozial- und Gesundheitswesen an. Erst an vierter Stelle kommt der Profitbereich (S. 9).

In Deutschland arbeiten 39 Prozent allein (DGSv-Mitgliederbefragung, S. 12). Die ÖVS-Mitglieder arbeiten im Durchschnitt 11 Stunden in der Woche direkt in der Beratung. Weitere neun Stunden verbringen sie mit Vor- und Nachbereitung, Akquisition und eigener Weiterbildung (ÖVS-Mitgliederbefragung 2012, S. 11).

Das Ausbildungsinstitut BASTA stellt im „Journal Supervision" Ergebnisse einer Befragung von 49 Absolventen vor (Busse/Mulkan 2015, S. 16ff.).

Wie lebt man von der Supervision?

Mit dieser Frage befinden wir uns in einer Grauzone. Denn es bieten auch viele Menschen Supervision an, die nicht in einem der drei Verbände organisiert sind bzw. die aufgrund der geringen Rücklaufquoten nicht von den Befragungen erfasst werden konnten.

Nach der DGSv-Mitgliederbefragung von 2009 betrug der *durchschnittliche Jahresumsatz* in Euro in den jeweiligen *Branchen* (Zahlen gerundet):

- 18.000 Industrie
- 12.000 Sozial- und Gesundheitswesen
- 6.000 Erziehung und Unterricht (S. 23)

„Tendenziell liegen die durchschnittlichen Jahresumsätze bei älteren Mitgliedern höher als bei jüngeren Mitgliedern" (S. 24). In dieser Untersuchung wurde auch der durchschnittliche Jahresumsatz pro Beratungsauftrag nach Branchen ermittelt. Hier drei Angaben mit gerundeten Zahlen in Euro zum Vergleich:

- 4.600 Industrie
- 1.100 Sozial- und Gesundheitswesen
- 900 Erziehung und Unterricht (S. 25)

Aus der ÖVS-Untersuchung ergab sich nur der durchschnittliche Jahresumsatz von 22.500 Euro. Dieser beträgt etwa 38 Prozent des Gesamteinkommens der Supervisoren in Österreich (ÖVS-Mitgliederbefragung 2012, S. 13).

Die durchschnittliche Anzahl an Beratungsaufträgen liegt bei der DGSv bei „18,5 Aufträgen pro Jahr bei einem Jahresumsatz von durchschnittlich 24.546 Euro. Selbstständige ohne Festanstellung kommen dabei auf 25,4 Aufträge pro Jahr bei durchschnittlich 36.000 Euro. Selbstständige mit Festanstellung führen jährlich zusätzlich zu ihrer Festanstellung 12,5 Beratungsaufträge pro Jahr durch, bei knapp 13.200 Euro im Durchschnitt" (DGSv-Mitgliederbefragung 2009, S. 26). Durchschnittliche Daten über Einkünfte sind in diesem Bereich wenig aussagekräftig. Auch deshalb hat man in der Schweiz bei der BSO-Mitgliederbefragung auf entsprechende Fragen verzichtet.

Beim Versuch, allgemeine Schlüsse aus diesen Zahlen zu gewinnen, sollte bedacht werden: Es wurde *nicht* nach dem *Gesamteinkommen*, auch aus anderen Quellen oder dem Familieneinkommen, gefragt. Vor allem aber handelt es sich um *Durchschnittszahlen* in einem Feld, in welchem auch überwiegend viel frei- und nebenberuflich gearbeitet wird. Es haben vielleicht auch Supervisorinnen geantwortet, die nichts oder nur wenige Hundert Euro pro Jahr durch Supervision verdienen. Diese sind dann statistisch zusammengerechnet worden mit einigen wenigen Spitzenverdienerinnen, die vielleicht durch Supervision über Einnahmen von mehr als 100.000 Euro jährlich verfügen. Die nächsten Mitgliederbefragungen sowie die Darstellung der Ergebnisse sollten in diesem Punkt präziser sein. Die Einkünfte könnten doch gruppiert werden. Es muss auch nach Gesamteinkünften aus Weiterbildung bzw. Familieneinkommen gefragt werden. Ferner gilt es, Zusammenhänge zur wöchentlichen bzw. monatlichen Arbeitszeit herzustellen. Wie können sich sonst Ausbildungskandidaten oder junge Supervisorinnen bzw. Supervisoren orientieren, welche Risiken sie eingehen, wenn sie die Ausbildung beginnen bzw. in die Freiberuflichkeit wechseln? Trotzdem ein kurzer Hinweis zur Orientierung: Selbst der Durchschnittssatz von einer freiberuflichen Supervisorin in Deutschland von 36.000 Euro liegt noch weit unter dem Brutto-Jahreseinkommen einer verbeamteten Oberschullehrerin (A 14) mit 66.000 Euro, einer Sozialarbeiterin mit etwa 40.000 Euro – jeweils in einer hohen Dienstaltersgruppe und ohne Zulagen. Eine ausgebildete Krankenschwester verdient etwa 34.000 Euro.

Freiberufliche Supervisorinnen müssen in ihre Kalkulation auch Aufwendungen für Rente, Versicherungen, Bürokosten oder Rücklagen für den Krankheitsfall bzw. Auftragsausfall bilden. Wie werden die „Durststrecken" in den Ferienmonaten und am Jahresende überbrückt? Funktioniert Supervision über Selbstausbeutung? Oder gelingt die Aufrechterhaltung eines gewissen Lebensstandards vor allem über mitverdienende Partner, eine eigene „halbe Stelle" bzw. über sonstige nicht erfragte Einkünfte? Einige Daten aus der DGSv-Mitgliederbefragung scheinen darauf hinzudeuten: 45 Prozent der Frauen, aber nur 39 Prozent der Männer sind selbstständig (2009, S. 9). Die ausschließlich Selbstständigen arbeiten im Durchschnitt mit 34 Stunden pro Woche relativ wenig, um davon leben zu können (S. 14). Es sind also noch andere Einkünfte vorhanden. Wahrscheinlich gibt es typische Muster beruflicher Existenz:

Eine Sozialpädagogin arbeitet freiberuflich als Supervisorin. Aber nicht mit 40 Stunden in der Woche. Ihr Ehemann hat eine feste Stelle als Arzt, (Jurist, Psychologe oder Lehrer). Sie legt ihre Termine so, dass sie nachmittags für die gemeinsamen Kinder zu Hause sein kann.
Eine andere Supervisorin hat sich mit dem 60. Lebensjahr verrenten lassen und arbeitet nun hauptberuflich mit etwa 25 Stunden pro Woche.
Ein Sozialarbeiter und Supervisor leitet eine Drogenberatungsstelle. Nebenbei bietet er sich als freiberuflicher Supervisor in drei oder vier Drogenberatungsstellen im Umfeld an.

Exkurs: Das Tabuthema Geld

Die Supervisorinnen und Supervisoren in Deutschland und Österreich verdienen schätzungsweise 60 bis 110 Euro pro Stunde Einzelsupervision bzw. 95 bis 140 Euro für ein Mehrpersonensetting.

Viele haben vor allem zu Anfang Probleme mit der *Honorarhöhe*. Manche verwechseln die Honorarhöhe mit dem eigenen „Wert“ als Person. Arbeitet man lieber dort, wo mehr bezahlt wird, beispielsweise in der Industrie, oder sollte man seine Fähigkeiten eher der Jugendberufshilfe oder dem Frauenhaus zur Verfügung stellen, die als „arme Träger“ höchstens ein Anerkennungshonorar anzubieten haben? „Wie viel bin ich wert?“ „Was nehmen die anderen?“ „Ich habe noch Einkünfte aus meinem Hauptberuf, deshalb nehme ich weniger!“ „Bin ich besser geworden, weil ich jetzt ein höheres Honorar erhalte, oder bekomme ich mehr Geld, weil ich besser sein muss?“

Aber man hört einerseits auch: „Ich möchte durch meine Supervisionstätigkeit wenigstens die Kosten für die Ausbildung hereinbekommen“. Auf der anderen Seite brüstet sich eine Supervisorin, dass sie in einem Halbjahr in zwanzig Teams Supervisionen „am Laufen“ habe. Das bedeutet, sie bewegte sich in diesen Monaten stundenweise in vielen Institutionen und hat mit den beruflichen Themen von vielleicht 150 bis 200 Menschen und mindestens ebenso vielen (ihr unbekannten) Klienten zu tun. Ist das überhaupt möglich?

Eine ältere Befragung erläutert, wie man an Supervisionsaufträge gelangt. Die Aufträge kommen etwa zu gleichen Teilen durch Werbemittel, Kollegen und durch Supervisanden bzw. institutionelle Kontakte zustande (Gröning 1993, S. 63).

Für Supervisorinnen und Supervisoren ist schon vor Jahren eine spezifische Publikation erschienen: „Selbständig machen als SupervisorIn. Ein Leitfaden“ heißt ein 1995 von Bastert veröffentlichtes Buch. Supervisoren sind auch häufig längerfristig als organisationsnahe Berater für große Verbände oder Einrichtungen tätig. Oft sind solche Trägerorganisationen dazu übergegangen, „Rahmenrichtlinien“ und „Musterarbeitsverträge“ für die bei ihnen tätigen Supervisoren zu verwenden. Derartige Vorgaben findet man auch auf den *Homepages* der erwähnten Fachverbände.

Was hat sich verändert?

Spannend waren bei Schlotterbeck die Antworten auf die Frage, was sich im Laufe von 15 Jahren verändert habe und was gleich geblieben sei. Die Arbeitsfelder haben sich in diesem Zeitraum „nicht wesentlich verändert". Bei knapp der Hälfte gab es überhaupt „keine Änderung". Bei den anderen eher eine Ausweitung zu neuen Institutionen, vorwiegend im Sozialwesen und in der Altenpflege (2008, S. 102). Auch in der ÖVS-Umfrage hat sich gezeigt, dass die Arbeitsfelder der befragten Mitglieder „sich nicht verändert" hatten. Die Organisationsberatung und Organisationsentwicklung (OB/OE) finden ebenfalls „in den klassischen Supervisionsfeldern statt" (S. 38). Ebenso unspektakulär waren die Antworten in der DGSv-Mitgliederuntersuchung von 2009 auf die „Einschätzungen der Rahmenbedingungen". Was hatte sich in den „letzten drei Jahren geändert"?

Die Beratungen pro Jahr waren für	**Die Honorarhöhe pro Zeitstunde war bei**
34 Prozent gestiegen, 18 Prozent gefallen, und bei 23 Prozent gab es keine Veränderung.	34 Prozent gestiegen, 7 Prozent gefallen und für 32 Prozent gleich geblieben (S. 27).

Ist Supervision ein neuer Beruf?

Zum Thema Professionalisierung gehören auch Mitgliedschaft und Identifikation in einem Fachverband. Mit großer Mehrheit sind die Mitglieder der ÖVS und des BSO der Meinung, dass ihre Zugehörigkeit im jeweiligen Fachverband hilfreich ist und sie in der Ausübung des Berufes unterstützt. Ähnlich sehen das auch die DGSv-Mitglieder. Auch hier befindet sich bei der Frage nach den Gründen der Verbandsmitgliedschaft die „Zugehörigkeit zur Berufsgruppe" an erster Stelle. Dann folgen Lobbyarbeit, Unterstützung und Serviceleistung, fachlicher Austausch, Vermarktung sowie Sicherung von Qualitätsstandards (DGSv-Mitgliederbefragung 2009, S. 31).

1993 konnte man davon ausgehen, dass nur eine Minderheit im DGSv nahezu ausschließlich von der Supervision lebte. Denn schätzungsweise zwei Drittel der DGSv-Mitglieder waren eher Teilzeit-Supervisoren (Schüning 1993, S. 2). Eine ebenfalls ältere Leserbefragung der Zeitschrift „Supervision" von 1995 ergab, dass von den 777 Befragten nur etwa 6 Prozent ausschließlich Einkünfte aus der Supervision bezogen, 14 Prozent erhielten ihre Einkünfte überwiegend aus dieser Tätigkeit (Fellermann 1996, S. 99). Leuschner ging 2009 davon aus, dass höchstens 20 Prozent der DGSv-Mitglieder ausschließlich von freiberuflicher Arbeit lebten (S. 95ff.). Dabei stellt die Supervision in allen Settings jedoch nur etwa die Hälfte der Arbeitszeit dar. Der Rest erstreckt sich auf Team- und Organisationsentwicklung oder sonstige Weiterbildung (S. 99).

Wie viele Menschen leben hauptberuflich von der Supervision? Am höchsten ist die Selbstständigkeit zwar in Österreich, aber es liegen keine Informationen über andere Einkommensquellen vor, und die Fragestellung war nicht ganz präzise. Nur sechs Prozent arbeiten dort als Angestellte. „Für viele ÖVS-Mitglieder ist die Beratungstätigkeit Supervision, Coaching und OB/OE keine Nebenbeschäftigung mehr" (ÖVS-Mitgliederbefragung 2012, S. 38). In der Schweiz ist es in Bezug auf Selbstständigkeit bzw. Festanstellung ähnlich wie in Deutschland. Hier sind etwa 45 Prozent selbstständig und weniger als 10 Prozent fest angestellt (BSO-Mitgliederbefragung 2010, S. 7). Von den noch Unselbstständigen möchten in den nächsten Jahren 26 Prozent in die Selbstständigkeit wechseln (S. 8).

Im Berufs- und Tätigkeitsverzeichnis der deutschen „Bundesanstalt für Arbeit" werden über 27.000 Berufsbenennungen geführt. Dort findet man unter der Ziffer 23.625 zwischen „Supermarktleiter" und „Suppenköchin" dann „Supervisorin (Psychotherapie)". Das zeugt nicht gerade von großer Fachkenntnis derjenigen, die das zusammengestellt haben. Denn die Supervision gab es schon *vor* der modernen Psychotherapie, und sie ist ein eigenständiges Beratungsformat.

Rechnet man alle diese Angaben aus dem vorherigen Abschnitt zusammen und nimmt man noch eine geschätzte Anzahl von Angehörigen anderer Berufe (beispielsweise Psychologen) dazu, so kann man vermuten, dass in Deutschland vielleicht 1.000 bis 2.000 Personen vorwiegend von der Supervision leben. Leitner u. a. kommen zu einem ähnlichen Ergebnis (2004, S. 3). Ob man das einen „neuen Beruf" nennen kann, ist Ansichtssache. Auch deutsche Bundeskanzlerin ist ein Beruf. In jedem Falle handelt es sich bei der Supervision (und dem Coaching) um eine wichtige Spezialisten-Tätigkeit. Sie ist zwar nicht mehr allzu neu. Aber sie folgt einer allgemeinen gesellschaftlichen Tendenz, wonach man zeitweise benötigte Spezialkenntnisse ohne weitere sozialrechtliche Verpflichtungen „hinzukaufen" kann.

Droht eine „Supervisoren-Schwemme"?

Es wird oft darauf hingewiesen, dass die Konkurrenz unter den Supervisoren sehr groß sei. Schon im Jahr 1996 fragte Wirbals in der Verbandszeitschrift „DGSv-Aktuell": „Wie viele Ausbildungsinstitute wird der Berufsverband auf Dauer verkraften können" und „wie viele Ausbildungsabsolventen verkraftet der Markt, oder anders gefragt, welche Verantwortung übernimmt der Berufsverband DGSv für die Existenzmöglichkeiten seiner Mitglieder? Der Begriff der Supervisorenschwemme geht um" (Wirbals 1996, S. 10). Auch Schmidbauer sprach von einer „Supervisoren-Schwemme" (1998). Jahre später konnte man in einer empirischen Untersuchung über die Veränderungstendenzen in der Supervision lesen: „Viele Supervisorinnen stellen sich die Frage, wie sie an Aufträge kommen, wie sie sich gegenüber der wachsenden Konkurrenz an Beratungsangeboten positionieren können, oder schlicht, wie sie als Supervisoren überleben können" (Schlotterbeck 2008, S. 105). In den Mitgliederbefragungen von BSO, DGSv und ÖVS wurde das Thema der Konkurrenz nicht erfragt.

Problematisch ist, dass die Supervision bezüglich der Ausbildungsseite auch ein „Markt" geworden ist. Bekannte Supervisoren werden nicht nur als Referenten und Berater für Organisationen „nachgefragt", sondern fungieren auch als Ausbilder.

Bei diesen Überlegungen geht der Blick tiefer in Richtung der Ausbildungseinrichtungen. Manche Kurse fallen aus oder starten später, weil sich nicht genügend Interessenten angemeldet haben. Einige Ausbildungsinstitute haben in der Vergangenheit schließen müssen. Werden auch Kandidaten aufgenommen, nur um die Ausbildungsgruppen zu füllen? Würde eine Ausbildungseinrichtung Kandidaten „aufgrund mangelnder Eignung öfter abweisen oder gar im Rahmen einer begonnenen Ausbildung den Abschluss verweigern, könnte dies auf Dauer mit den wirtschaftlichen Interessen der Ausbildungsanbieter erheblich kollidieren – abgesehen davon, dass zumindest im zweiten Fall mit juristischen Streitigkeiten zu rechnen wäre" (Lauinger 2014, S. 7f.). Manchmal erfahre ich von Ausbildungsleitern: „Wir haben gute Werbung gemacht. Unser Kurs ist voll." Ich habe noch nie gehört: „Wir haben sehr berufserfahrene Bewerber und starten auch bei halber Gruppengröße." Das reduziert die Honorare.

Denn schließlich leben manche Lehrsupervisoren teilweise oder vollständig von der Ausbildung. In der ÖVS-Befragung waren 26 Prozent der Supervisorinnen und Supervisoren auch als Lehrsupervisoren, also als Ausbilder, tätig (ÖVS-Mitgliederbefragung 2012, S. 7). Unter den Tätigkeiten der Supervisoren in der Schweiz rangiert die Arbeit als Lehrsupervisor bzw. Ausbilder mit 43 Prozent auf Platz sechs aller Aktivitäten (Mehrfachnennungen) (BSO-Mitgliederbefragung 2010, S. 12).

Interessant wäre es, bei den Mitgliedern der Verbände zu erheben, wie hoch der Anteil der Einkünfte aus der Ausbildung des eigenen Nachwuchses gemessen an den Gesamteinkünften ist.

In jedem Falle sollte man bei den Überlegungen, Supervisorin bzw. Supervisor werden zu wollen, auf die Zertifizierung der Ausbildungsinstitution bei den jeweiligen nationalen Verbänden, beispielsweise DGSv, ÖVS oder BSO, achten.

Qualitätssicherung supervisorischer Arbeit

Die Supervision hat sich vergleichsweise schnell und weit entwickelt. Oberflächlich betrachtet erfüllt sie alle Merkmale eines „klassischen" Berufes: Qualitätsstandards, weitgehendes Monopol von Handlungen, eine bekannte (aber nicht geschützte) Bezeichnung sowie eine berufliche Ethik.

Alle erwähnten Supervisionsverbände haben inzwischen ethische Regeln, Systeme der Qualitätssicherung und eine *Ombudsstelle* zur gütlichen Beilegungen von Streitigkeiten eingerichtet (S. 185,unten).

Im Internet kann man die Broschüre „Qualitätsverfahren DGSv" nachlesen. Darin wird beispielsweise erwartet, dass sich die Verbandsmitglieder selbst qualifizieren, weiterbilden und das dokumentieren. Aber diese *Erwartung* ist kein *Muss*, sondern nur ein *Appell*. Das DGSv-Mitglied Lauinger fragt in der Mitglieder-Zeitschrift „Journal Supervision": „Was würde erst geschehen, wenn die Zertifizierung zum/zur Supervisor/in DGSv befristet wäre" und zur Erneuerung verschiedene Nachweise wie beispielsweise die Teilnahme an einer Balint-Gruppe, Einzel- oder Gruppenkontrollsupervision oder einer Intervisionsgruppe erbracht werden müssten? Seine Antwort auf die selbstgestellte Frage lautet: „Der Traum vom größten Verband in der Bildungs- und Beratungsszene wäre schnell ausgeträumt" (Lauinger 2014, S. 8).

In der Schweiz ist man einen Schritt weiter gegangen. Der BSO hat ein verbindliches Qualitätssystem eingerichtet. Die Mitglieder müssen ihre Weiterbildung jährlich dokumentieren und mit Unterschrift bestätigen. Zwei vom Verband ernannte Mitglieder überprüfen die Angaben. Wohl auch weil nicht alle damit einverstanden waren bzw. keine Nachweise liefern konnten, ist es schon zu Ausschlüssen bzw. Austritten von Mitgliedern gekommen. Die ÖVS verfährt ähnlich wie der BSO. Die Mitglieder müssen im Laufe einiger Jahre eine Anzahl von Stunden in der Weiterbildung verbindlich nachweisen. Aber nach der ÖVS-Mitgliederbefragung nimmt etwa ein Drittel der Befragten „nicht regelmäßig an Intervisionen teil" und findet es nicht wichtig, dass die ÖVS in dieser Hinsicht Vorschriften macht (2012, S. 38).

Von der Supervision zum Coaching

Bekanntlich ist die Ausbildung im Coaching wesentlich kürzer und billiger, schrieb der ehemalige Vorsitzende der DGSv Weigand (2006, S. 43). Hausinger/Volk ergänzen mit dem Hinweis, dass man für die Supervision etwa 500 Stunden und für das Coaching nur ungefähr 150 Stunden aufwenden (und bezahlen) muss (2013, S. 3).

Für rund 3.000 Euro kann man in zwei bis drei Wochen in einem Crashkurs Coach werden. Das Mindestalter beträgt 24 Jahre. Statt eines abgeschlossenen Studiums genügen auch drei Jahre Berufserfahrung (coachakademie.ch). Ein anderes Coaching-Angebot, „kurz und intensiv" mit „Hypnose u. Kommunikation", von einem „Dipl.-Psych." kann man in fünf Tagen zwischen Weihnachten und Neujahr 2014/2015 in Gran Canaria für 1.500 Euro Kursgebühr absolvieren. Es soll auch „staatlich zert." sein (www.coaching-forum-koeln.de) (Psychologie heute 12/2014, S. 97).

Coaching ist inzwischen zur Konkurrenz geworden und dringt in die Felder der Supervision ein (Kühl 2006, S. 10). Nach Schreyögg ist die „Coaching-Welle" inzwischen der „Supervisions-Welle" gefolgt. Dabei hat Coaching „der Supervision nicht nur die Ausbildungskandidaten ‚weggefressen', sondern auch die potenziell zu beratende Klientel" (2013, S. 234). Kühl schreibt, dass die Supervision es verpasst habe, die „Coaching-Welle" zu integrieren (2006, S. 5ff.). Doch wie hätte das geschehen sollen? Ohne eine rechtliche Regelung sind Begriffe wie „Supervision" und „Coaching" ebenso wenig geschützt wie „Astro-Horoskop-Beratung" und

„Feng-Shui-Beratung". Es hat mehrere Jahrzehnte gedauert, bis „Psychotherapie" in Deutschland gesetzlich geregelt, rechtlich geschützt und für Psychologen mit anerkannter Zusatzausbildung als Kassenleistung anerkannt wurde. Welche Politik-Lobby kann für den Schutz der Supervision gewonnen werden? Die Supervisionsverbände sollten nachvollziehen wie Jahrhundertwerke, wie beispielsweise die „Psychiatrie-Enquete" von 1975 und das „Psychotherapeuten-Gesetz" von 1999 zustande gekommen waren.

Bei den Schwesterverbänden der DGSv, also der BSO und ÖVS, hat man sich schon früher dem *Coaching* zugewendet. Gruppierungen innerhalb der DGSv scheinen dem folgen zu wollen. So haben zwei führende Mitglieder der DGSv eine Broschüre mit dem Titel: „Erneuerung statt Imagepflege" publiziert. Angesichts des Coaching-Booms und des ausgeweiteten Begriffs von Coaching unterscheiden sie *zwei Schwerpunkte* von Coaching:

- Das ursprüngliche Coaching für Leitungspersonen im Management- und Personalbereich sowie
- „Bindestrich-Coachings" als „individuelle Lebensberatung für unterschiedlichste Fragen des Alltages" (Hausinger/Volk 2013, S. 5).

Den Geschäftsführer der „Deutschen Gesellschaft für Supervision" stört die „unentschiedene Diskussion zwischen Supervision und Coaching". Die meisten Interessenten von Beratung kennen die Unterschiede nicht genau, sie benötigen Unterstützung, und ihnen ist es am Ende „egal, wie es heißt". Wichtig ist dann, dass ich prüfe und entscheide: „Kann ich das? Passe ich zu denen, passen die zu mir? Kann ich das Thema oder Problem verstehen? Habe ich eine Idee, wie ich helfen kann?" Allerdings hat Supervision ein „theoretisch fundiertes und in der Praxis bewährtes Konzept". Auch wenn die Kunden einen Coach anfordern, versteht er sich als Supervisor. Und der größte und potenteste deutsche „Coaching-Verband" ist die „Deutsche Gesellschaft für Supervision" (Fortmeier 2015, S. 4).

Einige Ausbildungsinstitute bilden inzwischen schon zum Supervisor, Coach und Organisationsberater aus.

Ein Kenner der Supervisionsszene aus Österreich hatte schon vor Jahren die Tendenz zu immer mehr Weiterbildungen und Titeln mit folgendem Bild charakterisiert:

> „Nachdem die *Supervisions-Alm* abgegrast ist, ziehen viele den Berg hinauf und versuchen ihr Glück auf den *neuen Almen* für Organisationsberater, Coaching- bzw. ‚Work-Life-Experten', Mediatoren sowie Burn-out- oder Mobbingberater." Um genügend Kunden zu gewinnen, werden Probleme definiert, für welche die neuen Helfer dann Rezepte zur Verfügung stellen. Aus einer Depression wird ein Burn-out, und ein normaler Teamkonflikt wird zum Mobbing stilisiert. Auf den Visitenkarten, Flyern oder im Internet kann man dann eine bunte Sammlung von Titeln der Helfer finden" (René Reichel, mündlich 2015).

Vor allem beim „Bindestrich-Coaching“ werden viele Personen im Schnellverfahren zu „Coaching-Beratern“ ausgebildet, ohne dass es einen Markt für deren Leistungen zu geben scheint. Kühl spricht davon, dass ein erheblicher Teil des „Umsatzes mit der Ausbildung künftiger Berater – und nicht mit der Beratung von Klienten“ erzielt wird. In diesem Zusammenhang spricht er von einem „Kettenbriefsystem“ (2005, S. 20).

15 Neue Felder und neue Aufgaben für die Supervision

Es wurde erwähnt, dass die Berufsgruppe der Sozialarbeiter in den drei Fachverbänden nicht mehr jeweils die Mehrheit darstellt. Eine Hoffnung auf Ausweitung der Supervision besteht im Gang in neue Felder, von denen viele aber gar nicht so neu sind. Nachstehend werden einige dieser Arbeitsfelder mit ihren „supervisionsträchtigen“ Themen vorgestellt.

Freiberufliche Einzelkämpfer

Durch einen Aufsatz von *René Reichel* (2008), auf den ich mich in diesem Abschnitt beziehe, wurde ich auf diese in der Supervisionsliteratur vernachlässigte Gruppe aufmerksam. In Wien umfasst die Zahl der Einpersonenunternehmer mehr als die Hälfte aller angemeldeten Gewerbe. Zu dieser Gruppe gehören einerseits vor allem Ärzte, Anwälte, Architekten, Steuerberater oder Versicherungsmakler. Manche kommen in eine gesicherte Existenz, etwa indem sie die Arzt- oder Anwaltspraxis von Vater oder Mutter übernommen haben. Andere wechseln von einer Angestelltensituation in die Selbstständigkeit, allerdings mit neuen Rollenanforderungen.

> Nach vielen Jahren in der Klinik lässt sich der Facharzt in die freie Praxis nieder. Er ist jetzt zwar sein eigener „Herr“, sieht sich aber auch mit vielen neuen und ungewohnten Aufgaben konfrontiert: der Organisation einer großen Praxis, Führung mehrerer Arzthelferinnen sowie den großen Diskrepanzen zwischen eigenem Anspruch, medizinisch helfend tätig zu sein, und der Tatsache, dass auch Patienten mit Problemen kommen, die eigentlich keiner medizinischen Hilfe bedürfen. Dabei geht es um den Wunsch, „krankzufeiern“, Kontakt zu haben oder die Frühberentung vorzubereiten.

Vor allem Ärzte, die von der Klinik in die Freiberuflichkeit wechseln, leiden unter einer Art „struktureller Einsamkeit“. Plötzlich haben sie keine Kollegen als Interaktionspartner mehr und sie sind Vorgesetzte von Arzthelferinnen. In der Klinik war das Pflegepersonal der Pflegedienstleitung unterstellt.

Neu hinzugekommen zur Gruppe der freiberuflichen Einzelkämpfer sind auch Personen, die sich bei einer Selbstständigkeit eher im unteren Einkommensbereich befinden, wie beispielsweise Masseurinnen, Altenpflegerinnen oder PC-Experten. Deren Zugänge zum Einzelkämpfertum können höchst unterschiedlich sein. Nicht wenige haben schon Arbeitslosigkeit erlebt, sind armutsgefährdet und durch Maßnahmen der Arbeitsverwaltung zur Selbstständigkeit gedrängt worden. Der zu Beginn dieses Buches beschriebene Strukturwandel in der Arbeit hat auch viele Scheinselbstständige als eigene „Arbeitskraftunternehmer" geschaffen.

Viel zu wenig ist bekannt, dass es in den helfenden Berufen auch freiberufliche Tätigkeiten gibt. Diese scheinen durch neue Problemlagen, Spezialisierungen und entsprechende gesetzliche Maßnahmen sogar zugenommen zu haben.

So können seit 1998 die Familiengerichte freiberufliche Sozialarbeiter (und Angehörige anderer Berufe) als Verfahrenspfleger, also als „Anwalt des Kindes", bei Streitigkeiten um das Sorgerecht der Eltern bestellen (Böttcher 2008).

Seit einigen Jahren wird auch die „Ambulante Soziotherapie" für Menschen mit psychischen Problemen als Kassenleistung anerkannt. Dadurch ist es möglich, dass Angehörige von Helferberufen (Sozialarbeiter, Pädagogen, psychiatrische Pflegekräfte) freiberuflich tätig sein können. Die Klienten werden vom Arzt zugewiesen, und die Betreuer dürfen bis zu 120 Stunden innerhalb von drei Jahren abrechnen. Auch in diesem Feld sind sicherlich Supervisionsangebote für diese „Einzelkämpfer" möglich.

Eine Physiotherapeutin, die eine Supervisionsausbildung absolviert hatte, kann nun als freiberufliche Lehrkraft an einer Fachschule für Physiotherapeuten ganz anders unterrichten und Praxisfälle besprechen als vorher (Landsberg 2015). Ähnliches wird von Logopäden (Donner 1997, S. 353ff.) oder Ergotherapeuten (Jarecki 1997, S. 367ff.) berichtet. Eine Gruppe freiberuflicher und miteinander kooperierender Hebammen lässt gelegentlich eine Supervisorin an ihren Besprechungen teilnehmen.

Gemeinsame Merkmale dieser neuen Freiberufler sind eine „strukturelle Einsamkeit", Umgang mit Risiken und einer selbst zu bestimmenden Zeitstruktur sowie ein dadurch gefährdetes Familienleben. Man muss persönlich gut strukturiert sein, sich selbst organisieren und verwalten (Steuerfragen, EDV) sowie Austausch mit Kolleginnen und Kollegen finden. Wichtige Themen für Supervision mit diesen freiberuflichen Einzelkämpfern sind die Gewinnung neuer Kunden und Honorarfragen, die leicht zu Selbstwertfragen werden können. Teilweise handelt es sich um Tätigkeiten, die früher im Profit- und Non-Profit-Bereich durch Festanstellung geleistet worden sind. Jetzt tragen diese selbstständigen „Arbeitskraftunternehmer" alle Risiken (Sozialversicherung). Manche haben auch einen Zweit- oder Drittjob.

Kleine und mittlere Unternehmen

Ein weiteres Geschäftsfeld ist Supervision für den *selbstständigen Mittelstand* (Münsterjohann/Stachowitz 1994). Unternehmer im mittelständischen Bereich haben es auch mit nicht fachlichen Problemen auf der psychologischen und organisatorischen Ebene zu tun. Im Vergleich zu den großen Industriebetrieben mangelt es vereinzelt arbeitenden Selbstständigen an Fortbildungsmöglichkeiten, die auf ihre Bedürfnisse zugeschnittenen sind. Gerade Angehörige akademisch ausgebildeter (technischer) Berufe meinen, dass fachliches Können allein ausschlaggebend für den beruflichen Erfolg sei. Wenn sie die kommunikative und organisatorische Seite ihrer Tätigkeit übersehen, werden sie eventuell auch Opfer ihrer hochgradigen Spezialisierung.

In der Fachliteratur ist ein Bericht über die Supervision in einem *Reisebüro* bekannt. Die Inhaberin eines neuen Reisebüros engagierte eine Supervisorin, um das Betriebsklima zu verbessern. Während der Supervisionszeit mussten zwei Kündigungen verkraftet werden (Kaupp 1993).

Von einem *selbstständigen Architekten* liegt folgender Bericht über seine Erfahrungen mit Supervision vor:

> Bisher habe ich technische, kaufmännische oder gewerbliche Berufe eher rein funktional betrachtet. Als Architekt und Leiter eines Planungsbüros war es mein Ziel, dass der Bauherr durch mein Zuhören, Verstehen, Beraten, Planen und Ausführen einer Baumaßnahme einen größtmöglichen Nutzen für sich erreichen sollte. Über meine persönliche Wirkung bei meinen beruflichen Aktivitäten habe ich mir in der Vergangenheit eigentlich wenig Gedanken gemacht. Zufällig bemerkte ich in einer beruflichen Weiterbildung, dass mir einige der Teilnehmer durch ihre Verhaltensweisen unangenehm waren. Ich war nicht in der Lage, ihnen das zu sagen. Ein Teilnehmer schien das mitbekommen zu haben. Jedenfalls fragte er mich, weshalb ich im Gespräch mit ihm so „grinsen" würde, ob er mich langweile. Das gab mir zu denken. Zufällig erfuhr ich zur gleichen Zeit aus dem Bekanntenkreis, dass sich Supervision genau mit diesen Fragen und ihrer möglichen Lösung beschäftigt. Nach mehreren Wochen Bedenkzeit hatte ich mich bei einem Supervisor angemeldet. Auf meine Frage, wie Supervision abläuft, erhielt ich die sinngemäße Antwort, dass ich das selber bestimmen würde. Erst im späteren Verlauf der Supervision wurde mir klar, was damit gemeint war. In vielen Supervisionssitzungen hat er mir so etwas wie einen „Spiegel" vorgehalten. Wie wirken meine Stimme, Sprache, meine Ausdrucksweise und meine Körperhaltung auf meine Gesprächspartner? Wird auch etwas anderes verstanden als das, was ich vermeintlich mitgeteilt habe? Hinzu kommt noch der Anlass für meinen „Gang zum Supervisor": Wie kann ich das, was ich fachlich vertrete, auch richtig „rüberbringen"? Alle zwei Wochen hatte ich nun Gelegenheit, fernab von der Alltagsroutine die kommunikativen und beziehungsmäßigen Anteile meiner Arbeit zu reflektieren. Was war dabei wichtig und neu? Ich habe gelernt, besser darauf zu achten, wie ich berufliche Beziehungen aufnehme und gestalte. Ich habe erfahren, wo meine „blinden Flecken" liegen, was ich immer wieder bei mir oder anderen übersehe oder umgekehrt leichtfertig in andere „hineinsehe". Weiterhin hat mir die Supervision eine Bestätigung von bisher eher unsicheren Vermutungen gebracht. Bei manchen Themen hatte ich den Eindruck, so oder so ähnlich hast du es vorher schon gewusst, bist dir allerdings nicht sicher gewesen. Diese zunehmende Klarheit war dann sehr hilfreich für die Zukunft. Wichtig war es noch, meine professionelle Rolle als einen Teil von mir zu sehen, aber auch meine persönliche Grenze zu erkennen und zu schützen.

Bei vielen kleinen und mittleren Unternehmen handelt es sich um *Familienbetriebe*. Spätestens bei der Nachfolgefrage und der Übergabe an die Erben kann es zum Streit kommen. Zwischen den Erben können alte *Rivalitäten* (auch aus der Kinderzeit) wieder aktuell werden und das Unternehmen gefährden. Ein weiteres Konfliktpotenzial ergibt sich, wenn die jüngeren Erben dominieren wollen und auf *langjährige führende Mitarbeiter* mit viel mehr Erfahrungen stoßen. Dann benötigen Supervisoren mindestens dreierlei Wissen und Können: Gruppendynamik, Familientherapie und Unternehmenskultur.

Industrie

Wenn an dieser Stelle von Supervision in der Industrie gesprochen wird, ist nicht Coaching (S. 105ff., oben) für Führungskräfte gemeint. Auch die untere bzw. mittlere Hierarchieebene in der Industrie kann bei betrieblichen Veränderungsprozessen durch supervisionsähnliche Weiterbildungen profitieren. Manchmal wird berichtet, dass in der Industrie Honorare gezahlt werden, die etwa dreimal so hoch sein sollen wie im Sozialwesen (Brünker 2004, S. 292). Das mag für einzelne bekannte Namen und prominente Unternehmensberater zutreffen. Deutlicher sind die Ergebnisse in der DGSv-Mitgliederbefragung von 2009. Der Jahresumsatz für Tätigkeiten in der Industrie (nicht der Gesamtjahresumsatz) beträgt durchschnittlich knapp 18.000 Euro, wobei er bei den Männern etwas höher ist als bei den Frauen. Der Umsatz pro Beratungsauftrag liegt bei unter 5.000 Euro. Im Gesundheits- und Sozialwesen waren das 12.000 bzw. 1.100 Euro (S. 23ff.). In der Industrie werden vor allem auf der mittleren Ebene Qualifikationen verlangt, die in der Supervision gut vermittelt werden können. Um welche Qualifikationen handelt es sich? Vor allem in der modernen und international ausgerichteten Industrie weiß man, dass eine rein auf Rationalität und Gewinnsteigerung orientierte Mitarbeiterführung nicht viel Effizienzzuwachs erbringen kann. An humanistischen Prinzipien orientierte Methoden von Leitung und Gruppenführung werden immer häufiger nachgefragt. Auch der zunehmende internationale Konkurrenzdruck hat zu neuen betrieblichen Strategien geführt. Das Schlagwort von der *Lean Production* bzw. vom *Lean Management* besagt, dass mit dem Abbau von überkommener Hierarchie sowie der Vereinfachung der Verwaltung auch eine Ersparnis von Arbeitskraft, Material und Zeit einhergehen könne. Ferner könnten die kreativen Potenziale der Mitarbeiter besser genutzt werden. Vor allem die Vorgesetzten auf den mittleren Unternehmensebenen müssen von der bisherigen Rolle als „Anweiser" zu kooperierenden Gruppenleitern und Moderatoren umgeschult werden. Statt herkömmlicher „Rezepte" kam dann die Suche „zur Qualifizierung vor Ort" (Dorando/Grün 1993, S. 56f.). Aus diesem Grunde finden Supervisoren auch Beschäftigung in der betriebsinternen Fortbildung von Meistern oder Leitern von Gruppen auf der unteren oder mittleren Ebene (Butzko 1994, S. 319).

Das Thema Supervision in der Industrie kann hier nicht vertieft werden. Abschließend soll auf einige diskussionswürdige Fragen verwiesen werden:

Haben Supervisoren überhaupt *Feldkompetenz* für die Arbeit in der Industrie? Können sie sich mit den *Zielen* im Wirtschaftsbereich identifizieren? Wie verhalten sie sich im möglichen *Konflikt* zwischen Geld und Ethik? (Diebäcker 1994; Weigand 1993).

Öffentlicher Dienst

Supervision ist auch schon in verschiedenen Bereichen von *Verwaltung* bzw. öffentlichen Dienstleistungen als eine Fortbildungsmöglichkeit bekannt (Stahmer/Brauner 1994). Die Variationen und Anwendungsmöglichkeiten scheinen unerschöpflich zu sein: Da wird eine Supervisorin als Fortbildnerin für Mitarbeiter einer städtischen Badeanstalt eingestellt. Denn die Einrichtung hat Probleme, sich vom traditionellen Badebetrieb auf ein wettbewerbsorientiertes und verbraucherfreundliches „Spaß-Bad" umzustellen. Aus Österreich liegt ein Erfahrungsbericht vor über „Supervision in der Verwaltung" (Prowaznik 1997, S. 319ff.). Auch in Deutschland holte man sich bei der Umstellung auf bürgernahe Verwaltung gerne Personalfachleute und Supervisoren für die interne Weiterbildung des Personals.

Kirche

Schaut man sich die Tätigkeiten von Gemeindepfarrern an, so sind diese nicht nur sehr vielseitig, sondern beinhalten dadurch auch die Gefahr von Überforderung. Neben den Gottesdiensten, Hausbesuchen, Taufen, Beerdigungen sind noch Konfirmandenunterricht, die Aufsicht über einen Kindergarten, ein Jugend- oder Gemeindezentrum sowie die Führung eines Gemeindebüros zu leisten. Viele Pfarrer sind darin nicht ausgebildet. Ursprünglich an theologischen und seelsorgerischen Fragen interessiert, finden sie sich nun in Rollen als Sozialarbeiter, Therapeut, Lehrer oder Manager wieder. Auch der Umgang mit dem Gemeindevorstand und der kirchlichen Hierarchie muss gemeistert werden. Zunehmend wird die Supervision deshalb auch als „pastoralpsychologischer Dienst" verstanden. Supervision soll der „inneren Ermüdung" bzw. den Folgen des *Burn-out* entgegenwirken. Verschiedene Landeskirchen haben deswegen Richtlinien zur Supervision und Weiterbildung von Pfarrern sowie anderen kirchlichen Mitarbeitern erlassen. Supervisorisch ausgebildete Pfarrer sollen dabei anderen Geistlichen beratend zur Seite stehen (Knizia 2003; Klessmann/Lammer 2007; Wolf 1997). Im Jahr 2014 veranstalteten die „Evangelische Kirche im Rheinland" sowie die „Deutsche Gesellschaft für Supervision" gemeinsam einen Fachtag über Supervision im kirchlichen Bereich. Auch unterhält die Evangelische Kirche von Hessen und Nassau ein eigenes Institut für Personalberatung, Organisationsentwicklung und Supervision (Bredt 2014).

Frühpädagogik

In wohl kaum einem pädagogischen Bereich hat es in den letzten Jahren so viele Veränderungen gegeben wie im Vorschulsektor. Verschiedene internationale Studien über den Vergleich von Schulleistungen weisen darauf hin, dass im Vorschulsektor mehr zur intellektuellen Förderung gemacht werden sollte. Seitdem hat man einiges versucht. Vieles davon allerdings auf der Ebene von Modellprojekten innerhalb der Kulturhoheit der Bundesländer. Nach dem Ende der DDR hatte man in Ostdeutschland die Ganztagsbetreuung als „familienfeindlich" bezeichnet; jetzt wird sie im Zuge des internationalen Wettbewerbdrucks bundesweit gesetzlich gefördert. Auch für Kinder unter drei Jahren existiert seit 2013 ein Rechtsanspruch auf frühkindliche Bildung und Betreuung. Vielfach wird verlangt, dass die Frühpädagogik auf die Leistungsanforderungen in Schule und Berufslebens vorbereiten solle. Dazu gehört beispielsweise auch ein Englischunterricht. Einige Eltern fordern sogar Unterweisung in Chinesisch. Eine amerikanische Psychologin chinesischer Herkunft dient mit ihren Medienauftritten als „Tiger-Mama" als Vorbild. Der Alltag im Kindergarten hat sich ebenfalls verändert. Die zunehmende Aufnahme von Kindern aus anderen Kulturen stellt große Anforderungen an die Betreuung in der deutschen Sprache. *Der* Kindergarten existiert längst nicht mehr. Je nach Lage, Einzugsgebiet, Personal, Zielen und möglichen Angeboten hat sich der Vorschulbereich extrem differenzieren müssen. Wie verschieden sind doch eine private Einrichtung in einem Villenviertel Berlins und eine Kita in Berlin-Kreuzberg. Es sind völlig neue Schwerpunkte aufgetaucht. Beispielsweise wendet sich in Bonn eine Kita „vorrangig an Kinder suchtmittelabhängiger Eltern". Die Betreuung ist vom vierten Lebensmonat bis zur Schulpflicht möglich. Diese Veränderungen haben auch auf der Ebene des Personals zu gewaltigen Neuerungen geführt.

In Deutschland stellte man fest, dass sich das Qualitätsniveau des Vorschulbereichs weit unterhalb der Spitze des internationalen Standards befand. In Ländern wie Japan, Südkorea, Kanada, Neuseeland oder in Skandinavien, die in den PISA-Untersuchungen weit oben rangierten, befinden sich die Ausbildungen für den Vorschulbereich auf einem weit höheren (oft universitären) Niveau. Außerdem gehören unbedingt mehr männliche Bezugspersonen, etwa wie in Skandinavien, in die frühpädagogischen Einrichtungen.

In Südtirol existiert eine universitäre Erzieherausbildung von früher vier und jetzt fünf Jahren Dauer nach dem Abitur. Unter den etwa 30 Absolventen eines untersuchten Jahrganges befand sich ein Mann.

In Deutschland wurde in mehreren Gerichtsurteilen bestätigt, dass männliche Erzieher sich als Pädophile an ihnen anvertrauten Kindern vergangen hatten. Das erschwert die wichtigen Absichten von jungen Männern, im Vorschulbereich tätig werden zu wollen.

Ähnlich wie in der Ausbildung zur Pflege hat man auch im Vorschulbereich durch Druck auf die Politik die Ausbildung teilweise über Modellprojekte auf Hochschulniveau angehoben. Nun hatte man unterschiedlich lange ausgebildetes und bezahltes Personal in der gleichen Einrichtung. Das führte dann zu Problemen zwischen jüngeren, oft wissenschaftlich ausgebildeten Fachkräften und den älteren Erzieherinnen, die über viele Jahre Praxiserfahrung verfügten und sich oft in Leitungspositionen befanden.

Neben diesen Konflikten zwischen den „Alten" und den „Neuen" kann es auch zu weiteren Intergruppenkonflikten zwischen Eltern und Erzieherinnen kommen (Krenz 2013a). Aus alldem ergibt sich ein erhöhter Bedarf an Teamentwicklung (Krenz 2013b) bzw. Supervision für die sich verändernden Einrichtungen im Vorschulbereich. Sicherlich ist auch hier neben der Beratungskompetenz die Feldkompetenz gefragt.

Im Vorschulbereich und besonders auch in der Schule hat man es zunehmend mit dem Druck von leistungsbewussten (Mittelschicht-)Eltern zu tun. Diese scheinen viele ihrer Hoffnungen auf den sozialen Aufstieg der eigenen Kinder über schulische Leistungen zu setzen. Die Pädagogen sehen sich folglich immer mehr dem Druck von Eltern ausgesetzt.

Schule

Lehrerarbeit gehört nicht direkt zu den helfenden Berufen. Doch es existiert eine große Schnittmenge zwischen beiden Tätigkeiten. Personen, die unterrichten, sind immer wieder auch mit persönlichen und sozialen Problemen ihrer Schüler sowie deren Eltern konfrontiert.

Außerdem haben in vielen großen Schulen Angehörige der helfenden Berufe schon lange ihren Platz, etwa in Form der Schulsozialarbeit.

Einsatzmöglichkeiten von Supervision in der *Schule* sind schon seit den 1970er-Jahren bekannt. Die psychologische Betrachtung pädagogischer Arbeit in der Schule ist noch älter. Sie geht auch auf eine Anregung *Sigmund Freuds* (1856–1939) zurück. Der Begründer der Psychoanalyse schrieb im Jahr 1925 im Geleitwort zum Buch seines Schülers *August Aichhorn* (1878–1949) „Verwahrloste Jugend" den bemerkenswerten Satz von den „drei unmöglichen Berufen – als da sind Erziehen, Kurieren, Regieren" (Freud, G. W. XIV, 1960, S. 565). Mit „unmöglich" meinte Freud keine Abwertung dieser Berufe. Sondern er dachte daran, dass man als Pädagoge, Arzt oder Politiker (man könnte heute auch Sozialarbeiter und Supervisor hinzufügen) den übermächtigen Anforderungen von Öffentlichkeit eigentlich nie gerecht werden könne. Was Freud als „unmöglich" bezeichnete, führte ein anderer Schüler von ihm, der Pädagoge *Siegfried Bernfeld* (1892–1953), dann genauer aus. Seine bekannte Streitschrift „Sisyphos oder die Grenzen der Erziehung" betont nämlich den Umgang mit der Übertragung im Lehreralltag. „So steht der Erzieher vor zwei Kindern, dem zu erziehenden Kind und dem verdrängten in ihm. Er kann gar nicht anders, als jenes zu behandeln, wie er dieses erlebte. Denn was jenem recht, wäre diesem billig. Und er wiederholt den Untergang des eigenen Ödipuskomplexes am fremden Kind an sich selbst. Er wiederholt ihn auch dann, wenn er scheinbar das Gegenteil all dessen tut, was ihm seine Eltern antaten" (1970, S. 141). Unterbrochen durch Nazi-Diktatur,

Krieg und Nachkriegszeit, sollte es noch knapp vier Jahrzehnte dauern, bis diese Überlegungen wieder Eingang in die Fachdiskussion fanden. *Peter Fürstenau* knüpft in seinem Aufsatz „Zur Psychoanalyse der Schule als Institution" erneut an die Auseinandersetzung mit der Übertragungsproblematik von Pädagogen an. Im Zuge der Bildungsreformen werden die Gedanken dieses Beitrages erst viele Jahre später wieder aufgegriffen. Hervorzuheben sind die Arbeiten von *Horst Brück* (1940–1997), sie liefern den Anstoß für weitere Publikationen (Brück 1978; 1984; Münch 1984), aber auch für die psychoanalytische Weiterbildung von Lehrpersonen. Schon immer wollten viele Lehrer ihre Rolle als „Einzelkämpfer" verlassen und haben seit den 1970er-Jahren die Weiterbildungsmöglichkeiten in Gruppendynamik, Balint-Gruppen oder Supervision für die Klärung schulischer Probleme genutzt (Giere 1972; Palzkill 1995).

Durch den gesellschaftlichen Wandel hat sich vieles an den Schulen verändert. Die *Schülerschaft* differenzierte sich durch Zuzüge aus anderen Ländern. Leistungsdruck und psychosoziale Probleme sollen vor allem in der Oberstufe zugenommen haben. Unterricht ist komplizierter und zeitaufwändiger geworden. Auch durch PISA kommt mehr Wettbewerb ins Schulsystem. Im Grunde genommen muss mit dem gleichen Personal mehr und teilweise anderes geleistet werden. Die lebenslange Verbeamtung der Lehrkräfte ist nicht mehr eine Selbstverständlichkeit. Es sind neue Aufgaben hinzugekommen wie *Inklusion*. Darunter versteht man, dass Kinder und Jugendliche, die etwa aufgrund von Behinderungen oder Sprachproblemen „spezielle Bedürfnisse" aufweisen, in den Regelschulen unterrichtet werden sollen. Gerade für diese Schüler benötigt man eigentlich zwei Lehrkräfte in einer Klasse. Das ist beispielsweise in Italien schon seit Jahrzehnten der Fall. Denn dort wurden Ende der 1970er-Jahre alle Sonderschulen aufgelöst und die Schüler in die Regelschulen übergeführt. Dafür wurden zusätzliche Lehrkräfte für den Teamunterricht in jene Klassen eingestellt, in denen Kinder mit diagnostizierten „besonderen Bedürfnissen" (körperliche, psychische, geistige Behinderung, keine Sprachkenntnisse u. v. a.) aufgenommen worden sind. Diese Lehrkräfte müssen über eine Zusatzausbildung verfügen.

Die Schulen erhielten in Italien größere Autonomie. Auch werden in Italien Schulleiter grundsätzlich auf Zeit beauftragt. In Deutschland haben einige Bundesländer damit begonnen, die Posten der *Schulleitung* vorerst nur für einige Jahre zu besetzen. Nicht immer findet eine Vorbereitung auf die neue Rolle als Schulleiter statt, etwa in Form von Seminaren über Personalmanagement, Organisation, Gesprächsführung, Leitung von Großgruppen oder Qualitätskontrolle (Herrmann 2014).

Zu den neuen Herausforderungen für das Lehrpersonal und damit zu Themen einer *Lehrersupervision* gehört auch die *Schulentwicklung* („Schule als lernende und sich verändernde Organisation"). Reformen in den Schulen werden durch viele Faktoren notwendig: veränderte Schülerschaft, neue Lehrinhalte oder Zusammenlegung bzw. Schließung von Schulen. Ein Modellprojekt „Selbstständige Schule" in Nordrhein-Westfalen setzt auf den Wandel der Lehrerrolle („Moderator statt Pauker"), die veränderten Aufgaben von Schulleitung („Führungskraft mit Entscheidungsspielraum statt Verwalter") und ebenso der Schulaufsicht („Schulentwicklungskraft statt Dienstaufsicht") (Menzel 2004, S. 283).

Im Jahr 2013 startete ein Projekt als Prozessbegleitung. Es handelt sich um eine Kooperation zwischen dem Staatlichen Schulamt Mittelthüringen und der „Deutschen Gesellschaft für Supervision" (DGSv) zum Thema „Auf dem Weg zur inklusiven Schule".

Über „Supervision und Schule" liegt aus Österreich ein Buchbeitrag von Kogelbauer (1997) vor.

An den deutschsprachigen Schulen in Südtirol hat man schon ab dem Jahr 2000 eine entsprechende Servicestelle zur Beratung von Lehrpersonen eingerichtet. Für Lehrkräfte existiert ein kostenloses Angebot an Gruppen- und Teamsupervision. Zusätzlich können Führungskräfte Coaching in Anspruch nehmen (Gasser 2012). Diese Möglichkeiten wurden von den Teilnehmern sehr positiv aufgenommen (S. 190, unten).

Von Jugert kennen wir eine Untersuchung zur „Wirksamkeit pädagogischer Supervision". Das Besondere dabei ist, dass hier auch die „Endabnehmer" der Lehrersupervision, also die Schüler, befragt worden sind. Ergebnis ist, „dass sich im Laufe der Supervision eine bedeutsame Veränderung in der Einschätzung des Lehrerverhaltens durch die Schüler vollzogen hatte. Die Schüler schätzen ihre Lehrer gegen Ende der Supervision durchschnittlich als unterstützender (lobender, verstärkender) als vor Beginn der Supervision" (1998, S. 161).

Eine Untersuchung zum Thema „Was Lehrerinnen und Lehrer gesund hält" stellt fest, dass der Lehrerberuf durch gestiegene „Anforderungen heute zu den besonders belastenden Berufen mit einem überdurchschnittlich hohen Anteil an Frühpensionierungen" gehört und dass von daher mehr „psychosoziale Basiskompetenzen" in der Lehrerweiterbildung genutzt werden sollten (Döring-Seipel/Dauber 2013, S. 111ff.).

Trotz dieser Möglichkeiten muss festgehalten werden, dass im Arbeitsfeld Schule die Supervision und ähnliche Hilfemöglichkeiten noch viel zu wenig angekommen sind.

Sonderpädagogik

Unter „Behinderung" verstand man in der Vergangenheit Beeinträchtigungen von Menschen: geistig, psychisch und körperlich (Hören, Sehen, Sprechen, Sich-Bewegen u. a.). Kinder, die im Lernen beeinträchtigt waren, gehörten ebenfalls dazu. In den vergangenen Jahrhunderten gab es verschiedene Umgangsformen mit diesen Menschen: Ausschluss, Aussonderung (tausendfache Ermordung zwischen 1933 und 1945), Absonderung und Förderung oder Eingliederung in den letzten Jahren. So vielfältig wie die betroffenen Gruppen von Menschen sind auch die Hilfe- und Fördermöglichkeiten. Für schulpflichtige und beschulungsfähige Kinder gab es nach 1945 die „Hilfsschulen", später Sonderschulen mit sich immer verbessernden Angeboten.

Seit den 1990er-Jahren gilt als internationale Vorgabe die *Inklusion*, also die Norm, dass Menschen „mit besonderen Bedürfnissen" in Frühpädagogik, Schule, Beruf und Gesellschaft einzugliedern sind. Das hat auch zu einer entsprechenden Änderung im Grundgesetz geführt. Das Schulsystem ist inzwischen, was die Inklusion betrifft, in Veränderung begriffen.

Im Bundesland Bremen hat man schon 2009 ein Schulgesetz erlassen, wonach künftig alle Schulen zu inklusiven Schulen entwickelt werden sollen.

Vieles, was oben über die Schulen erwähnt wurde, gilt auch für die Sonderschulen. In der Literatur finden sich jedoch wenige Fachbeiträge zur Supervision im schulischen sonderpädagogischen Bereich.

Von der Universität Leipzig ist ein noch laufendes Forschungsprojekt „Videobasierte Supervision und Praxisbegleitung von Studierenden im Lehramt an Förderschulen/ Lehramt Sonderpädagogik" bekannt (Internet-Zugriff 8. 1. 2015). Eine Forschungsarbeit an der Universität Flensburg über den Nutzen von Supervision im Masterpraktikum der Sonderpädagogik erbrachte folgende Ergebnisse: „Supervisanden mit einem direkten oder indirekten Anliegen zu ihrem Masterpraktikum empfanden die Sitzung als entlastend und konnten durch die Thematisierung ihrer Belastung Stress abbauen. Infolge der Supervision entwickelten sie weitere Handlungsmöglichkeiten und (Handlungs-)Sicherheit" (Krause 2012, S. 70).

Aber Sonderpädagogik findet auch außerhalb der Schule statt. Etwa in inklusiven bzw. integrativen Kindergärten, Beschützenden Werkstätten, Tageseinrichtungen oder im stationären Bereich der Heime. Auf diese Vielfalt kann hier im Einzelnen nicht eingegangen werden. Grundsätzlich gelten Aussagen, die weiter oben über die Teamarbeit getroffen wurden, und zusätzlich sind die jeweiligen Feldkenntnisse wichtig.

Als Abschluss zum Thema Sonderpädagogik soll noch auf einen kurzen Beitrag eines Sozialpädagogen und Supervisors über „Supervision für Hörgeschädigte" aufmerksam gemacht werden. Die Besonderheit dieses Aufsatzes ist, dass der Autor mehrere Teams in der ambulanten und stationären Kinder- und Jugendhilfe, der Behindertenhilfe, der Psychosozialen Beratung und auch im ambulanten betreuten Wohnen als Supervisor berät und selbst hörgeschädigt ist (Bratschedl 2014, S. 14ff.).

Supervision für Katastrophenhelfer

Unter dem Sammelbegriff *Katastrophenhelfer* (es existieren auch andere Bezeichnungen) versteht man Hilfen, wie sie von der Feuerwehr, von Rettungsdiensten, dem Technischen Hilfswerk und DLRG oder Bundeswehrsoldaten auch im Ausland sowie durch andere Gruppen oder Einrichtungen, wie beispielsweise die Polizei, geleistet werden.

Polizei: Nach einer Geiselnahme mit Todesfolge in Köln soll es bei Beamten eines Sondereinsatzkommandos zu „persönlichen Problemen" gekommen sein. „Durch eine Supervision, die Polizeibeamte aus anderen Städten geleitet hätten, sei das Problem nun zunächst beigelegt worden" (Kölner Stadtanzeiger, 28. 9. 1995). Diese Pressenotiz ist in mehrfacher Hinsicht bemerkenswert:

- Die Helfer für die betroffenen Polizeibeamten sind felderfahren und wohl auch, was Beratung angeht, fachkompetent.
- Sie sind mit den betroffenen Polizisten nicht persönlich bekannt, denn sie kommen von auswärts.
- Das, was man vor zwanzig Jahren bei der Polizei noch Supervision nannte, firmiert heute unter dem spezialisieren Begriff Trauma-Beratung oder bei längeren Prozessen Traumatherapie.

Zunehmend wird in der Aus- und Weiterbildung von Polizisten auf diese Themen geachtet, beispielsweise gehört zur Ausbildung von über 4.000 Kommissaranwärtern in NRW auch die Berufsrollenreflexion (Freitag 2015, S. 3ff.).

Diese Überlegungen gelten in besonderer Weise für Mitglieder von „Sonder-Einsatz-Kommandos" der Polizei. Aber auch über Beratungstätigkeit als interner Supervisor bei der Polizei liegt eine Publikation vor (Ricken 1994). Ebenso ist ein Bericht aus Österreich über eine ähnliche Arbeit publiziert worden (Sorgo/Meier 1998, S. 187ff.).

Bekanntlich ist die Berufsgruppe der Polizeibeamten in besonderem Maße psychischen Belastungen und sozialem Druck ausgesetzt. Polizeibeamte sehen sich oft mit Situationen konfrontiert, für welche es keine klaren Vorgaben gibt, aber starken Handlungsdruck. Beispielsweise einer Familie den Tod eines Angehörigen mitzuteilen, was einen „Schockschaden" auslösen kann. Damit steigt die Notwendigkeit, als *Person* und gleichzeitig in der beruflichen *Rolle* zu handeln. Supervision bietet dabei eine gute Möglichkeit der Reflexion von Vorbereitung und Nacharbeit.

Feuerwehr: Über den Einsatz von Supervision bei der *Feuerwehr* kennen wir einen Bericht von Gorißen (2014). Sie ist, wie sie selbst schreibt, die „dienstälteste Feuerwehrpsychologin Deutschlands". Eindrücklich schildert sie das besondere Milieu im Arbeitsfeld „Feuerwehr". Vordergründig handelt es sich um einen technischen Beruf. Aber 70 Prozent ihrer Arbeitszeit verbringen die Feuerwehrleute mit „Wachen", also mit Bereitschaft, in der gelernt, geübt, repariert und gewartet wird. Wenn es dann plötzlich zum Einsatz kommt (Brände, Giftalarm, Verkehrsunfälle, Katastrophen, Amokläufe), ist kein Platz für Gefühle. Denn diese sowie Tränen und Trauer gehören nicht zum Berufsbild. Plötzlich sind Feuerwehrleute auf einmal mit den schlimmsten Situationen konfrontiert wie dem Einsammeln von Leichenteilen. Der Bedarf an Supervision sollte sehr groß sein. Doch: „Die Feuerwehren suchen am wenigsten selbst nach Supervision" (S. 168). Denn Hilfe von außerhalb gehört nicht zum Selbstbild dieser Berufsgruppe. „Supervision nach belastenden Einsätzen findet ausschließlich nach Bedarf und somit nicht regelmäßig statt" (S. 169). Nicht selten werden dann auch, vor allem bei jüngeren Feuerwehrleuten, traumatisierende Erlebnisse zum Thema. Deshalb kann es vorkommen, dass „Supervision als Einsatzbesprechung eine therapeutische Komponente aufweist“ (S. 170).

Bei der Supervision dieser Berufsfelder muss man wissen, „wie diese Kultur funktioniert“. Vor allem benötigt man bei „dieser Berufsgruppe gute Feldkompetenz und Fachwissen“ (S. 168).

Unglücke: Im Jahr 1998 entgleiste bei Enschede (Niedersachsen) ein ICE. Das Unglück forderte 101 Tote und knapp 200 Verletzte. Das war nicht nur in Deutschland, sondern auch in den Nachbarländern ein Anlass, für den Ausbau von psychosozialen Diensten bei Katastrophen zu sorgen. Während man früher vor allem an technische und medizinische Hilfe dachte, weiß man heute, dass auch psychosoziale und theologische Unterstützung vor Ort und als Nachsorge notwendig sind. In den Alpenländern hat man schon länger Erfahrungen mit Katastrophen. Als im Frühjahr 2010 in Südtirol (Italien) die Vinschgau-Bahn von einer Schlammlawine verschüttet wurde, waren nach einem Notfallplan nicht nur sehr schnell Techniker zur Stelle, um die neun Toten zu bergen und die Verletzten zu retten. Es kamen auch in „Notfallpsychologie“ ausgebildete Ärzte, Rettungssanitäter, Psychologen, Sozialarbeiter und Notfallseelsorger, um vor Ort und auch später unterstützende Gespräche anzubieten. Notfallpsychologen und Notfallseelsorger halfen auch den Angehörigen der im März 2015 zu Tode gekommenen Insassen der Germanwings-Maschine.

Kriege und Bürgerkriege: Wir alle kennen aus den Medien die leider wiederkehrenden Berichte von Kriegen, Bürgerkriegen, Gewalthandlungen, Katastrophen und Hungersnöten in vielen Teilen der Welt: vergewaltigte Frauen auf dem Balkan oder in Zentralafrika (Hauser/Griese 2011, S. 508f.), Flüchtlinge aus Afghanistan, dem Sudan, Somalia, Eritrea oder dem Nahen Osten. Ein für viele unverständlicher Massenmord nach dem Zweiten Weltkrieg ereignete sich in Ruanda. Binnen hundert Tagen wurde von einer Mehrheitsbevölkerungsgruppe knapp eine Million Menschen der Minderheit ermordet. Denn deren Vorfahren hatten bis drei Jahrzehnte vor dem Genozid die Mehrheit beherrscht. Kränkungen und Hass saßen noch tief. Die Mächtigen und Verantwortlichen der Weltgemeinschaft wollten die Vorzeichen nicht erkennen und sahen dann hilflos zu. Nach dem Ende der Massaker kam es für Ruanda, auch aus Schuldgefühlen, zu einer noch nie gekannten Welle von Hilfsmaßnahmen. Hier wurde erprobt, wie Traumatherapie und deren Supervision unter den erschwerten Bedingungen in einem zerstörten Land bei Sprachproblemen umgesetzt werden können (Belardi 2014a).

Katastrophen: In Erinnerung sind auch noch die Folgen der Tsunami-Katastrophe vom Dezember 2004 in Südasien. Insgesamt hat dieses Seebeben über 230.000 Opfer gefordert; 1,7 Mio. Menschen wurden obdachlos.

Eine deutsche Psychologin, Psychotherapeutin und Supervisorin befand sich zufällig in Sri Lanka während des Tsunamis an der Küste in einem höher gelegenen Hotel. Wegen der schwierigen Verkehrsverbindungen konnte sie nach der Katastrophe nicht nach Deutschland zurückkehren. Nach einigen Tagen wurden deutsche Katastrophenhelfer in ihrem Hotel einquartiert. Beim Abendessen sprachen diese, teilweise unter Schock, über die Erlebnisse des Tages. So ergab sich eine spontane „Notfall-Gruppen-Supervision“.

Nachdem die wichtigsten Aufgaben erledigt sind, steht Hilfe für die Helfer an. Die meisten, die helfen, verrichten ihre Tätigkeit nicht hauptberuflich, sondern sie arbeiten als Techniker, Ärzte, Sanitäter, Feuerwehrleute, Polizisten, Bundeswehrangehörige, Theologen oder Ehrenamtliche normalerweise anderswo. Im optimalen Falle haben alle auch einige Stunden Gesprächsführung mit dem Schwerpunkt Krisenintervention absolviert. Teilweise werden sie zu Dutzenden oder Hunderten schnell an die Orte des Geschehens gebracht, um den Überlebenden und später deren Angehörigen beizustehen.

Wenn ihre Helferarbeit abgeschlossen ist, fallen sie oft mit ihren vielen Eindrücken in ein „emotionales Loch". Dann sind sie selbst in der Gefahr, traumatisiert zu werden, wenn sie nicht jemanden finden, bei dem sie ihre Erlebnisse im Sinne von „Containing" lassen können. Dann ist eine zeitlich begrenzte Supervision mit psychotherapeutischem und traumatherapeutischem Schwerpunkt hilfreich.

Wichtig ist es zu wissen, dass es sich für beide Seiten, die Helfer vor Ort und deren spätere Supervisoren, um eine nebenberufliche Arbeit handelt. (Parallel dazu sollte man den Überlebenden und ihren Angehörigen wohnortsnah langfristige Hilfen anbieten.)

Alle hier genannten Ereignisse sind schrecklich und traurig. Sie können wahrscheinlich auch in der Zukunft nicht verhindert werden. Ein Lichtblick ist jedoch, dass es innerhalb der letzten Jahre gerade durch die Notfallpsychologie und Traumatherapie große Fortschritte in der Supervision gegeben hat.

Traumata: Aus einer Krise (S. 83f., oben) kann auch ein Trauma erwachsen. Unter einem Trauma (oder Psychotrauma) versteht man eine schwere seelische Verletzung aufgrund eines äußeren Ereignisses.

Dabei kann es sich um Erlebnisse aus einem Krieg, einer Katastrophe, einer Gewalthandlung (Körperverletzung, Geiselnahme, Amoklauf, Vergewaltigung) handeln. Heute weiß man, dass sich solche Erlebnisse über mehrere Generationen nicht nur psychisch, sondern auch körperlich negativ bei den Nachkommen auswirken können. Aus der Forschung über unwillentliche und unbewusste Weitergabe traumatischer Erlebnisse der Überlebenden des Holocaust ist bekannt, dass deren Nachkommen „zum Container einer extremen traumatischen Erfahrung" werden können (Freyberger/Freyberger 2011, S. 83). Kinder entwickelten unbewusste Schuldgefühle, weil sie und ihre Eltern „überlebt" haben, Eltern und Kinder beschützten einander. Es kann zu „Abhängigkeitskonstellationen" zwischen Eltern und Kindern kommen. Dabei wird den Kindern der „Schritt in die Autonomie" erschwert, weil es im „Erleben der Eltern zu einer Re-Aktualisierung" der so schmerzlichen frühen Trennungen gekommen war (S. 87). Das kann sich bis in die dritte und vierte Generation auswirken. Scheinbar längst bewältigte Traumata können wieder belebt werden durch verschiedene Anlässe: Jahrestage, Stichworte, Bilder, Erinnerungen oder Geräusche. Dabei können die Traumatisierten ein „Flashback", also ein Wiederbeleben früherer Gefühlszustände, erleiden. Häufig verwendet man dabei den Begriff „Posttraumatische Belastungsstörung" (PTBS); (international: Posttraumatic Stress Disorder, PTSD). Als ein Konzept der Traumatherapie gilt in der Fachwelt „Eye Movement Desensitization and Reprocessing" (EMDR). Die deutsche Bezeichnung könnte sein:

„Augenbewegungs-Desensibilisierung und Wiederaufarbeitung". Dieses prozessorientierte Verfahren der Traumatherapie kann aus räumlichen Gründen hier leider nicht weiter erläutert werden (Schubbe/Gruyters 2011, S. 569f.). Die Soforthilfe bei traumatisierten Menschen folgt den Prinzipien der „Einmalberatung":

- Aktiver sein und gleichzeitig das Leid anhören und aufnehmen.
- Das wichtigste Problem zuerst angehen.
- Stärken sind zu stärken und Schwächen zu schwächen.
- Auf weitere Gespräche (auch mit anderen Helfern) vorbereiten (Märtens 1999).

Pflege

In den Pflegeberufen, vor allem bei der Pflege älterer, kranker und dementer Menschen, herrscht ein großer potenzieller Bedarf an Supervision.

Das Instrument Supervision im Krankenhaus wird zwar als hilfreich betrachtet, „tatsächlich jedoch selten eingesetzt". Eine Ausnahme stellt das Universitätsklinikum Freiburg dar. Denn dort kennt man seit 1991 die Stelle einer organisationsinternen Supervisorin. Deren Unterstützung steht grundsätzlich allen Klinikmitarbeitern kostenfrei zu und wird auf die Arbeitszeit angerechnet. Der Nutzen dieser Supervision ist sehr positiv vor allem hinsichtlich des Selbstverständnisses der Pflegepersonen sowie der Pflegeteams (Wittich/Dieterle 2004, S. 44ff.).

In der Kranken- und Altenpflege können viele Tätigkeiten nur ausgeübt werden durch im sonstigen Leben kaum vorkommende körperliche Nähe. Es entsteht ein schneller Wechsel von Nähe und Distanz. Alte und kranke Körper sind dominant. Die Helferinnen und Helfer müssen oft die eigenen Schwellen von Scham und Ekel überwinden. Vielfach gilt es dann auch, die eigenen Gefühle zu kontrollieren oder abzuwehren. Fast immer sind die Pflegenden wesentlich jünger als die alten Patienten. So kann es beziehungsmäßig zu einer *Generationenumkehr* kommen. Die Jüngeren haben Macht über die Älteren. Viele Pflegehandlungen werden als Folge der Pflegeversicherung durch ein Entgeltsystem mit unrealistischen Zeitvorgaben bestimmt. Bei der Körperpflege für hilfebedürftige Menschen werden in der ambulanten Pflege 30 Minuten und für Hilfe beim Mittagessen 15 Minuten kalkuliert. Es bleibt keine Zeit für ein ausführliches Gespräch. Die Pflegekräfte sind oft gehetzt und bestimmen dann unter Zeitdruck Inhalte, Form und Dauer der Kommunikation: „Ich komme gleich wieder" (Belardi/Fisch 1999, S. 179ff.). Das Personal in der Pflege ist vorwiegend weiblich, und man findet in diesem Arbeitsfeld einen großen Anteil von Helferinnen mit Migrationshintergrund (Gröning 2010, S. 94). Nur etwa die Hälfte der in der Pflege tätigen Mitarbeiterinnen muss nach dem Gesetz über eine entsprechende Ausbildung verfügen („Fachkraftquote"). Erschwerend zur Personalsituation kommt hinzu, dass „in der Pflege rund zwei Drittel der neu Beschäftigten zur Teilzeit angestellt werden" (Pro Alter 2/2014, S. 7). Auch hier macht sich der „Strukturwandel von Arbeit" bemerkbar.

Ein Tag in der stationären Pflege:

> Zwei Kolleginnen haben sich überraschend krankgemeldet. Frau C. und Frau L. müssen in der Spätschicht alle 30 Bewohnerinnen allein versorgen. Seit acht Stunden arbeiten die beiden Pflegerinnen ohne Pause. Erschöpft sehnen sie den Schichtwechsel herbei. Dann kollabiert Frau H., die seit Langem unter Herzproblemen leidet. Schon am Nachmittag klagte sie über Schmerzen. Frau L. ruft den Notarzt, der die alte Frau in die Notaufnahme verlegt. Während Frau C. Feierabend macht, bleibt Frau L. mit ihrem schlechten Gewissen zurück: Sie hätte die Warnsignale ernst nehmen und sich intensiver um ihre Patientin kümmern müssen. Aber wie denn? Bei dieser Personalsituation! Immer bleibt alles an ihr hängen. Noch am selben Abend verlangt die Pflegedienstleitung, dass Frau L. den Zwischenfall sofort dokumentiert. Wieder zwei Überstunden. Frau L. hat Migräne, und ihr Rücken schmerzt. Müde und gereizt tritt sie am Sonntag ihre nächste Schicht an. Ausgerechnet heute wollen auch noch mehrere Angehörige mit ihr sprechen. Als eine Frau sich über die „schlechte Versorgung ihrer armen Mutter" beschwert, verliert Frau L. die Nerven (Beispiel aus: Gregersen 2013, S. 44).

Die Arbeitssituation des Personals zeigt sich manchmal auch in Vernachlässigungen. In der stationären Pflege wurden nach einer Studie des „Medizinischen Dienstes" folgende Mängel genannt:

- Flüssigkeitsversorgung,
- Wundversorgung,
- Inkontinenzversorgung.

Die Häufigkeiten lagen dabei zwischen 25 und 40 Prozent (Deiseroth 2006, S. 23f.). Bisher wurden die Leistungen in der stationären Pflege mit Hilfe eines „Pflege-TÜV" bewertet. Grundlage war ein Katalog mit etwa 80 Fragen. Manche Heime erhielten eine gute Bewertung, obwohl sie im Kernbereich der Pflege, etwa bei der Nahrungsaufnahme oder Flüssigkeitsversorgung, schlechte Bewertungen bekamen. Sie konnten diese schlechten Noten aber durch gute Bewertungen in weniger zentralen Bereichen, wie etwa Freizeitangeboten, ausgleichen.

Wann tritt Gewalt in der stationären Pflege auf?

Nach dem Bericht einer Expertengruppe sollen jährlich in Europa etwa vier Millionen ältere Menschen Misshandlungen erleiden, und rund 2.500 sterben sogar daran. Welches sind die Gründe dafür?

- Pflegepersonen sind überlastet,
- sie sind in eine Situation so „hineingeschlittert".
- Es gibt „ungelöste Konflikte zwischen Pflegeperson und Pflegebedürftigen".

Weiterhin ermittelten die Forscher: „Je höher die Gebrechlichkeit und/oder das Fortschreiten einer Demenz, desto höher ist auch die Gefahr, zum Opfer zu werden" (Sowinski/Michell-Auli 2012, S. 13). Gemessen an der hohen Anzahl der Pflegefälle, geschehen Tötungen von älteren Menschen zwar relativ selten. Aber wenn sie bekannt werden, sind sie sehr spektakulär (Gibicek 1990; „Der Spiegel" 44/1992). Im Jahr 2006 verurteilte das Landgericht Kempten einen damals 28-jährigen Pfleger zu lebenslanger Haft, weil er mindestens 29 Patienten mit einer Giftspritze getötet hatte. In Oldenburg stand 2014 ein Ex-Pfleger wegen der Tötung von über 30 Menschen vor Gericht. Viele ähnliche Vorfälle sind im Buch von Beine (2010) dokumentiert.

In Österreich kam es nach den Tötungen von 42 Patienten im Krankenhaus Wien-Lainz im Jahr 1982 zu Verbesserungen in der Pflege und ebenso auch zu verpflichtender Supervision. Im Gegensatz zu Österreich hat es in Deutschland noch keinen „Supervisionsschub" in der Pflege gegeben. Allerdings ist Supervision kein Allheilmittel in der Pflege. Denn in erster Linie sind bessere Arbeitsbedingungen notwendig. Aber in der Supervision können Belastungen und Missstände thematisiert, Schuldgefühle genommen sowie Veränderungen vorbereitet werden. Aber dafür müssen Geld, Zeit und Raum vorhanden sein.

In den vielen Fachzeitschriften zur Kranken- und Altenpflege findet man kaum einen Beitrag zum Thema Supervision. Manchmal taucht der Begriff Supervision auf, und es wird so getan, als ob diese Begleitung, Unterstützung, Hilfe und Reflexion eine Selbstverständlichkeit wären. Mit anderen Worten: Supervision in der stationären Pflege ist selten und in der teilweise kommerziellen ambulanten Pflege noch seltener.

Ehrhardt und Petzold hatten mehrere Untersuchungen zur Supervision im Feld der Gerontologie in Deutschland, Österreich und der Schweiz miteinander verglichen und festgestellt, dass „nur ein Drittel der befragten MitarbeiterInnen ihre Erfahrungen als ‚gut' bewerteten" (2014, S. 142). Wie kann man sich ein derart schlechtes Ergebnis und auch die oben erwähnte geringe Repräsentanz der Supervision gerade im ansteigenden Arbeitsfeld Gerontologie erklären? Im Bereich der Pflege kommen mehrere für viele Supervisorinnen und Supervisoren fremde Themen zusammen: Medizin, Technik, ein fremdes und kassenfinanziertes Arbeits-Zeit-Leistungssystem sowie ein oft auch angstmachendes Milieu von Krankheit, Sterben und Tod. Da nur knapp ein Prozent der DGSv-Supervisorinnen aus den Pflegeberufen kommen, haben wir vermutlich oft mit feldfremden Supervisorinnen und Supervisoren zu tun.

Tabuthema: Gewalt an den Helfern

Vor vielen Jahren erschien in der Fachzeitschrift „Sozialmagazin" (3/1991) ein Themenheft über die „Gewalt von Klienten" an den Helfern. Darin ging es vorwiegend um Übergriffe von Jugendlichen an Sozialarbeitern in der Offenen Jugendarbeit. Es wurde eine Reihe von möglichen Ursachen für Gewalthandlungen genannt. Die unerfahrenen Helfer hatten die Wertewelt und den Gruppenzusammenhang der Klienten zu wenig berücksichtigt. Oft konnten sie nicht rechtzeitig eine Grenze setzen, sondern hatten es bei Warnungen bzw. Appellen belassen. Interessant war, dass es sich beim Thema „Gewalt der Klienten" um ein *berufliches Tabu* handelte. Denn es widerspricht dem Selbstverständnis der Helferberufe, dass sie als die

„Guten" von denjenigen, denen sie beruflich „helfen" möchten, schlecht behandelt werden. Also schweigt man lieber über derartige Vorkommnisse und verstärkt die Bemühungen, noch „besser" zu sein (Belardi 1991, S. 20ff.). Es kann dann zu einem verhängnisvollen Kreislauf kommen, der im Burn-out, einem hilflosen Helfertum oder Berufswechsel endet: mehr Anstrengungen, mehr Freundlichkeit, Grenzverlust, Angst, zur Arbeit zu gehen, körperliche und psychische Erkrankungen. Bemerkenswert ist, dass diese Vorfälle weniger bei Unterhaltungen mit den Kollegen, sondern eher in der Gruppensupervision zur Sprache kamen.

Ähnlich scheint es auch in der Altenhilfe, speziell der Pflege, zu sein. Aggressionen von Bewohnerinnen und Bewohnern dem Pflegepersonal gegenüber stellen ein „ernstzunehmendes Thema des beruflichen Alltags" dar. Dazu gehören auch sexuelle Angebote von älteren männlichen Bewohnern dem jüngeren weiblichen Pflegepersonal gegenüber. Beim Ansprechen von aggressivem Verhalten im Verlauf der wissenschaftlichen Untersuchung wurde deutlich, dass die Thematik „einerseits mit einem erkennbaren Interesse durch alle Ebenen der an der Pflege Beteiligten quittiert wurde, andererseits auch Scham bei einer entsprechenden Betroffenheit deutlich wurde". Dabei fielen Aussagen wie: „Das geht doch vielen so, ohne dass man darüber spricht." Heidenreich und Kuhnke-Wagner fordern, das Thema zu „enttabuisieren" und die Betroffenen durch „kollegiale Beratung, Supervision, integrierte Mediation" zu unterstützen (2012, S. 51).

Supervision mit Ehrenamtlichen

Nicht nur in der Pflege, sondern auch in vielen anderen Bereichen des Sozial- und Gesundheitswesens würden die Hauptamtlichen ohne die ehrenamtlichen Kräfte viele ihrer Aufgaben nicht bewältigen können. Die Zahl der Ehrenamtlichen in den Wohlfahrtsverbänden übersteigt die Anzahl der Beschäftigten mit Festanstellung. Allein für die Caritas und die Diakonie sind, je nach Definition, zwischen ein und eineinhalb Millionen Freiwillige tätig. Rechnet man die geleisteten Hilfestunden aller über 65-jährigen Ehrenamtlichen in Vollzeitstellen um, so erbringen diese der Allgemeinheit jährlich die Leistungen von mehr als einer halben Million hauptberuflicher Arbeitskräfte (Generali Altersstudie 2012, S. 535). Schätzungsweise übt jeder fünfte Bundesbürger in irgendeiner Weise eine unbezahlte Helfertätigkeit (Neues Ehrenamt, Bürgerarbeit) aus. In der Altersgruppe der über 65-Jährigen sind das sogar mehr als 40 Prozent (S. 344). Ewa zwei Drittel von ihnen sind Frauen. So zum Beispiel die *Grünen Damen*. Dabei handelt es sich um einen seit 1969 bestehenden freiwilligen Besuchsdienst von circa 10.000 ehrenamtlichen Frauen (und Männern) in etwa 700 Krankenhäusern und Pflegeeinrichtungen Deutschlands. Um diese Ehrenamtlichen vom medizinischen und pflegerischen Personal zu unterscheiden, tragen sie grünfarbige Kittel. Die Angebote dieses konfessionsübergreifenden Dienstes bestehen vorwiegend im Führen von Gesprächen, Einkaufen oder Vorlesen. Manche Tätigkeiten, wie Unterstützung für Migranten, Hospizarbeit, Sterbebegleitung im

Privathaus, Telefonberatung bzw. Telefonseelsorge, können nur von ehrenamtlichen Kräften bewältigt werden. Denn niemand sollte acht Stunden täglich hauptberuflich am Krisentelefon oder neben Sterbenden sitzen müssen.

Angesichts derartiger Belastungen ist es wichtig, die Gründe für die Aufnahme einer ehrenamtlichen Tätigkeit zu verstehen. Supervisionsähnliche Gespräche können auch schon vor Beginn der Tätigkeit hilfreich sein. Denn eine Reflexion der Motive zur Hilfe wie auch eine Vorbereitung auf die besonderen Herausforderungen, Schwierigkeiten und Bereicherungen sollten stattfinden. Die Spannbreite der möglichen Motive reicht von Idealismus, Humanismus, Glaube, Kontaktwünschen, Weiterbildung, Sinnsuche bis zum Wunsch nach Anerkennung. Rothenberg benennt aber auch: „diffuse Helfermotivation, eigene (unverarbeitete) Lebensprobleme (z. B. Abarbeitung eigener Schuldgefühle)“ (2005, S. 137).

Ein weiteres Thema für Supervision mit Ehrenamtlichen ist es, auf eine ausgeglichene Bilanz des *Gebens* und *Nehmens* zu achten. Freiwillige Helfer *geben* einen Teil ihrer Lebenszeit. Sie möchten aber auch irgendetwas (ihnen selbst oft Unklares und auf einer anderen Ebene Befindliches) dafür *nehmen* oder *bekommen.* Dazu gehören beispielsweise Anerkennung, Kontakte oder Antworten auf Sinnfragen. Gerade die Supervisionsgruppe für Ehrenamtliche bietet die Möglichkeit, für das *Geben* auch etwas zu *nehmen*: Austausch, Selbsterfahrung und Hilfe für das eigene Leben.

Wie gestaltet sich das Verhältnis zwischen haupt- und ehrenamtlichen Mitarbeitern? Aufgrund der erwähnten Leistungen und Möglichkeiten der freiwilligen Helfer wird deutlich, dass es eigentlich keinen Gegensatz zwischen haupt- und ehrenamtlichen Kräften geben sollte. Im Idealfall könnte es sich sogar um eine sinnvolle Ergänzung handeln. Aber die Realitäten sehen anders aus. Der Hauptamtliche befindet sich in einer Arbeitssituation. Der Ehrenamtliche kommt aus eigenem Antrieb in seiner Freizeit. Bekanntlich ist „dem Ehrenamtlichen die Beziehungsebene wichtiger, dem Hauptamtlichen die Sachebene“ (Gumpinger 1996, S. 320). Ehrenamtliche haben kaum etwas mit der täglichen Büroarbeit, den Finanzen oder Organisationsfragen zu tun. Oft sind sie „näher an den Klienten dran“. Daraus können Eifersüchteleien entstehen. Die Arbeit mit der gleichen Klientel bedeutet für den Ehrenamtlichen eine „Kür“. Aber für den Hauptamtlichen ist es oft eine „Pflicht“. Es kann auch zu Konflikten kommen, wenn die ehrenamtlichen Helfer Schwierigkeiten mit Nähe und Distanz der Klientel gegenüber haben. Daraus ergeben sich viele Themen für Supervision – zwischen den Ehrenamtlichen, aber auch für die Ehrenamtlichen und Hauptamtlichen zusammen.

Supervision in einer Telefonberatungsstelle. Dort sind eine Psychologin, die auch in Psychotherapie und Supervision qualifiziert ist, sowie zwei Bürokräfte und eine Praktikantin beschäftigt. Ansonsten teilen sich etwa 30 ehrenamtliche Kräfte rund um die Uhr den Telefondienst. Sie wurden in mehreren Motivationsveranstaltungen (Einzelgespräche, Gruppenarbeit) ausgesucht, dann in Gesprächsführung und Krisenintervention geschult und haben monatlich in drei Gruppen jeweils zwei Sitzungen in Supervision. Bei Bedarf können sie ihre Supervisorin, die Leiterin der Einrichtung sowie andere freiberufliche Supervisoren, jederzeit um ein Gespräch bitten.

Auch hier haben wir es wieder mit einer Supervisorin zu tun, die nicht freiberuflich tätig ist.

Sterbebegleitung

Jährlich sterben etwa 800.000 Menschen in Deutschland. Man weiß, dass die große Mehrheit der Menschen gerne im eigenen Zuhause ihr Leben beenden möchte. Doch tatsächlich sterben etwa 350.000 in stationären Pflegeeinrichtungen (Pro Alter 1/2015, S. 46). Bis vor wenigen Jahrzehnten handelte es sich beim Thema Sterben und Tod noch um einen der letzten Tabubereiche (Ariès 1981) in unserer Gesellschaft. Doch inzwischen haben Publikationen (Glaser/Straus 1968; Kübler-Ross 1984 u. v. a.), viele Initiativen wie „Omega. Mit dem Sterben leben", „Zu Hause sterben", die Hospizbewegung, Selbsthilfegruppen sowie unzählige Berichte in den Medien diese Bereiche weitgehend enttabuisiert. Auch in der Ausbildung von Pflegekräften stehen inzwischen Inhalte über Sterben, Tod und Trauer auf dem Unterrichtsplan.

Durch die Konfrontation mit existenziellen Situationen des menschlichen Lebens werden die Helfer nicht nur persönlich belastet, sondern sie erinnern sich an Teile aus ihrer eigenen Geschichte mit Angehörigen oder Partnern: Ängste, Scham, Abwehr, Schuldgefühle oder Wiedergutmachungsvorstellungen können auftauchen.

In einer eigenen Supervision konnte festgestellt werden, dass nahezu alle der ehrenamtlichen Sterbebegleiterinnen einer „Omega-Gruppe" nicht bewältigte eigene Erlebnisse mit Partnern oder Angehörigen hatten (Belardi 1992a). Bei dieser Gruppe handelte es sich um eine Mischung von Ehrenamtlichkeit und Selbsthilfegruppe. Indem man anderen half, wollte man auch selbst über den Verlust eines nahen Menschen sprechen, ihn verstehen und bewältigen.

Freiwillige Helferinnen und Helfer in der Hospizarbeit müssen von den Hauptberuflichen „gepflegt" werden. Fengler berichtet von folgendem „Feedback-Mangel":

„In der Hospizarbeit sterben manche Betreute unvermittelt. Der Betreuer erfährt dies erst beim nächsten Besuch, wenn das Zimmer leer und das Bett neu bezogen ist" (2011, S. 80). Anders verfährt das hauptamtliche Personal mit den Ehrenamtlichen in einem Kinderhospiz im Rheinland. Bei derartigen Ereignissen wie auch schon bei der Verschlechterung des Zustandes der todkranken jungen Patienten werden die Betreuer sofort telefonisch informiert. Außerdem erhalten sie eine wöchentliche Gruppensupervision.

In der Sterbebegleitung geht es auch um wichtige Fragen des Lebens:

- Wer bin ich in dieser Gruppe (Gruppenfähigkeit)?
- Was will ich in dieser Gruppe (Motivation)?
- Wie finde ich die „richtigen Worte" (Nähe und Distanz)?
- Wie kann ich über schwierige Themen sprechen lernen (Schmerzen, Sterben, Suizid, Sinn des Lebens, Religion, Tod)?

- Darf ich trotz allem auch fröhlich sein und lachen – sogar mit dem schwerkranken Menschen (Kraft für mein Leben)? (Wittwer 2007, S. 7ff.).

Die „Deutsche Gesellschaft für Supervision" (DGSv) veröffentlichte im Jahr 2007 eine bundesweite Befragung zu „Supervision im Arbeitsfeld Hospiz/Palliative Care". In nahezu allen Hospiz-Einrichtungen, die geantwortet hatten, wurde Supervision für Haupt- und Ehrenamtliche praktiziert. Bemerkenswert ist, dass etwa 43 Prozent der Supervisoren vom Grundberuf her Theologen waren (DGSv 2007, S. 5). Im Durchschnitt wurden zwei bis drei Stunden pro Woche gegeben. Die Gruppen waren zwischen acht und 13 Personen groß (S. 6).

Abb. 8: Was bei der Supervision von Ehrenamtlichen in der Sterbebegleitung eine Rolle spielen kann

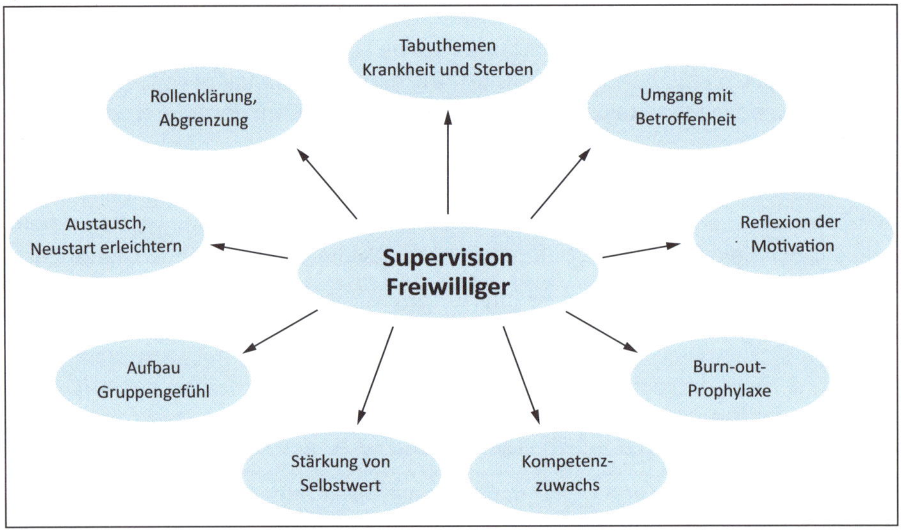

Wittwer: Freiwillige in einem tabuisierten Feld. Auch Sterbebegleiterinnen brauchen Beratung. In: BSO-Journal 4/2007, S. 9.

Selbsthilfegruppen und Supervision

Das war ein kurzer Blick auf verschiedene neue Arbeitsfelder, Arbeitsmöglichkeiten und Herausforderungen für Supervision. Doch was hat Supervision mit Selbsthilfe zu tun? Denn es gibt hier keine Hauptberuflichen. Was ist eigentlich Selbsthilfe? Die moderne Selbsthilfebewegung entstand durch Laienvereinigungen zur Bekämpfung der Abhängigkeitserkrankungen. Später kamen auch noch Selbsthilfegruppen von Partnern und Angehörigen hinzu. Vor allem durch die *Anonymen Alkoholiker* (AA) sowie Nachfolgeorganisationen wurde die Idee der Betroffenen- und Angehörigen-Selbsthilfe nach dem Zweiten Weltkrieg auch in Europa verbreitet. In Deutschland gaben Publikationen und Engagement von Moeller (1978) eine wichtige Anregung. Selbsthilfegruppen beschäftigen sich heute mit allen möglichen Problemen und Schwierigkeiten des Lebens: körperlichen und psychischen Krankheiten, Schicksalsschlägen wie der nicht verarbeiteten Trauer um gestorbene Partner oder Kinder, Behinderungen usw. Es gibt schätzungsweise 50.000 bis 100.000 Selbsthilfegruppen in Deutschland, und knapp zehn Prozent der Bevölkerung hatten mindestens schon einmal ein Treffen besucht. Unter bestimmen Bedingungen kann die Teilnahme an einer Selbsthilfegruppe von den Krankenkassen bezuschusst werden. Auch für Raumnutzung, Telefon und Werbung können Mittel beantragt werden. Über Sozialdienste, Medien und Internet kann man eine für die eigenen Fragen zuständige Selbsthilfegruppe finden. Ein großes Verdienst liegt darin, dass die Selbsthilfe eine neue Kultur der Gruppenarbeit geschaffen hat. Man hält sich an Gruppenregeln, die seit Jahrzenten bewährt sind und auch auf die Schritte der AA zurückgehen.

- Alle Gruppenteilnehmer können anonym bleiben,
- jeder entscheidet, was er sagen möchte,
- erfahrene Gruppenmitglieder sind eine Art Co-Therapeut oder Co-Supervisor.

Was haben hauptberufliche Helfer und Supervisoren in der Selbsthilfe zu tun? Viele Selbsthilfegruppen haben einen (auch betroffenen und nach Absprache wechselnden) Moderator. Oft sind Selbsthilfegruppen in den Räumen von Wohlfahrtseinrichtungen angesiedelt. Ein hauptamtlicher Mitarbeiter von dort erledigt die Organisationsarbeit und berät eventuell den Moderator. Auch kennen wir über die Verbände der Selbsthilfegruppen die Möglichkeit, dass die Moderatoren oder Gruppenleiter von externen Supervisoren in Gesprächsführung, Gruppenleitung und Supervision weitergebildet werden. Natürlich nehmen die Hauptamtlichen und die Supervisoren *nicht* an den Treffen der Selbsthilfegruppe teil.

Modellprojekte

Ferner kennen wir die *Supervision von Modellprojekten*: Modellprojekte sind Vorhaben, die der Erprobung neuer Versorgungssysteme, Arbeitsweisen oder Produkte dienen. Sie haben zwar „Einmaligkeitscharakter", sind aber gleichzeitig eine Art Probelauf für eine mögliche dauerhafte Institutionalisierung (Hansel 1995, S. 221). Modellprojekte sind aus mehrfachen Gründen kompliziert. Inhaltlich und organisatorisch wird oft Neuland betreten; die Mitarbeiter kommen aus verschiedenen Fachrichtungen und kannten einander vorher nicht. Deswegen neigen sie dazu, ihre jeweilige Einzeldisziplin (und damit sich selbst) in den Vordergrund zu stellen, obwohl gerade hier eine interdisziplinäre Arbeit vonnöten ist (Berghold/Filsinger 1993, S. 71; Gregor-Rauschtenberger/Hansel 1993). Oftmals hängt vom Gelingen des Modellprojekts auch noch die eigene Weiterbeschäftigung ab. Viele Auftraggeber von Modellprojekten in Industrie, Verwaltung oder der freien Wohlfahrt verbinden mit der Finanzierungszusage auch die Erarbeitung einer wissenschaftlichen Dokumentation (*Evaluation*) bzw. eine Projektberatung (*Projektsupervision*).

Supervision im interkulturellen Bereich

In einer Welt, die sich immer weiter vernetzt und immer mehr international wird, sind interkulturelle Kompetenzen auch für Supervisoren vonnöten (Schondelmayer 2010). Selbst wenn man nur in Deutschland Supervision anbietet, hat man es in Gruppen und Teams auch mit Helfern und deren Klientel zu tun, die aus anderen Ländern stammen, andere Sprachen sprechen und über andere religiöse und kulturelle Hintergründe verfügen. Interkulturalität ist angesagt.

Doch welche Hilfen kann die Supervision für im Ausland Tätige anbieten? Wenn Unternehmen ihre Mitarbeiter nach außerhalb entsenden, ist es sinnvoll, diese und deren Familie darauf vorzubereiten; vor allem wenn Kinder vorhanden sind. Auch ist es möglich, dass Supervisoren oder Coaches diese Auslandseinsätze via Skype telematisch begleiten und bei Abschluss nachbereiten (Ostermann 2001).

Vieles, was oben über Modellprojekte gesagt wurde, gilt auch hier. Es kommt aber auch noch der interkulturelle Kontext dazu. Bei Projekten der „Entwicklungshilfe" bzw. „Entwicklungszusammenarbeit" gibt es oft einen Supervisionsbedarf. Denn die Anforderungen sind vielfältig: Die Mitarbeiter von medizinischen, wirtschaftlichen, landwirtschaftlichen oder sonstigen Projekten meldeten sich freiwillig zu diesem Einsatz. Sie haben hohe ethische Ansprüche an sich und andere. Das Projekt erfordert die Zusammenarbeit mit Menschen, die andere kulturelle Hintergründe haben. Oft stellt sich im Einsatzland heraus, dass die ursprüngliche Zielsetzung modifiziert werden muss, weil die vorgefundenen Bedingungen sich geändert haben oder schon immer anders gewesen waren. Dann muss man eine „doppelte Buchführung" und die Honorarvereinbarungen „kreativ" gestalten. Es gibt einen Zwang zur (positiven) Evaluierung des Projekts, auch weil davon die Vertragsverlängerung abhängen könnte. Dabei muss man sich an die Evaluierungsrichtlinien des „Bundesministeriums für wirtschaftliche Zusammenarbeit" und die Vorgaben internationaler Organisationen halten (Relevanz, Effektivität, Effizienz, übergeordnete Wirkung, Nachhaltigkeit). Auch Vorurteile können eine Rolle spielen. Nicht alle afrikanischen oder arabischen Männer „unterdrücken" ihre Frauen. Ostasiaten können sehr wohl „über ihre Gefühle sprechen und diese ausdrücken". Buddhisten sind keineswegs immer friedlich. Das kann aber auch anders ablaufen, als Europäer es gewohnt sind und wahrnehmen können.

Im Herbst 2013 weilte ich im Rahmen einer Gastprofessur an der Sichuan University in der südwestchinesischen Millionenstadt Chengdu. Ich sollte vor etwa 50 Zuschauern (Master-Studierende der Psychologie und Sozialarbeit, Lehrer einer kooperierenden Schule sowie einige Medienvertreter) zeigen, wie ein Erstgespräch in der Familienberatung funktioniert. Für die Familie waren die Zuschauer und auch die (nur intern verwendeten) Videoaufnahmen scheinbar kein Problem. Ich war erstaunt, wie ehrlich und offen gesprochen wurde. Während einer anderen Live-Beratung stritt sich ein Ehepaar so, als ob es gerade aus dem Film „Wer hat Angst vor Virginia Woolfe?" gekommen wäre. Eine weitere Erfahrung: Man stelle sich in Europa die Schwierigkeit vor, bei 50 Studierenden jemanden zu finden, der vor dieser großen Gruppe einen problematischen „Fall" aus dem Praktikum vorträgt. In Chengdu stritten sich die

Studierenden darum, „drankommen“ zu dürfen. Immer wieder wollten sich einige „vordrängeln“. Ich musste eine Art Rednerliste anfertigen. Angesichts der in diesen Monaten erlebten neuen Generation von Chinesen der jungen und mittleren Jahrgänge musste ich viele meiner Erfahrungen, Erwartungen, Befürchtungen von mehr als dreißig Jahren Reisen und Arbeiten in China über Bord werfen. Wo sind die braven und angepassten Chinesen früherer Jahre geblieben? (Belardi 2014b).

Unter erschwerten Bedingungen kann die Arbeit im interkulturellen Kontext Stress und Burn-out mit sich bringen. Welche Kompetenzen benötigen Supervisoren dann? Um die Akzeptanz und die Feldkenntnis zu erhöhen, sind ein eigener interkultureller Hintergrund, ein Arbeitsaufenthalt im gleichen oder ähnlichen Kulturraum sowie Sprachkenntnisse sinnvoll. Beispielsweise nehmen die deutschen Entwicklungshelfer aus dem Programm „Ziviler Friedensdienst“ dreimal jährlich je zwei Tage lang an einer Team- oder Projektsupervision teil. Der Supervisor bzw. die Supervisorin kommt eigens dafür aus Deutschland. Falls es möglich ist, kann Supervision auch per E-Mail vonstattengehen. Das stellt zwar keine „gleichwertige Alternative zur Live-Supervision dar“, ist aber besser als keine Reflexion (Jungbauer 2007, S. 115).

Erfreulich ist die Tatsache, dass es ein Kooperationsprojekt gegeben hatte zum Thema: „Supervision und Training und Coaching für Entscheider im Asylverfahren“. Getragen wurde dieses Pilotprojekt durch die „Bundesweite Arbeitsgemeinschaft der psychosozialen Zentren für Flüchtlinge und Folteropfer“ sowie die „Deutsche Gesellschaft für Supervision“, DGSv. Die Abschlussveranstaltung fand auf Einladung vom „Bundesamt für Migration und Flüchtlinge“ (BAMF) am 11. März 2014 statt. Es wurde dargestellt, wie Entscheider angesichts der steigenden Fallzahlen bei Asylanträgen auch supervisorisch unterstützt werden können (Geissler-Piltz 2014, S. 7).

„Tausende Abiturienten gehen jährlich ins Ausland, um Gutes zu tun. Doch sie sind schnell überfordert – und viele Projekte sind nicht so sinnvoll, wie sie klingen.“ Zwanzigjährige ohne Ausbildung und Vorbereitung der Heimerziehung in Südamerika; ausgenutzt und alleingelassen. Vielen Hilfsorganisationen gelingt es nicht, ihre Projekte zu überprüfen, die Freiwilligen vorzubereiten, zu begleiten und sinnvolle Abschlussgespräche anzubieten. Auch hier können Supervisorinnen und Supervisoren mit Feldkompezenzen entsprechende Hilfestellung leisten (Der Spiegel 10/2015, S. 42).

Mehr Möglichkeiten in den alten Feldern

Anstatt weiter nach neuen Feldern zu suchen, könnten die Möglichkeiten der Supervision in den bekannten alten Feldern intensiviert werden. Nicht überall dort, wo Supervision möglich ist und auch finanziert werden könnte, wird sie praktiziert.

Die DGSv-Mitgliederbefragung von 2009 zeigt eine höchst ungleiche Verteilung der Supervision nach Regionen:

- 88 Prozent der Supervisionen werden in den Großstädten und mittelgroßen Städten angeboten;
- 16 Prozent in Kleinstädten und nur
- 12 Prozent im ländlichen Raum (S. 4) (Mehrfachnennungen).

Ähnliche Ergebnisse zeigen auch die Mitgliederbefragungen aus Österreich und der Schweiz.

Wie auch in den neuen Bundesländern Deutschlands weiß man im ländlichen Raum oft nicht, dass es die Supervision gibt. Anstehende Gelder für Weiterbildung werden nicht abgerufen oder für kognitive Fortbildungen und Tagungen ausgegeben.

Eine Supervisorin zog nach dem Eintritt in den Ruhestand in ihre alte Heimat aufs Land nach Niedersachsen. Bei dem Versuch der „Akquise" stellte sie fest, dass anders als im Berliner Raum bei den meisten Trägern Supervision unbekannt war. Sie bot sowohl kostenlose Informationsveranstaltungen als auch für Teams Probesupervisionen an. Nach einer Anlaufzeit von einigen Monaten hatte sie mehr Aufträge als in Berlin.

16 Recht und Ethik

Im Jahr 1993 hatte ein Vorfall in Köln bundesweit für Schlagzeilen gesorgt. Die zweieinhalbjährigen Zwillinge Udo und Dirk B. waren im Januar des Vorjahres innerhalb weniger Tage verhungert. Das Sorgerecht übten die alkoholkranke alleinerziehende Mutter und der von ihr getrennt lebende Vater gemeinsam aus. Mutter und Kinder wurden seit 1991 von zwei Mitarbeitern des Allgemeinen Sozialdienstes (ASD) des Kölner Jugendamtes betreut. Obwohl die Anzahl der Besuche des ASD erhöht worden war, kamen die Zwillinge innerhalb weniger Tage, in denen aufgrund eines Urlaubs keine Betreuung stattfand, zu Tode. Nach monatelangen gerichtlichen Untersuchungen wurde die ursprüngliche Anklage gegen die Sozialarbeiter wegen „Verletzung der Fürsorgepflicht" gegen eine Geldbuße von 5.000 DM eingestellt. Bei den gerichtlichen Untersuchungen spielte es eine entlastende Rolle, dass beide Sozialarbeiter den „Fall" dieser alkoholkranken Mutter regelmäßig in der Supervision diskutiert hatten. Nach Auskunft des Jugendamtes leben in der Millionenstadt etwa 1.000 Familien, also 0,1 Prozent der Bevölkerung, in welchen sich ähnliche extreme Vernachlässigungen wiederholen könnten.

Bundesweit soll es jährlich zu mindestens 4.000 Fällen von schwerer Kindesmisshandlung kommen. Die Dunkelziffer wird auf mehr als eine Million jährlich geschätzt. Auch bei weiteren spektakulären Vorfällen dieser Art (etwa 2014 in Bremen) spielte es immer wieder bei Gericht eine Rolle, *ob* und *wie* die verantwortlichen Sozialarbeiter sich ausgetauscht hatten und ob Supervision stattgefunden hatte. Dabei wird eine sehr ambivalente Einstellung von Politik und Justiz dem verantwortlichen Personal und der Supervision gegenüber deutlich: Einerseits existieren keine klaren Vorgaben, wie beispielsweise in der Kinder- und Jugendhilfe die Supervision zu handhaben sei. Andererseits werden dann trotzdem Urteile auch aufgrund vorhandener oder fehlender Supervision gefällt.

Immer wieder werden Supervisoren in Altenhilfe, Psychiatrie, Heimerziehung, Sozialpädagogischer Familienhilfe und dem Allgemeinen Sozialen Dienst mit Fällen körperlicher und seelischer Misshandlung oder Vernachlässigung von Klienten sowie dem Fehlverhalten der Helfer konfrontiert. Wie sollte man sich dann verhalten? Diese Überlegungen führen zu einigen rechtlichen Fragen von Supervision.

Vorher noch ein Hinweis: Die folgende Diskussion über Supervision und Recht bezieht sich auf die Gesetzeslage in Deutschland. Über Österreich existiert ein Beitrag von Dvorak (1998), und aus der Schweiz kennen wir einen Artikel von Rohner (2/2013) sowie ein Themenheft im „BSO-Journal" über „Sensible Informationen. Ethik, Recht und Praxis" (3/2011).

Das Zeugnisverweigerungsrecht

Im Bereich der Sozialarbeit sind die seit Jahrzehnten andauernden Forderungen der Sozialarbeiter-Berufsverbände nach dem *Zeugnisverweigerungsrecht* im Rahmen eines Strafverfahrens bekannt. Lediglich der Gruppe der Drogenberater wurde im Jahr 1993, wie schon zuvor den Ärzten, Anwälten und Geistlichen, ein Recht, im Strafprozess die Aussage verweigern zu können, zugestanden. Vom Strafverfahren sind allerdings die anderen Gerichtsverfahren zu unterscheiden, bei welchen die rechtliche Stellung der Supervisoren erheblich besser ist. „Im Verfahren vor den Zivil-, Arbeits-, Verwaltungs- und Sozialgerichten steht dem Supervisor ein Zeugnisverweigerungsrecht immer dann zu, wenn er aus beruflichen Gründen zur Verschwiegenheit verpflichtet ist. Nur in der Strafprozessordnung hat der Gesetzgeber den sachlichen Zusammenhang zwischen dem Zeugnisverweigerungsrecht und der Schweigepflicht nicht anerkannt: Sozialarbeiter, Sozialpädagogen, Diplompädagogen und Diplom- bzw. Masterpsychologen gehören nicht zum Kreis derjenigen, die ein beruflich begründetes Zeugnisverweigerungsrecht gemäß § 53 StPO haben" (Fieseler/Lippenmeier, Teil II, 1986, S. 70).

Muss man an der Supervision teilnehmen?

Fieseler und Lippenmeier versuchen die Frage zu klären, ob ein „Anstellungsträger seine Mitarbeiter zur Teilnahme an der Supervision verpflichten" darf. Sie meinen, dass Beamte sehr wohl, Angestellte aber nicht vom Arbeitgeber zur Supervision gezwungen werden können. Es ist „ein Missverständnis anzunehmen, die Fürsorgepflicht des Anstellungsträgers verbiete es, den Sozialarbeiter zur Supervision zu verpflichten, weil er dabei psychisch belastenden Situationen ausgesetzt sein kann. Eine fehlerhafte Wahrnehmung von Klientenproblemen führt zu fehlerhaften Maßnahmen und Interventionen des Sozialarbeiters (Supervisanden) und kann professionelle Paradoxien wie z. B. Symptomverstärkung durch den Sozialarbeiter bewirken". Eine Untersuchung des beruflichen Zusammenhanges ist deshalb notwendig und zumutbar. „Auch den Klienten wird zugemutet, sich zur Bewältigung ihrer Situation möglichst weitgehend zu öffnen" (Fieseler/Lippenmeier, Teil I, 1985, S. 79). Dieser allgemeinen Verpflichtung gegenüber steht die Erfahrung, dass jede organisationsgebundene Supervision bei den Supervisanden auch Ängste, etwa vor Bloßstellung, Kontrolle oder Offenlegung persönlicher Schwierigkeiten, wecken kann. Deshalb ist es aus sachlichen Gründen nicht gerechtfertigt, im Rahmen der Teamsupervision

„psychotherapie-ähnliche Beratungsaufgaben wahrzunehmen“ (Schreyögg 1991, S. 37). Der berechtigte Anspruch der Arbeitgeber auf Kontrolle der Arbeit und Weiterbildung (Supervision) der Mitarbeiter muss in einer entsprechenden Weise stattfinden, die das Privatinteresse der Supervisanden berücksichtigt (Siemes 1995, S. 187).

Haben Helfer einen Anspruch auf Supervision?

Kann man aus den Fürsorgepflichten des Arbeitgebers zur Kontrolle und Weiterbildung der Mitarbeiter und zum Wohle der Klienten auch das Recht dieser Mitarbeiter ableiten, eine Supervision auf Kosten des Arbeitgebers zu verlangen? Ein allgemeines Recht auf Supervision gibt es nicht (Siemes 1995, S. 187). Allerdings heißt es in § 72,3 des Kinder- und Jugendhilfegesetzes (KJHG) kurz und unverbindlich: „Die Träger der öffentlichen Jugendhilfe haben Fortbildung und Praxisberatung der Mitarbeiter des Jugendamtes und des Landesjugendamtes sicherzustellen.“ Folglich muss das Jugendamt etwas in dieser Hinsicht anbieten. Ob es sich dabei auch um Supervision handeln kann, muss im Einzelfall ausgehandelt werden. Immerhin wird für die öffentliche Jugendhilfe nach dem KJHG eher indirekt und allerdings erstmalig die Supervision als Gesetzesauftrag festgeschrieben.

Die Schweigepflicht

Schon mehrfach wurde auf die *Schweigepflicht* der Supervisoren hingewiesen. Allgemein gilt: „Persönliche Lebensverhältnisse der Klienten können und müssen in der Supervisionssitzung *anonymisiert* wiedergegeben werden.“ Das gilt auch, wenn Supervisorin und Supervisandin in der gleichen Einrichtung arbeiten. Diese Rechtsnorm hat natürlich auch für nicht supervisorische Tätigkeit in den helfenden, pädagogischen und pflegenden Berufen Gültigkeit. „Eine Verletzung der Schweigepflicht liegt auch dann vor, wenn der Empfänger einer Mitteilung selber zur Verschwiegenheit verpflichtet ist, also beispielsweise in einer Gruppensupervision“ (Report Psychologie 3/1996, S. 210). Persönliche Informationen dürfen in Ausnahmefällen nur dann weitergegeben werden, wenn die Betroffenen dem (schriftlich) zustimmen oder wenn höhere Interessen vorliegen, beispielsweise beim Schutz von Minderjährigen vor sexuellem Missbrauch. In jedem Falle sollten Rechtsauskünfte eingeholt werden. Wenn in der Supervision etwas thematisiert werden sollte, was mit den Interessen der Institution in Widerspruch zu geraten droht, „dann kann der Supervisand von seinem Arbeitgeber eine *Entbindung von der Schweigepflicht* verlangen. Dies ergibt sich aus der Fürsorgepflicht des Arbeitgebers, der zur Förderung und Qualifizierung des Arbeitnehmers auch auf diesem Wege beiträgt“ (Siemes 1995, S. 191). Auch hinsichtlich der Weitergabe von Informationen gegenüber Dritten gelten diese Regeln. Der Hinweis auf die Verschwiegenheitspflicht *muss* Bestandteil des Supervisionsvertrages sein. Die „Rahmenrichtlinien für Supervision in den von

Bodelschwinghschen Anstalten“ in Bethel empfehlen bezüglich dieses Punktes Folgendes: „Verschwiegenheit im Persönlichen und abgesprochene Offenheit im Sachlichen“ (Haus Terach 1993, S. 5). Vor allem Supervisoren dürfen Außenstehenden personenbezogene Daten nicht mitteilen. Bei wissenschaftlichen Veröffentlichungen ist entweder das Einverständnis einzuholen, oder die Informationen sind bis zur Unkenntlichkeit zu anonymisieren.

Als Nächstes gilt es zu klären, ob „der Anstellungsträger vom Supervisor Auskünfte über den inhaltlichen Verlauf der Supervision“ verlangen kann. Dazu meinen Fieseler/Lippenmeier, dass der Anstellungsträger nur „Auskunft über Rahmendaten“ erwarten darf. Er könnte also beispielsweise fragen, *ob* die Supervision überhaupt stattgefunden hat. Darüber, *was* der Supervisand ihm berichtet hat, „braucht der Supervisor dem Arbeitgeber keine Auskunft zu geben“ (Fieseler/Lippenmeier 1986, S. 67). Denn für die Effizienz von Supervision, für deren Ziele und für die Zukunft dieser jungen Profession ist die „Wahrung und Einhaltung der Schweigepflicht gegenüber dem Arbeitgeber von äußerster Wichtigkeit“. Die Supervision darf nicht als institutionsinterne Überwachung von Helfern missbraucht werden. Wenn ein Supervisand in dieser Frage kein Vertrauen haben kann, „wenn er beispielsweise befürchten muss, dass er durch das, was er in die Supervision einbringt, beurteilt wird, so wird er weder einen Fall ungeschützt einbringen noch seinen Umgang damit offen schildern, ganz zu schweigen von Problemen mit dem Arbeitgeber etc.“ (Siemes 1995, S. 192). Gleiches gilt für die Mitsupervisanden. Auch der Arbeitgeber darf von ihnen keine inhaltliche Auskunft verlangen. Zwar müssen die Sozialarbeiter (Supervisanden) den dienstlichen Anordnungen des Arbeitgebers Folge leisten, „allerdings braucht man Anordnungen, deren Ausführung – erkennbar – den Strafgesetzen (etwa § 203 StGB) zuwiderlaufen, nicht zu befolgen“ (Siemes 1995, S. 193). Außerdem sind noch die jeweiligen Bestimmungen der Datenschutzgesetzgebung zu beachten.

Sind Supervisoren juristisch verantwortlich?

In einem Beitrag über „rechtliche Aspekte externer psychiatrischer Supervisionen“ wird der juristisch weitgehend unverbindliche Beratungscharakter von Supervision hervorgehoben. Danach besteht die Tätigkeit des Supervisors vor allem „in der Beobachtung, Aufdeckung und gegebenenfalls Beeinflussung von ‚Missständen‘. Verbindlich sind seine Ratschläge und Hinweise nicht, die Verantwortung bleibt beim handelnden Personal. Eine Übernahme von Empfehlungen erfolgt letztlich aufgrund ihres eigenen, verantwortlichen Entschlusses“ (Vollmoeller 1989, S. 246). Im Falle einer wissentlich falschen Auskunft oder Beratung steht dem Supervisanden jedoch ein Schadensersatzanspruch zu (§§ 823, 826 BGB). Im Gegensatz zum Formalvorgesetzten ist der Supervisor nicht verantwortlich für das, was die Supervisanden mit den Vorschlägen anfangen. Die Rolle des Supervisors ist in dieser Hinsicht einzigartig: Er verfügt unter Umständen über viel informelle Macht, ohne sie formal oder rechtlich verantworten zu müssen. Diese komplizierten Zusammenhänge ethischer und rechtlicher Fragen der Supervision sollten gegebenenfalls auch mit den Vorgesetzten, die nicht an der Supervision teilnehmen, thematisiert werden. Hier wird deutlich, wie sehr Supervision und Ethik als Lehre vom sittlich „richtigen“ Handeln miteinander zusammenhängen (S. 183ff., unten).

Müssen Straftaten angezeigt werden?

Ebenfalls nicht exakt geklärt ist die *Anzeigepflicht* des Supervisors, wenn er unmittelbar in der Supervision direkt oder über Dritte von Gesetzesverstößen, Pflichtverletzungen oder unethischem Verhalten der Supervisanden erfährt (Mörsberger 1985, S. 128ff.).

Ein Supervisor hat bei seiner Tätigkeit in einer psychiatrischen Klinik erfahren, wie ein Krankenpfleger einen „Aufhebungsvertrag“ mit dem Arbeitgeber abschloss, weil man ihm sexuellen Missbrauch einer psychiatrischen Patientin nachweisen konnte. Durch die Vertragsaufhebung wurde die Sache von der Klinikleitung vertuscht. Der Supervisor ist auch in einer anderen Klinik tätig. Eines Tages wird dieser Krankenpfleger dort eingestellt. Er weiß allerdings nicht, dass der Supervisor über seine „Vorgeschichte“ informiert ist. Nach einigen Wochen kommt es innerhalb des Teams mit dem neuen Krankenpfleger zu Auseinandersetzungen über dessen „Nähe“ zu einigen Patientinnen (Belardi 1992b, S. 218).

Ein anderes Beispiel:
Die Patientin einer Psychotherapeutin gesteht dieser in einer Therapiestunde, dass sie ihren vor zwei Jahren verstorbenen Ehegatten vergiftet habe. Das berichtet die Therapeutin ihrer Supervisorin.

Wie sollen sich Psychotherapeutin und Supervisorin verhalten? Wie ist die Rechtslage?

Der Supervisionskontrakt

Ergänzend zur beziehungsmäßigen Diskussion des Supervisionskontraktes folgen an dieser Stelle noch einige rechtliche Hinweise. Die Vereinbarung über Supervision ist ein *Dienstvertrag* zwischen Supervisor und Supervisanden. Diese regelt sich nach den §§ 611–630 des BGB. Als Anbieter von Dienstverträgen gilt für Supervisoren:

- Sie sind nicht weisungsgebunden.
- Man muss keinen bestimmten Erfolg erzielen.
- Supervisionsleistungen sind persönlich zu erbringen.
- Arbeitgeber bzw. Supervisanden sind zur Honorierung verpflichtet.
- Liegen keine konkreten Honorarvereinbarungen vor, so gelten die üblichen Vergütungssätze.
- Auch der mündlich abgeschlossene Vertrag ist gültig.

- Der Honoraranspruch des Supervisors gilt auch, wenn die Supervisanden nicht zum vereinbarten Termin erscheinen (Siemes 1995, S. 188f.).

Vorschläge zum Supervisionsvertrag

Weiter oben sind schon die beziehungsmäßigen Aspekte des Supervisionskontraktes angesprochen worden (S. 60f., oben). Zusätzlich sind noch rechtliche Bestimmungen zu beachten, die sich wiederum an den §§ 611ff. des BGB orientieren. Beide Gesichtspunkte, die *beziehungsmäßigen* und die *juristischen*, sind immer in einem Zusammenhang zu sehen und entsprechend zu vereinbaren.

- *Fristenablauf*: Wurde eine bestimmte Anzahl von Supervisionssitzungen beschlossen, so endet der Supervisionsvertrag mit der letzten Sitzung (§ 620 BGB).
- *Stillschweigende Verlängerung*: Wird das Supervisionsverhältnis nach Vertragsablauf vom Supervisor mit Wissen des Auftraggebers fortgesetzt, so gilt es auf unbestimmte Zeit als verlängert, sofern der andere Teil nicht widerspricht (§ 625 BGB).
- *Beiderseitige Einigung*: Wenn bei Vertragsabschluss die Anzahl der Sitzungen unbestimmt bleibt, können beide Seiten den Vertrag in beiderseitigem Einvernehmen aufheben („Aufhebungsvertrag"). Hierfür müssen keine Gründe angegeben werden.
- *Einseitige Kündigung*: Diese ist im Prinzip als ordentliche Kündigung für alle Beteiligten ohne Begründung jederzeit möglich. Hierbei kommen in den seltensten Fällen Kündigungsfristen überhaupt in Frage, § 621 BGB regelt die entsprechenden Fristen. Es empfiehlt sich deshalb, Kündigungsgründe und -fristen im Supervisionskontrakt genau festzulegen.
- *Fristlose Kündigung aus wichtigem Grund*: Diese ist für beide Seiten aus „wichtigem Grund" ohne Einhaltung der Kündigungsfrist möglich; sie muss allerdings bis spätestens zwei Wochen nach Bekanntwerden von eventuell vertragswidrigen Tatsachen (etwa Indiskretion, ausstehendes Honorar) in schriftlicher Form erfolgt sein (§ 626 BGB).
- *Fristlose Kündigung bei Vertrauensstellung*: Eine fristlose Kündigung ist auch ohne die Voraussetzungen des § 626 BGB möglich, wenn „Dienste höherer Art zu leisten" sind, die „auf Grund besonderen Vertrauens übertragen zu werden pflegen" (§ 627 BGB). Im Falle der supervisorischen Beratung handelt es sich um eine derartige Vertrauenstätigkeit, die auch ohne besonders vertragswidriges Verhalten jederzeit gekündigt werden kann (Siemes 1995, S. 190).

„Will man die jederzeitige Kündigungsmöglichkeit nach § 627 BGB begrenzen, so empfiehlt es sich, zweierlei in den Supervisionsvertrag aufzunehmen:

- Das Supervisionsverhältnis darf nur unter Benennung der dafür relevanten Gründe gekündigt werden, sowie die
- Festlegung bestimmter Kündigungsgründe, die als kündigungsrelevant gelten sollen" (Siemes 1995, S. 190).

Das schützt Supervisoren vor den Folgen des § 627 und etwaigen Missverständnissen. Diese Besonderheiten der rechtlichen Konstruktion von Verträgen sprechen eindeutig für entsprechende schriftliche Abmachungen.

Es gibt kein Berufsrecht für Beratung

Zuletzt muss noch darauf hingewiesen werden, dass es kein *Berufsrecht* für die Supervision gibt. Der Titel „Supervisorin" bzw. „Supervisor" (wie auch Coach) ist weder in Deutschland, Österreich noch in der Schweiz geschützt, was bedeutet, dass sich jeder so nennen darf und entsprechende Dienstleistungen anbieten kann. Schauen wir in die Nachbardisziplin Psychotherapie. Erst im Jahr 1999 kam es in Deutschland nach jahrzehntelanger Auseinandersetzung zu einer gesetzlichen Regelung zum Berufsrecht für Psychotherapeutische Psychologen bzw. Kinder- und Jugendlichen-Psychotherapeuten (*Psychotherapeutengesetz*). Vorher waren Psychologen, wenn sie psychotherapeutisch arbeiteten, der Kontrolle von Ärzten unterworfen. Das lässt kaum Hoffnung aufkommen, dass der deutsche Gesetzgeber eine Regelung für Beratung (also auch Supervision) und damit ein Art *Beratungsgesetz* zustande bringen wird. Einige Hinweise finden sich in meinem Buch über „Beratung" (1996b, S. 198ff.). Gesamtgesellschaftlich gesehen scheint die Supervisionstätigkeit als Beruf (nicht als Reflexionsinstrument für helfende Tätigkeiten) zu unbedeutend zu sein, so hilfreich sie im Einzelfall auch ist, um vom Staat mit einem besonderen Gesetz geschützt und geregelt zu werden.

Ethische Überlegungen

Diese fehlende rechtliche Absicherung der Supervision als Beratungsformat erhöht die Bedeutung der Fachverbände hinsichtlich Ethik und Qualitätskontrolle. Wie bereits angesprochen, sind im Supervisionsprozess auch allgemeine *ethische Gesichtspunkte* zu berücksichtigen. Ethik befasst sich mit dem Aspekt des menschlichen Handelns, ob es als positiv und besonders wertzuschätzen oder gar normativ zu fordern ist. Zum Bereich der Ethik gehören auch Werte als „Ausdruck einer (dauernden) Bevorzugung" und Normen als „Verhaltensvorschriften nach Maßgabe der Werte" (Wendt 1985b, S. 114ff.).

Zum Thema Ethik in der Supervision findet man in den „Standards der DGSv" von 2012 einige Hinweise zur „Grundhaltung von Supervisorinnen und Supervisoren". Dabei wird betont, dass man in der Supervisionsarbeit achten solle auf: „Wertschätzung, Überparteilichkeit, Ressourcenorientierung, persönliches Engagement in der professionellen Rolle, kritische Distanz in Verbindung und Einfühlung, Interesse an Unterschiedlichkeiten, gesellschaftspolitischem Interesse, der Fähigkeit, Widersprüche und Spannungen auszuhalten und Perspektiven zu eröffnen" (Internet-Zugriff 2014, S. 1). Ähnlich lauten auch die ethischen Prinzipien bei BSO und ÖVS.

Die Zeitschrift „Supervision" veröffentlichte mit Heft 4 des Jahres 2007 ein Themenheft über Ethik. Einige Jahre später erschien ein weiteres Heft mit dem Titel „Supervision und Verletzbarkeit" (Nr. 41/2013). In „Organisationsberatung, Supervision, Coaching" erschien ein Beitrag zum Thema „Braucht Coaching eine philosophisch begründete Ethik?" (2/2004).

In der Supervisionspraxis entstehen oftmals typische *Verstrickungen*, die auch einer ethischen Klärung bedürfen. Wer sind eigentlich der „Klient" und der „Auftraggeber" des Supervisors? Beim Stichwort „Dreieckskontrakt" (S. 60f., oben) ist deutlich geworden, dass es sich hierbei oft um verschiedene Interessen handeln kann. Die Arbeitsgruppe, die ihn ausgesucht hat, der eventuell abwesende Vorgesetzte, der Träger oder Arbeitgebervertreter, das wie auch immer definierte Organisationsziel oder die Klienten bzw. sonstige Abnehmer der Dienstleistungen der Institution als „abwesende Dritte"? Wie verhält sich der Supervisor bei Konflikten und divergierenden Meinungen zwischen diesen Instanzen?

Schreyögg hat sich in mehreren Beiträgen mit dem Thema „Supervision und Ethik" auseinandergesetzt. Schon aufgrund häufiger asymmetrischer (ungleicher) oder paradoxer (widersprüchlicher) Beziehungsformen in der Supervision ist deren ethische Fundierung wichtig. „Der Professionelle muss auf die asymmetrische Rollendefinition gegenüber dem Klienten eingehen, damit eine symmetrische Beziehung entstehen kann" (1988, S. 161).

Vom Blickwinkel der praktischen Philosophie aus ist es unmöglich, für jeden Praxisfall von vornherein einen verbindlichen ethischen Maßstab zu entwerfen. „Ethisch richtiges Handeln resultiert ja in diesem Verständnis nicht einfach aus einer ‚edlen Gesinnung' oder aus der Anwendung universaler Prinzipien, wie Kant noch postulierte. Ethisches aktualisiert sich in sozialen Interaktionen" (Schreyögg 1990, S. 18). Da die Möglichkeiten problematischen Handelns groß sind, kann es in der Supervision keine allgemeingültige Ethik geben. Deshalb ist in jeder supervisorischen Kommunikation ein potenziell ethischer Dialog mit enthalten. Ethisch problematische Verhaltensweisen von Supervisoren können sein:

- Zu frühes Infragestellen bisheriger Einstellungen und Normen,
- abwertende oder kränkende Äußerungen,
- vorschnelle und „aufgesetzte" Deutungen (*Fremddeutungen*),
- Interventionen, die sich auf den persönlichen Bereich der Supervisanden beziehen (Hege 1994).

Supervision ist in den helfenden Berufen damit oft auch zum Ort der ethischen Auseinandersetzung innovativer beruflicher Praxis geworden.

Die Methode der Familienaufstellung wurde von der amerikanischen Sozialarbeiterin und Psychoanalytikerin Virginia Satir entwickelt. Doch kaum jemand weiß das heute. Denn viele denken, dass der Theologe Bert Hellinger der Urheber dieser kreativen Methode gewesen war. In den letzten Jahren sind die „Familienaufstellungen nach Hellinger" bei den Familientherapeutischen Vereinigungen zu Recht in die Kritik geraten (etwa: Potsdamer Erklärung der

Systemischen Gesellschaft, 2004). Ihm wurde unethisches Verhalten vorgeworfen. Was ist nun von Supervisorinnen und Supervisoren zu halten, die neben Supervision und anderem auch „Familienaufstellung nach Hellinger" anbieten?

Schreyögg und Rauen haben zusammen einen Aufsatz verfasst mit dem Titel: „Missbrauch – nun auch im Coaching?". Darin werden Beispiele unethischen Verhaltens dargestellt:

„So erzählt Frau M. N.: ‚Für die paar Stunden, die ich bei dem genommen habe, musste ich 7.000 Euro bezahlen. Das Ganze basierte auf völlig unklaren Verträgen, die ich unvorsichtigerweise gleich zu Beginn unterschrieben habe. Dafür kaufte ich mir von dem noch sexuelle Belästigungen ein. Der Typ hat mir ständig von seiner Potenz erzählt und dass er jede Frau haben könnte'" (2002, S. 287).

Hier ging es um mehrfaches schwerwiegendes unethisches Verhalten: finanzielle Ausbeutung, Machtmissbrauch und sexuelle Belästigung.

Ombudsstellen für Supervision

Auch um solche Missbräuche zu verhindern und unnötige Auseinandersetzungen vor Gericht zu vermeiden, haben die drei deutschsprachigen Supervisionsverbände nicht nur die schon erwähnten Qualitätssysteme, sondern auch *Ombudsstellen* zur Klärung und Schlichtung von Streitigkeiten eingerichtet. Was wird in diesen Ombudsstellen verhandelt? Bei der DGSv wurden bisher einige wenige Fälle von Unklarheiten in Supervisionsverträgen, der Honorierung von Erstgesprächen sowie möglicher Verletzungen der Schweigepflicht besprochen. Ähnlich war es in der Schweiz. Dort müssen alle Mitglieder der BSO in ihren Verträgen mit Supervisanden in schriftlicher Form auf diese Ombudsstelle aufmerksam machen. Im Jahr 2014 kam es zu zwei Anfragen. Diese bezogen sich, ähnlich wie in Deutschland, auf Unklarheiten bei Verträgen („Dreieckskontrakt") und Wünschen von Auftraggebern der Supervision nach Informationen („Schweigepflicht"). Ähnlich waren die Anlässe in Österreich.

17 Wirksamkeit und Nutzen von Supervision

Ältere und einfach angelegte Untersuchungen zur Wirksamkeit der Supervision bestätigen anhand von Teilnehmerbefragungen den Nutzen für Ausbildung und Berufspraxis. Die Akzeptanz lag zwischen zwei Dritteln und vier Fünfteln aller Befragten (Boskamp u. a., 1975; Klüsche 1990, S. 185). Hirsch berichtet von einer vergleichenden Studie über den Nutzen von Balint-Gruppe und Themenzentrierter Interaktion (TZI) in der Weiterbildung von Altenpflegerinnen (1992, S. 17f.). Schreyögg untersuchte Effekte der methodischen Orientierung auf die Supervision. In einem mehrstufigen Verfahren hat sie etwa 80 Personen (Supervisanden, Aus- und Weiterbildungsteilnehmer unterschiedlicher theoretischer Orientierungen und Vorbildungen sowie Experten) befragt. Wichtigstes Ergebnis war, dass sich ein „Zugewinn an theoretischen Mustern" und auch ein „Zugewinn an handlungsorientierten Aspekten" ergeben hatten. Weiterhin wurde deutlich, dass die Gruppensupervisanden wesentlich mehr dazugewonnen zu haben scheinen als die Einzelsupervisanden (Schreyögg 1994a, S. 40ff.).

Schneider und Müller entwickelten ein *„Supervisions-Evaluations-Inventar"*, mit welchem sie 69 Supervisanden (davon 48 weibliche) bezüglich ihrer Person, Erwartungen, Arbeitssituation, Veränderungen hinsichtlich der Klientel, Institution und Kollegen sowie der Einschätzung des Supervisionsprozesses befragten. Welches sind die wichtigsten Ergebnisse? Auf die Frage, wie die Supervision zustande kam, antworteten:

- 10 Prozent auf Anordnung durch die Leitung,
- 51 Prozent aus eigenem Interesse,
- 16 Prozent auf Wunsch der Kollegen.

Insgesamt äußerten 55 Prozent konkrete *Befürchtungen* hinsichtlich der Supervision. Die häufigsten Bedenken waren:

- Auseinanderbrechen des Teams,
- Verschlechterung der Arbeitsatmosphäre durch Bloßstellung Einzelner,

- Nicht-Annahme der Supervision durch das Team,
- Überschreiten persönlicher Grenzen,
- zu viel von sich preiszugeben,
- wenig Bereitschaft der Leitung zur Mitarbeit,
- destruktive Kritik,
- mangelnde Verschwiegenheit,
- verhärtete Fronten innerhalb des Teams.

Trotzdem hat es überaus positive *Erwartungen* an die Supervision gegeben. Bezüglich der eigenen Person waren dies sogar 91 Prozent und hinsichtlich der Kollegen 81 Prozent (Schneider/Müller 1998, S. 96).

Weiterhin interessiert die Frage nach den durch die Supervision zustande gekommenen Veränderungen. Insgesamt überwog das Positive deutlich die negativen Erfahrungen. Besonders eindrucksvoll waren die Veränderungen für

- 27 Prozent für die Supervisanden persönlich,
- 21 Prozent auf der kollegialen Ebene,
- 16 Prozent im Verhältnis zur Klientel (Schneider/Müller 1995, S. 91ff.).

Im Folgenden Einzelergebnisse hinsichtlich der *Institution*:

52 Prozent äußerten, dass durch die Supervision Abläufe und Entscheidungswege in der Organisation „eher leichter“ oder „leichter“ geworden sind. 79 Prozent fühlen sich durch die Supervision „eher sicherer“ oder „sicherer“, was die Anforderungen aus dem Arbeitsfeld anbelangt. 80 Prozent können mit ihren Gefühlen und persönlichen Bedürfnissen im beruflichen Handeln durch die Supervision „eher besser“ oder „besser“ umgehen. Bezogen auf die *Kollegen,* haben sich aufgrund der Supervision die Zusammenarbeit und das gegenseitige Verständnis zu jeweils etwa 70 Prozent „eher verbessert“ oder „verbessert“. Hinsichtlich des Umganges mit Klienten fühlen sich durch die Supervision 65 Prozent „eher sicher“ oder „sicherer“. Auch die „Helfer-Probleme“ scheinen durch die Supervisionserfahrungen geringer zu werden. Durch die Beratung hat das Bedürfnis, der Klientel alles recht machen zu müssen, für 57 Prozent „eher abgenommen“ oder „abgenommen“. Weiterhin können sich gegenüber den Wünschen und Bedürfnissen der Klientel 60 Prozent „eher besser“ oder „besser“ abgrenzen. Auch hinsichtlich der eigenen Person fallen positive Veränderungen auf. Durch die Supervision macht die Arbeit für 63 Prozent „eher mehr“ oder „mehr“ Spaß. Bei Konflikten fühlen sich 68 Prozent „eher weniger“ oder „weniger“ persönlich angegriffen. Und 70 Prozent fällt es „eher leicht“ oder „leicht“, Kritik anderer anzunehmen (Schneider/Müller 1995, S. 94f.; 1998, S. 90ff.) (Zahlen gerundet).

Auch in einer weiteren Befragung mit dem verbesserten *Supervisions-Evaluierungs-Inventar* bezogen sich die höchsten positiven Werte auf die eigene Person und dann auf die Kollegen (Beer 1998, S. 99ff.).

Seit 1991 wird in den Alten- und Pflegeheimen der Stadt Stuttgart regelmäßig Supervision angeboten, an der über 130 Personen teilgenommen haben. Im Frühjahr 1993 wurden 77 der Supervisionsteilnehmer anonym zur Wirksamkeit dieser Weiterbildung befragt. Die Ergebnisse der Untersuchung verdeutlichen eine durchgängig positive Bewertung in den Bereichen verbesserter Pflegequalität und erhöhter Arbeitszufriedenheit. Auch die Supervisoren erhielten sehr gute Noten (Carrier 1994, S. 712ff.).

Zumindest genauso interessant wie die Akzeptanz von Supervision bei den Supervisanden ist die Beantwortung der Frage, ob die Supervision mehr Kosten sparen *und* die Qualität der Arbeit erhöhen kann. Die Antwort ist eindeutig: „Supervision ist ein Beitrag zur vorbeugenden Kostendämpfung" (Reifarth 1995, S. 109). Zur Illustration dieser Feststellung sei im Folgenden die Zusammenfassung verschiedener regelmäßiger anonymer Befragungen zu den Kosteneffekten von Supervision in einem österreichischen Krankenhaus wiedergegeben: „Von den zuständigen krankenhausinternen Stellen wurde eine Abnahme der schriftlichen Beschwerden von Patienten und der Versetzungsanträge des Personals sowie ein Rückgang der Krankenstände festgestellt. Wurden im ersten Jahr der Supervision 1.327 Gesamtkrankenstunden gezählt, sank diese Zahl im darauffolgenden Jahr auf 440 Stunden. Der durchschnittliche Zeitaufwand für die Supervision entsprach bei 12 Teilnehmern 0,7 Prozent der Gesamtarbeitszeit. Aufgrund dieses positiven Verlaufs des Modellversuchs wurde das für fünf Jahre ausgelegte Projekt ‚Supervision an den Landeskrankenanstalten (LKA)' genehmigt" (Wiedauer 1991, S. 121).

Allein schon das „Sich-Kümmern" um das Personal scheint dessen Zufriedenheit und Leistungsfähigkeit zu fördern. Von Sprung-Ostermann liegt ein Bericht über die Erfahrungen mit 14 Supervisionsverläufen im Bereich der Altenhilfe auf der Grundlage von 251 Sitzungsprotokollen bei 16 Sozialstationen vor (1994, S. 46). Die quantitative und qualitative Auswertung der Gesprächsprotokolle ergab, dass fallbezogene Supervision und Teamsupervision nahezu gleichermaßen praktiziert und bevorzugt worden sind. Im Vordergrund der Fallsupervision standen Themen der Beziehung zwischen Pflegerinnen und alten Menschen wie beispielsweise Abgrenzungsfragen, die Bedeutung von Krankheit oder Schuld und Trauer beim Sterben. Danach kamen Gesprächsinhalte, welche den Ablauf und die Verarbeitung des Alternsprozesses bei der Klientel, deren soziale Situation, ihr soziales Netzwerk sowie die psychische Situation betrafen (S. 37ff.). Demgegenüber beschäftigten sich die teambezogenen Themen mit Fragen der Auseinandersetzung zwischen altem und neuem Pflegepersonal, Verantwortung, Kompetenzen und Rivalitäten im Team, Austausch von Informationen, Gegensätzen sowie der Suche nach Gemeinsamkeiten in der Zusammenarbeit (S. 41).

Eine andere Untersuchung aus dem Universitätsklinikum Freiburg erbrachte folgende Ergebnisse: Die Pflegekräfte, die an der Supervision teilgenommen hatten, fühlten sich weniger belastet als vorher (Wittich/Dieterle 2009, S. 20f.). „In der Gesamteinschätzung haben 88 Prozent der Teilnehmenden mindestens etwas, 61 Prozent viel oder sehr viel von der Supervision profitiert" (S. 22).

Anders folgendes Ergebnis einer Forschergruppe um Petzold: Bei verschiedenen Untersuchungen zur Wirkung der Supervision in der Pflege aus Deutschland, Österreich und der Schweiz hatten nur ein Drittel der Mitarbeiterinnen ihre Erfahrungen als „gut" bewertet (Ehrhardt/Petzold 2011, S. 142).

Über die Erfolge von Supervision im Schulsektor wurde schon einiges gesagt. In Südtirol hatte man seit 2007 knapp 500 Teilnehmende an der kostenlosen Supervision für Lehrkräfte bzw. Coaching für pädagogisches Leitungspersonal anonym befragt. Hier einige Ergebnisse:

- „Wer sich auf den Reflexionsprozess einlässt, für den lohnt sich Supervision. Mehr als 90 Prozent der Teilnehmenden sagen, dass sie in Zukunft wieder an einer Supervision teilnehmen werden.
- Lehrkräfte, die an Supervisionsangeboten teilgenommen haben, betrachten Supervision als wertvolles Instrument für die Reflexion der eigenen Arbeit.
- Für ältere und erfahrene Lehrpersonen ist Supervision eine bewährte Möglichkeit, ihre Professionalität über einen langen Zeitraum aufrechtzuerhalten.
- Supervision erhöht die Zufriedenheit im Umgang mit den Kolleg/innen sowie den Schulführungskräften und das Verständnis für die Situation der Schüler/innen" (Gasser 2012, S. 457).

  (www.provinz.bz.it/schulamt).

Zu diesem Thema soll nochmals auf die Studie von Jugert verwiesen werden: Wie oben (S. 161) schon dargestellt, wurden Lehrer, die an einer Supervision teilgenommen hatten, am Ende ihres Supervisionsprozesses von ihren Schülern „unterstützender" erlebt als zu Beginn (1998, S. 161).

Bekanntheit und Akzeptanz von Supervision würden zunehmen, wenn es ihren Befürwortern gelänge, über kurzfristige Akzeptanzerlebnisse und die vielen knappen, sicherlich für manche Autoren werbewirksamen Berichte hinaus solide quantitative und qualitative Forschungsergebnisse vorzulegen. Dazu müsste die Supervision stärker aus dem Sektor kommerzieller Institute heraustreten und sich mit der wissenschaftlichen Forschung verbinden. Ein Anfang ist schon getan. Im Jahr 2013 erschien ein Interaktionsprotokoll einer videogestützten Beratung von Fischer (2013, S. 109ff.). Im gleichen Jahr wurde von Kotte/Möller eine „standardisierte Verhaltensbeobachtung als Forschungszugang zu Gruppen- und Teamsupervision" mit Hilfe eines Instruments zur Koordinierung von Diskussionen (IKD) vorgestellt (2013, S. 152ff.).

Spätestens seit Carl Rogers' Buch über die „Nicht-direktive Beratung" (1972) bis zur modernen Wirkungsforschung von Beratung und Psychotherapie (Grawe u. a. 1994) hatte man sich immer wieder mit der Frage beschäftigt, welches eigentlich die positiven Wirkungen von Psychotherapie, Beratung oder Pädagogik oder – wie in unserem Falle – Supervision und Coaching sein könnten. Ausschlaggebend für den Erfolg eines Supervisors sind die sogenannten *unspezifischen* oder *generellen*

Beratungsfaktoren. Damit sind persönliche Verhaltensweisen der Berater (beispielsweise Wertschätzung, emotionale Wärme, Echtheit, Beziehungsgestaltung) sowie deren Akzeptanz durch die Supervisanden gemeint.

Man könne vielleicht noch eine Erkenntnis aus dem systemischen Ansatz hinzufügen: Supervision ist auch erfolgreich, wenn es dem Supervisor gelingt, an das Denk- und Wertesystem des Supervisanden anzuschließen („anzudocken").

Das bedeutet aber auch, dass die schulengebundenen, also einer *speziellen Theorie* oder einem Verfahren (wie beispielsweise Psychoanalyse, Psychodrama, Gestalttherapie, Verhaltenstherapie, Themenzentrierte Interaktion oder Neurolinguistisches Programmieren) entstammenden Techniken der Supervisoren weniger wichtig sind (Truax/Carkhuff 1967; Rogers 1972). In der Psychotherapie scheint die Verteilung zwischen generellen und spezifischen Wirkfaktoren etwa 70 zu 4 Prozent zu betragen (Berns 2006, S. 68). Entsprechende Untersuchungen aus der Supervision sind nicht bekannt. Mögliche Ergebnisse dürften allerdings ähnlich sein. Auf diesen Sachverhalt wurde schon weiter oben bei der Frage nach *der* Theorie der Supervision verwiesen (S. 133ff.). Wie und wodurch wirkt Coaching?

In einer Zusammenfassung von 22 empirischen Forschungen aus dem deutschen und englischen Sprachraum sollten die Wirkungen von Führungskräfte-Coaching untersucht werden. Aufgrund verschiedener Methoden war die Vergleichbarkeit dieser Studien nicht so einfach. „Insgesamt zeichnete sich ein positives Gesamtbild ab: Seriöses Coaching wirkt und die Wirkungen sind teilweise beträchtlich. Klienten fühlen sich entlastet, sie entwickeln neue Sichtweisen, erhöhen ihre Reflexions-, Kommunikations- und Führungskompetenzen, sie handeln effektiver und verhelfen ihren Organisationen zu mehr Ertrag. *Wirkfaktoren* sind die Beziehung, die elaborierte Gestaltung der Zielformulierung und -annäherung, die Qualifikation, das Engagement und die Authentizität des Coachs sowie ein angepasster Einsatz verschiedener Techniken" (Künzli 2005, S. 241). Hierbei handelt es sich natürlich um seriöses Leitungscoaching und nicht um eine Allerweltsberatung, die man in wenigen Tagen erlernen kann.

Ähnlich sehen die Resultate aus, die Greif u. a. bei ihrer empirischen Erforschung der *Coaching-Wirkfaktoren* sieben Jahre später beschrieben haben:

- Wertschätzung und emotionale Unterstützung des Klienten durch den Berater,
- Affektaktivierung und Affektberuhigung,
- ergebnisorientierte Problemreflexion,
- ergebnisorientierte Selbstreflexion,
- Zielklärung,
- Ressourcenaktivierung sowie
- Problembewältigung, etwa als Unterstützung bei der Umsetzung von eigenen Zielen in die Praxis (Greif u. a. 2012, S. 382).

Diese Ergebnisse haben aus systemtheoretischer Sicht *auch* eine große Bedeutung im „Primärsystem" der Arbeit von Helfern mit ihren Klienten.

Supervision in Europa

Außer den bekannten Hilfestellungen aus den USA kam es noch zu Unterstützungen durch einzelne Personen aus *Österreich*, der *Schweiz,* den *Niederlanden* und *Belgien* für die Supervision in Deutschland. Wie sah es in den Nachbarländern aus? In den *Niederlanden* wurde schon seit dem Jahr 1955 ein Aufbaukurs in Supervision angeboten. Seit den 1970er-Jahren existieren dort längerfristige Weiterbildungen, und ab 1986 erscheint in den *Niederlanden* die Fachzeitschrift *Supervisie*. Dabei ging man im Nachbarland einen eigenständigen Weg. Die Supervision war dort niemals so stark von der Psychoanalyse oder anderen psychotherapeutischen Verfahren beeinflusst wie bei uns. Der Balint-Ansatz ist weitgehend unbekannt. Auch die Beschäftigung mit Fragen der Team- oder Organisationsberatung gehört dort nicht zur Supervision, sondern in den „supervisionsähnlichen" Weiterbildungsbereich. Supervision ist in den unterschiedlichsten Berufsfeldern eigenständiger und spezialisierter als bei uns, etwa für Ärzte oder Weiterbildner (Siegers 1986; van Kessel 1994). Deswegen haben die Niederländer die Supervision auch theoretisch stärker als Kompetenz- und Weiterbildungsmethode für Erwachsene (*Agogik*) entwickelt.

In *Schweden* ist die Supervision aus der Weiterbildung für die psychosoziale Arbeit hervorgegangen. (In geringerem Maße existiert dort allerdings auch die Ausbildungssupervision.) Wie in den Niederlanden (und größtenteils auch in Deutschland) kommen die Supervisoren von außerhalb (*organisationsexterne Supervision*) (Johnsson 1994.) Das Buch „Supervision in der psychosozialen Arbeit" von zwei schwedischen Autoren liegt in deutscher Übersetzung vor (Bernler/Johnsson 1993).

Völlig anders verlief die Entwicklung in *Frankreich*. Anstelle der Konzeptionen angloamerikanischen Ursprungs hat man hier schon vor einigen Jahrzehnten im Sozial-, Gesundheits- und Erziehungswesen verschiedene eigenständige Formen der Sozioanalyse und Institutionsberatung entwickelt (Prein 1994).

In *Italien* gibt es kaum Supervision in der Sozialarbeit. Im medizinischen Bereich sind vor allem Ärzte und Psychologen als Supervisorinnen und Supervisoren tätig. „Zurzeit gibt es in Italien mindestens fünfzig Kurse für die Ausbildung zum Coach" (Journal bso 3/2012, S. 21). In *Südtirol* (Norditalien) haben inzwischen deutsche und österreichische Institute mehrere Ausbildungsgänge durchgeführt (Ellecosta 1994). Daraus entstand der sehr aktive *Berufsverband für Supervision und Coaching (BSC)* von Südtirol (www.supervision-coaching.it; www.supervisione-coaching.it; www.supervision-bgs.org).

Auch in *Österreich* und der *Schweiz* haben sich ähnliche Entwicklungen vollzogen wie in Deutschland mit den entsprechenden historischen und kulturellen Varianten. Beispielsweise startete die „Schule für Soziale Arbeit" in Zürich schon 1951 im Zusammenhang mit der Ausbildung in Einzelhilfe (*Casework*) einen Kurs für Praxisberatung. Im Jahr 1967 hatte man in der *Schweiz* den ersten regulären Supervisionskurs angeboten. 1976 gründete sich in Zürich der *Berufsverband für Supervision und Praxisberatung (BSP).* Im Jahr 1994 hat sich dieser Verband auch im Zuge einer inhaltlichen Öffnung in Richtung Organisationsentwicklung und Coaching erweitert und nennt sich jetzt *Berufsverband für Coaching, Supervision und Organisationsberatung (BSO)* (www.bso.ch). Derzeit gehören dem Verband etwa 1.300 Einzelmitglieder an. Er ist Herausgeber der Fachzeitschrift „Journal bso".

Auch in der französischsprachigen Schweiz hat sich eine Supervisionsvereinigung gegründet: *Association Romande des Superviseurs (ARS)* (www.superviseurs.ch). Coaching scheint wichtiger zu sein als Supervision (Journal bso 3/2012, S. 19ff.; Jordi 1990; Journal bso 2/2013).

Vor einigen Jahren hatte man in der Schweiz ein „Psychotherapiegesetz" erlassen. Zwar existiert kein spezielles Beratungsgesetz, welches auch die Supervision schützen könnte. Auch gilt der BSO als „starker Verband", der durch seinen hohen Standard berufsständische Interessen in der Gesellschaft durchsetzen kann.

In *Österreich* gab es Supervision schon in den 1950er-Jahren in Form von psychoanalytisch orientierten Kursen zur Einzelhilfe (Rosa Dworschak). Das psychoanalytische Wissen um Prozesse der Übertragung und Projektion, um alle möglichen Verstrickungsgefahren zwischen Helfer und Klient führte im Ursprungsland der Psychoanalyse bereits früh zur Einführung der Supervision in der Bewährungshilfe sowie in den 1970er-Jahren zur Supervision pastoraler Arbeitsfelder. Im Jahr 1981 wurde der erste „Hochschullehrgang für Supervision" an der Universität Salzburg gestartet (S. Schindler). Es folgte das „Katholische Bildungswerk" in Wien in Kooperation mit dem „Fritz-Perls-Institut" (Düsseldorf). Seit den 1980er-Jahren beeinflusst die Supervision auch den schulischen Weiterbildungsbereich und die Krankenhausarbeit. Vor allem nach den Gerichtsverfahren aufgrund der vielfachen Tötung von Patienten durch Pflegekräfte im Wiener Krankenhaus Lainz (1989) kam es in Österreich zu einem regelrechten „Supervisionsschub". Im Jahr 1994 gründete sich dann aus verschiedenen Vorläufereinrichtungen die „Österreichische Vereinigung für Supervision" (ÖVS). Diesem Dachverband, der sich heute „Österreichische Vereinigung für Supervision und Coaching" nennt, gehören inzwischen 16 Ausbildungsinstitute und über 1.400 Einzelmitglieder an (www.oevs.or.at).

Der österreichische Verband gibt auch die Fachzeitschrift „ÖVS-News" heraus. Im Jahr 1997 erschien ein von Luif editiertes Buch über „Supervision. Tradition, Ansätze und Perspektiven in Österreich". Darin werden alle wichtigen Berufsgruppen und Arbeitsfelder der Supervision (und des Coaching) von Österreich dargestellt. Ein Jahr später publizierten Reichel und Dvorak ein ähnliches Werk (1998).

Mehr als in Deutschland scheint hier die Supervision ein eigenständigen Beruf geworden zu sein. Vor allem die Selbstständigkeit ist in Österreich sehr hoch.

Deutschland, Österreich und die Schweiz im Vergleich

Bei einem Vergleich zwischen Deutschland, Österreich und der Schweiz fällt auf, dass man sich in den beiden kleinen Nachbarländern schon besser auf den Markt von (seriösem) Coaching und Organisationsberatung eingestellt hat. Österreich und die Schweiz haben jeweils etwas mehr als acht Millionen Einwohner, und in Deutschland leben 80 Millionen. Setzt man die Einwohnerzahl in Relation zur Anzahl der Mitglieder in den jeweiligen Supervisionsverbänden, so ist die „Supervisorendichte" (Anzahl der Supervisoren pro Einwohner) in Österreich und der Schweiz etwa zweieinhalbmal höher als in Deutschland. Professionalisierung und Monopolisierung von Supervision scheinen in unseren beiden Nachbarländern weiter fortgeschritten zu sein.

Die europäische Supervisions-Vereinigung (ANSE)

Im Oktober 1995 fand eine gemeinsame Sitzung von Vertretern der drei deutschsprachigen Supervisionsverbände statt (BSO, DGSv, ÖVS). Dabei wurden gemeinsame Standards und wechselseitige Anerkennung von Ausbildungen vereinbart. Die drei deutschsprachigen Länder bildeten zusammen mit den Niederlanden den Kern einer europäischen Supervisions-Vereinigung: *Association of National Organizations for Supervision in Europe (ANSE)* (www.anse.eu). Der Zerfall des Ostblocks ermöglichte eine Ausweitung nach Osten. Der ANSE gehören derzeit knapp 10.000 anerkannte Supervisorinnen und Supervisoren aus 80 Ausbildungsstätten in mehr als 22 europäischen Ländern an. Jährlich finden Treffen und internationale Kongresse statt (Knopf/de Roos 2014).

18 Zusammenfassung

Die Entdeckung der Supervision

Im Vergleich zu den Naturwissenschaften sind die Sozial-, Human- oder Geisteswissenschaften arm an originären Neuerungen. Zweifellos handelt es sich bei der Supervision um eine bedeutende Entdeckung der Sozialarbeit. Man kann sie sehr wohl auf gleicher Ebene sehen wie Freuds Erkenntnis über die Bedeutung von *Übertragungsprozessen*, der Beschreibung des Geschehens in *Gruppen* oder der Zufallsentdeckung des *Feedbacks* bzw. des *systemischen* und *paradoxen* Intervenierens.

Diese Entdeckungen sind eher „zufällig" entstanden. Aber sie lagen sozusagen in „der Luft", wurden benötigt, weiterentwickelt und haben sich dann auch gegenseitig etwa in der Psychotherapie, der Gruppenarbeit oder der Supervision beeinflusst.

Für den Laien ist die Supervision ein scheinbares Paradox. Gerade weil der Berater *nicht* am Gespräch zwischen Sozialarbeiter und Klient beteiligt ist, den Klienten gar nicht persönlich kennt, kann er helfen.

Die Supervision kam spät in den deutschen Sprachraum. Nach etwa zwei Jahrzehnten als Praxisberatung an den Wohlfahrtsschulen fand sie im Weiterbildungsmarkt ihren Platz und etablierte sich als neben- oder auch freiberufliche Tätigkeit. Inzwischen hat die Supervision ihre Heimat, die Sozialarbeit (und Psychotherapie), verlassen, nahm Anleihen von anderen Verfahren und Disziplinen und hat sich zu einer interdisziplinären Beratungs- und Weiterbildungspraxis zur Verbesserung von Arbeitsbeziehungen in vielen Bereichen entwickelt. Es ist erwiesen, dass Supervision vor allem auf der individuellen Ebene, dann auf der Gruppen- und Teamebene hilft.

Supervision als Beruf

Es wurde schon erläutert, dass in Deutschland schätzungsweise 1.000 bis 2.000 Menschen vorwiegend oder ausschließlich von der Supervision (sowie ähnlichen Tätigkeiten) leben.

Umgekehrt gesagt: Die Mehrheit der ausgebildeten Supervisorinnen und Supervisoren in Deutschland, Österreich und der Schweiz lebt nicht ausschließlich und freiberuflich von der Supervision. Viele haben noch eine Festanstellung, eine halbe Stelle oder andere Einkünfte, eventuell auch über den Partner bzw. die Partnerin. Demgegenüber ist die Freiberuflichkeit in Österreich höher als in Deutschland und der Schweiz. Aber in beiden kleineren Nachbarländern arbeiten, bezogen auf die Bevölkerung, etwa zweieinhalbmal so viele Supervisorinnen und Supervisoren wie in Deutschland. Alle diese Angaben beziehen sich jedoch nur auf die Mitglieder in den drei nationalen Verbänden, welche an den entsprechenden Befragungen teilgenommen hatten.

Um etwas Endgültiges über die Einkommensverhältnisse sagen zu können, sind die Befragungsergebnisse leider nicht aussagekräftig genug.

Die politische Funktion von Supervision

Wir leben in einer sich immer brutaler entwickelnden ökonomischen Liberalisierung der Arbeitswelt, der Zunahme ungesicherter Arbeitsverhältnisse sowie einer daraus resultierenden großen Kluft zwischen Armen und Reichen.

Dieser Prozess gefährdet auch die Supervision. Schließlich verdankt sie ihren Bedeutungszuwachs auch dem gut ausgebauten Sozialstaat in Deutschland, Österreich und der Schweiz. Man darf nicht vergessen, dass die meisten Honorare der Supervisorinnen und Supervisoren aus der sozialpolitischen Umverteilung stammen.

Die vorwiegend freiberufliche Supervisionstätigkeit (egal ob bei neben- oder hauptberuflichen Beratern) erspart den Auftraggebern Kosten, vor allem Sozialkosten.

Schlotterbeck hat die Erfahrung gemacht, dass viele Supervisanden eher nach Tipps, Rezepten und „schnellen Lösungen" sowie weniger nach Reflexion suchen (2008, S. 107).

Auch von Gaertner kennen wir einen kritischen Artikel über die Abkehr der Supervision „vom Typus der selbstreflexiven Supervisionspraxis" und ihre Hinwendung zur „Anpassungserwartung von Unternehmen" (2011, S. 77).

Ist es die politische Funktion der Supervision, ihre immer mehr im Druck befindlichen Ratsuchenden sowie deren Klientel, oftmals Opfer der Modernisierung, nur noch zu trösten, um sie wieder fit zu machen? Kann es das Ziel von Supervision sein, mit einem Team darüber zu sprechen, dass eine Stelle gestrichen wurde und wie nun die Arbeit neu und natürlich „besser“ zu verteilen ist? Folgt dem „flexiblen Menschen“ jetzt die „flexible Supervision“ (Buer/Siller 2004)?

Anstatt noch weitere empirische Untersuchungen im Stile von Erfolgsmeldungen darüber, wie gut Supervision hilft, zu starten, wären Studien angesagt, die das emanzipatorische Potenzial der Supervision ausloten.

Versuch einer Bilanz

Die aktualisierte und stark überarbeitete Neuauflage dieses Buches nach fast zwei Jahrzehnten gibt in mehrfacher Hinsicht die Gelegenheit, eine Bilanz zu ziehen.

Was ist die Supervision heute? Sie ist ein vorwiegend erfolgreiches, anerkanntes und geregeltes Aus- und Weiterbildungsformat für viele berufliche Zwecke und Ziele.

Was hat sich verändert? Nur noch etwa 40 Prozent der DGSv-Supervisorinnen und -Supervisoren kommen aus der Sozialarbeit. In der Schweiz sind es sogar nur noch ungefähr 20 Prozent der BSO-Mitglieder. Die Tätigkeitsgebiete der Supervisorinnen und Supervisoren, vor allem in der Schweiz und in Österreich, sind breiter und vielfältiger geworden.

Was ist weniger wichtig geworden? Theoriediskussionen sind kein großes Thema mehr. Wer nur noch *ein* Deutungsmuster für die Vielfalt der Praxis benutzt und sich nicht weiterbildet, dem wird eventuell der Erfolg versagt bleiben. Ein Blick in die Ausbildungscurricula, vor allem an den Hochschulkursen zur Supervision, zeigt, dass dort schon Interdisziplinarität und Methodenvielfalt vorherrschen.

Was ist neu? Dazu gehört ohne Zweifel der konkurrierende Siegeszug von teilweise irreführenden und heilsversprechenden Coaching-Angeboten. Das erinnert an die bunt schillernden Angebote des „Psycho-Marktes“ seit den 1970er-Jahren. Seriöse Supervision muss auf die Herausforderungen reagieren.

Was fehlt? Unterhalb der abstrakten Ebene der Theorien fehlen umsetzbare Einzelschritte für das Erlernen und Ausüben der Supervision (Handlungslehre, Praxeologie).

In Deutschland wäre es angebracht, wenn die großen Beratungsverbände über langjährige und mühevolle Lobbyarbeit versuchten, von der Politik ein *Beratungsgesetz* zu fordern. Dazu müssten sie im Sinne von Verbraucherschutz nachweisen, dass es finanziell, psychisch und sozial schädliche Angebote und Praktiken auf dem nicht reguliertem Beratungsmarkt gibt. Vorbild sollte das *Psychotherapiegesetz* von 1999 sein. Interdisziplinäre Rahmenbedingungen, auch für die Ausbildung, könnten ebenfalls in einem solchen Beratungsgesetz verankert werden. Hochschulnähe bzw. Kooperation mit Hochschulen, Interdisziplinarität und Evaluierung von Ausbildung und Praxis gehörten dazu.

Ein Blick in die Zukunft

Für eine positive Zukunft der Supervision sehe ich *fünf Tendenzen*:

1. Es wäre wichtig, Menschen, die in den „supervisionsfernen" Feldern arbeiten (Pflege, Ökonomie, Technik, Naturwissenschaften, Medizin, Rechtswissenschaft), *direkt* zu Supervisoren auszubilden, damit sie mit ihrer Feldkompetenz in ihren angestammten Berufen innovativ tätig werden können. Das ist besser und erfolgversprechender, als wenn feldfremde Supervisoren dort vermehrt aktiv werden.
2. Im Großen und Ganzen wird die Supervisionsszene, also der „Markt", so bleiben wie bisher. Es werden noch einige neue Betätigungsfelder (und Weiterbildungszertifikate) hinzukommen. Aber es wird keine extreme Ausdehnung geben. Eine marktmäßige Ausweitung der Supervision ergibt sich in Deutschland, Österreich und der Schweiz auch noch etwas über die verstärkte Hinwendung in die jeweiligen ländlichen Räume. Denn in allen drei Mitgliederbefragungen zeigt sich, dass die sogenannte „Supervisoren-Schwemme", wenn es sie überhaupt geben sollte, vor allem in den städtischen Ballungsräumen stattfindet.
3. In Deutschland wird sich die DGSv stärker dem (seriösen) Coaching und der Organisationsberatung bzw. Organisationsentwicklung zuwenden müssen. Nicht nur, weil man das in Österreich und der Schweiz schon viel stärker praktiziert, sondern auch, um diese Felder nicht noch weiter anderen zu überlassen und weil einige deutsche Supervisionsausbildungen ihre Abschlüsse schon auf diese scheinbar neuen Märkte hin ausgerichtet haben. Allerdings sollte man Kompetenzen für Coaching und Organisationsberatung über eine Erweiterung der Ausbildungsstunden erreichen und nicht einfach einen neuen Titel „anhängen".
4. Auf verbandlicher Ebene wünsche ich mir bei künftigen Mitgliederbefragungen genauer gruppierte Daten über die Einkommensquellen sowie über die Gesamt- bzw. Familieneinkommen. Auch Informationen über die Konkurrenzsituation der Supervisoren untereinander wären hilfreich. Wie ist eigentlich das Verhältnis der Anzahl von Akquisen bzw. Erstgesprächen in Relation zu Vertragsabschlüssen? Ebenso scheinen verbindliche Standards zur Weiterbildung bzw. zur „Supervision der Supervisoren" im Sinne von Qualitätssicherung sinnvoll.
5. Die Zukunft der Supervision wird ausbildungsmäßig stärker an den Hochschulen oder in Kooperation mit diesen stattfinden. Qualität kommt vor Quantität. Man sollte das Profil auch mehr auf Supervision als Leitungsfunktion in Organisationen ausrichten und nicht nur für Neben- oder Freiberuflichkeit.

Literatur

Alsdorf, N./Fuchs, S.: Leistung. In: Haubl, R./Voß, G. (Hg): Riskante Arbeitswelt im Spiegel der Supervision. Göttingen 2011.

Antons, K.: Praxis der Gruppendynamik. Göttingen 1974.

Auer-Hunzinger, V./Sievers, B.: Organisatorische Rollenanalyse und Rollenberatung. Ein Beitrag zur Aktionsforschung. In: Gruppendynamik 1/1991.

Argelander, H.: Das Erstinterview in der Psychotherapie. Darmstadt 1970.

Argelander, H.: Freud als Supervisor. In: Drews, S. u. a. (Hg): Provokation und Toleranz. Festschrift für Alexander Mitscherlich zum 70. Geburtstag. Frankfurt am Main 1978.

Ariès, P.: Studien zur Geschichte des Todes. München 1981.

Balint, M.: Der Arzt, sein Patient und die Krankheit. Stuttgart 1965.

Bastert, V.: Selbständig machen als SupervisorIn. Ein Leitfaden. Salzhausen 1995.

Battegay, R.: Grenzsituationen. Frankfurt am Main 1992.

Bauer, P.: Teamsupervision in psychiatrischen Teams. Eine empirische Studie. In: Organisationsberatung, Supervision, Coaching 2/2003.

Bauer, P.: Systemische Supervision multiprofessioneller Teams in der Psychiatrie. Freiburg 2004.

Baur, J./Krapohl, L.: Supervision studieren?! In: Krapohl, L. u. a. (Hg): Supervision in Bewegung. Opladen 2008.

Bauriedl, T.: Psychoanalytische Perspektiven in der Supervision. In: Supervision 23/1993.

Bausch, V.: Supervision in Mentoringprogrammen. Hamburg 2007.

Bayer, H.: Aus Fehlern lernen. In: Organisationsberatung, Supervision, Coaching 1/2005.

Beer, T.: Evaluation von Supervision. In: Berker, P./Buer, F. (Hg): Praxisnahe Supervisionsforschung. Münster 1998.

Beerensson, A.: Fortbildungsmöglichkeiten für Wohlfahrtspflegerinnen. In: Soziale Berufsarbeit Mai/Juni 1922.

Beine, K. H.: Krankentötungen in Kliniken und Heimen. Freiburg 2010.

Belardi, N. (Hg): Pädagogik. Sozialpädagogische Arbeitsfelder. Frankfurt am Main 1980a.

Belardi, N. (Hg): Didaktik und Methodik Sozialer Arbeit. Frankfurt am Main 1980b.

Belardi, N.: Integrative Gruppentherapie im Feld der sozialen Arbeit. In: Mühlfeld, C. u. a. (Hg.): Soziale Gruppenarbeit. Frankfurt am Main 1990.

Belardi, N.: Die Gewalt der Klienten. In: Sozialmagazin 3/1991.

Belardi, N.: Sterbebegleitung. Eine sozialpädagogische Aufgabe? In: Neue Praxis 4/1992a.

Belardi, N.: Supervision. Von der Praxisberatung zur Organisationsentwicklung, Paderborn 1992b.

Belardi, N.: Supervision in den USA - heute. In: Organisationsberatung, Supervision, Clinical Management 2/1994.

Belardi, N.: Supervision. Eine Einführung für soziale Berufe. Freiburg 1996a (Zweite Auflage 1998).

Belardi, N.: Beratung. Eine sozialpädagogische Einführung. Weinheim und Basel 1996b. (Sechste Auflage 2011).

Belardi, N.: Supervision in der Altenhilfe. In: Organisationsberatung, Supervision, Clinical Management 3/1999.

Belardi, N.: Social Work Supervision in Germany. In: European Journal of Social Work Dezember 2002a.

Belardi, N.: Entwicklung und Anwendungsbereiche der Supervision. In: Gruppenpsychotherapie und Gruppendynamik 2/2002b.

Belardi, N.: Supervision. Grundlagen, Techniken, Perspektiven. München 2002c. (Vierte Auflage: 2013).

Belardi, N.: Supervision. In: Kreft, D./Müller, C. W. (Hg): Methodenlehre in der Sozialen Arbeit. München 2010.

Belardi, N.: Supervision. In: Wirtz, M. A. (Hg): Dorsch. Lexikon der Psychologie. Bern 2013. (Dreizehnte Auflage).

Belardi, N.: Ruanda. Zwanzig Jahre nach dem Genozid. Die Destabilisierung einer Region und was Deutschland damit zu tun hat. Kindle E-Book 2014a.

Belardi, N.: Familienberatung und Ausbildungssupervision in Chengdu (V. R. China). In: Organisationsberatung, Supervision, Coaching 3/2014b.

Belardi, N./Belardi-Günther, H.: Supervisionserfahrungen mit Bewährungshelfern. In: Bewährungshilfe 4/1983.

Belardi, N./Fisch, M.: Altenhilfe. Eine Einführung für Studium und Praxis. Weinheim und Basel 1999.

Berghold, J. B./Filsinger, D. (Hg): Vernetzung psychosozialer Dienste. Weinheim und München 1993.

Berker, P.: Felddynamik. In: Supervision 21/1992.

Berker, P.: Externe Supervision - interne Supervision. In: Pühl, H. (Hg): Handbuch der Supervision 2. Berlin 1994.

Berker, P.: Kollegiale Supervisionsgruppen - kompetent, vertrauensvoll, entlastend. In: Supervision 27/1995.

Berker, P./Buer, F. (Hg): Praxisnahe Supervisionsforschung. Münster 1998.

Bernfeld, S.: Sisyphos oder die Grenzen der Erziehung. Frankfurt am Main 1970.

Bernler, G./Johnsson, L.: Supervision in der psychosozialen Arbeit. Weinheim und Basel 1993.

Berns, U.: Das Unbewusste bei Freud. In: Buchholz, M.-B./Gödde, G. (Hg): Das Unbewusste in der Praxis. Band 3. Gießen 2006.

Berufsverband für Supervision und Coaching (BSC). Südtirol (Italien). Bozen 2005.

Bienenstein, S./Rother, M. (Hg): Fehler in der Psychotherapie. Wien 2009.

Bion, W.: Lernen durch Erfahrung. Frankfurt am Main 1997.

Birgmeier, B. R.: Sozialpädagogisches Coaching. München 2010.

Biscioni, R.: Die Sozialarbeiterausbildung in Amerika 1880-1977 und das Problem ihres Transfers. Zürich 1978.

Björkmann, H.: Abhängigkeitserkrankung am Arbeitsplatz. Eine Coachingaufgabe. In: Organisationsberatung, Supervision, Coaching 3/2002.

Boeckh, A.: Methodenintegrative Supervision. Stuttgart 2008.

Böttcher, S.: Verfahrenspflegschaft für Kinder und Jugendliche in Sachsen. Hamburg 2008.

Börngen. S.: Die Entwicklung der Supervision in der ehemaligen DDR. In: Organisationsberatung, Supervision, Clinical Management 4/1995.

Boskamp, P./Grönefeld, B./Hollenkamp, P.: Einschätzung der Bedeutung und Effektivität von Supervision. (Katholische Fachhochschule Köln). Köln 1975.

Brackett, J.: Supervision and Education in Charity. New York 1903.

Bratschedl, D.: Supervision für Hörgeschädigte. In: Journal Supervision, 4/2014.

Bredt, H.: Mehr Supervision für die Kirche. In: Journal Supervision, 4/2014.

Brück, H.: Die Angst des Lehrers vor seinem Schüler. Reinbek 1978.

Brück, H.: Seminar der Gefühle. Reinbek 1986.

Brückner, M.: Geschlechterverhältnisse und Doing Gender. In: Buer, F./Siller, G. (Hg): Die flexible Supervision. Wiesbaden 2004.

Brünker, J.: Beratung und Supervision. Frankfurt am Main 2004.

Buer, F.: Methoden in der Supervision – psychodynamisch angereichert. In: Organisationsberatung, Supervision, Clinical Management 1/1996a.

Buer, F.: Psychodramatische Supervision. In: Supervision 29/1996b.

Buer, F./Schmidt-Lellek, C. (Hg): Life-Coaching. Göttingen 2008.

Buer, F./Siller, G. (Hg): Die flexible Supervision. Wiesbaden 2004.

Bundesverband der Arbeiterwohlfahrt (Hg): Empfehlungen zur Supervision. Ein Qualifizierungsinstrument sozialer Arbeit in der Arbeiterwohlfahrt. Bonn o. J.

BSO-Mitgliederbefragung 2010. Berufsverband für Supervision, Organisationsberatung und Coaching. Bern 2010.

Burisch, M.: Das Burnout-Syndrom. Theorie der inneren Erschöpfung. Berlin 2010.

Busse, S./Hausinger, B. (Hg): Supervisions- und Coachingprozesse erforschen. Göttingen 2013.

Busse, S./Mulkan, A.: Wo sind sie geblieben? In: Journal Supervision 2/2015.

Butzko, H. G.: Supervision in Wirtschaftsunternehmen. In: Pühl, H. (Hg): Handbuch der Supervision 2. Berlin 1994.

Carrier, M.: Supervision erhöht Arbeitsqualität. In: Altenheim 10/1994.

Coaching-Newsletter: http//www.coaching-newsletter.de/change.htm

Coché, E.: Supervision in USA. In: Supervision 10/1986.

Cohn, R.: Von der Psychoanalyse zur Themenzentrierten Interaktion. Stuttgart 1976.

Deichmann, C.: Vorwort zu Dorothy Pettes: Supervision in der Sozialarbeit. Freiburg 1971.

Deiseroth, D.: Wo liegen gravierende Missstände im stationären Pflegebereich? In: Pro Alter 3/2006.

Denner, L.: Gruppenberatung für Lehrer und Lehrerinnen. Bad Heilbrunn 2000.

DGSv: Deutsche Gesellschaft für Supervision (DGSv): Supervision im Arbeitsfeld Hospiz/Palliative Care. Kurzdarstellung der Ergebnisse einer bundesweiten Befragung. Köln 2007.

DGSv-Mitgliederbefragung 2009. Deutsche Gesellschaft für Supervision. Köln 2009.

DGSv: Deutsche Gesellschaft für Supervision (DGSv): Supervision ein Beitrag zur Qualifizierung beruflicher Arbeit. Köln 2012.

Deutscher Caritasverband (Hg): Bedeutung und Bedingungsrahmen von Supervision. In: Caritas 1/1992.

Diebäcker, H.: Chance und Risiko der Personalentwicklung mit Supervision in Profit-Unternehmen. In: Supervision, Sonderheft 1995.

Döring-Seipel, E./Dauber, H.: Was Lehrerinnen und Lehrer gesund hält. Göttingen 2013.

Donner, R.: Supervision in Ausbildungszusammenhängen am Beispiel der Akademie für den logopädisch-phoniatrisch-audiometrischen Dienst. In: Luif, I.: Supervision. Tradition, Ansätze und Perspektiven in Österreich. Wien 1997.

Dorando, M./Grün, J.: Coaching mit Meistern. Erfahrungsbericht eines supervisorischen Abenteuers. In: Supervision 24/1993.

Dross, M.: Krisenintervention. Göttingen 2001.

Duensing, F.: Ziele und Aufgaben der Sozialen Frauenschule. In: Programm Soziale Frauenschule der Stadt München. München 1920.

Dvorak, K.: Juristische Fragen und Antworten. In: Reichel, R./Dvorak, K. (Hg): Sozialarbeit und Supervision. Sankt Pölten 1998.

Ebbecke-Nohlen, A.: Auftrag und Spiel im Interaktionsprozeß von Supervision. In: Pühl, H. (Hg): Handbuch Supervision 2. Berlin 1994.

Ebbecke-Nohlen, A.: Einführung in die systemische Supervision. Donauwörth 2012.

Effinger, H.: Reflexion berufsbezogenen Handelns? Ja, aber wie? Eine empirische Studie zur Ausbildungssupervision an Fachhochschulen. In: Organisationsberatung, Supervision, Coaching 3/2002.

Ehrhardt, J./Petzold, H: Wenn Supervisionen schaden. Explorative Untersuchungen im Dunkelfeld „riskanter supervisorischer Praxis". In: Integrative Therapie 1-2, 2014. Auch als Internet-Zeitschrift.

Ellecosta, M.: Supervision in Italien. In: Organisationsberatung, Supervision, Clinical Management 2/1994.

Fellermann, J.: „Über Gefühle soll ich sprechen?" Fachliche und berufspolitische Bemerkungen zu einem Supervisionsprozeß in Ostdeutschland. In: Organisationsberatung, Supervision, Clinical Management 4/1995.

Fellermann, J.: Zum neusten Stand der Dinge.... In: Supervision 29/1996.

Fellermann, J./Leppers, M. (Hg): Veränderte Arbeitswelt - eine Herausforderung für das Beratungskonzept Supervision. Münster 2001.

Fengler, J.: Soziologische und sozialpsychologische Gruppenmodelle. In: Petzold, H./Frühmann, R. (Hg): Modelle der Gruppe. Band 1. Paderborn 1986.

Fengler, J.: Helfen macht müde. München 1991.

Fengler, J.: Süchtige und Tüchtige. Begegnung und Arbeit mit Abhängigen. München 1994a.

Fengler, J. u. a.: Peer-Group-Supervision. In: Pühl, H. (Hg): Handbuch Supervision 2. Berlin 1994b.

Fengler, J.: Geplante und ungeplante Gruppendynamik in Supervisionsprozessen. In: Organisationsberatung, Supervision, Clinical Management 1/1996.

Fengler, J./Sanz, A. (Hg): Ausgebrannte Teams. Stuttgart 2011.

Fischer, W.: Wer macht was in der Beratungsinteraktion? In: Busse, S./Hausinger, B. (Hg): Supervisions- und Coachingprozesse erforschen. Göttingen 2013.

Fieseler, G./Lippenmeier, N.: Supervision und Recht. In: Supervision 8/1985 (Teil 1); 9/1986 (Teil 2).

Fortmeier, P.: Der gar nicht mal so Neue. Interview von Heiko Schulz mit dem neuen Geschäftsführer der DGSv. In: Journal Supervision 1/2015.

Fox, Raimund: Contracting in Supervision. In: The Clinical Supervisor 1/1983.

Fox, Renata: Der/die institutionsinterne Supervisor/in. Der/die institutionsexterne Supervisor/in. In: Gesamthochschule Kassel (Hg): Beiträge zur Supervision. Band 6. Kassel 1987.

Fürstenau, P.: Zur Psychoanalyse der Schule als Institution. In: Das Argument 2/1964. Wiederabdruck in: Fürstenau, P.: (Hg): Der psychoanalytische Beitrag zur Erziehungswissenschaft. Darmstadt 1974.

Fürstenau, P.: Zur Theorie psychoanalytischer Praxis. Stuttgart 1979.

Fürstenau, P.: Interview über Supervision. In: Sozialpsychiatrische Informationen 2/1990.

Fürstenau, P.: Entwicklungsförderung durch Therapie. München 1992.

Fürstenau, P.: Fortbildungskonsultation und -supervision für Supervisorinnen und Supervisoren. In: Supervision 27/1995.

Fürstenau, P.: Auf dem Weg zur Organisationssupervision: Differenzierung ist gefragt. Ein Gespräch mit W. Weigand. In: Supervision 29/1996.

Freitag, M.: Die eierlegende Wollmilchsau: Berufsrollenreflexion bei der Polizei NRW. In: Journal Supervision 2/2015.

French, J./Raven, B.: The Basis of Social Power. In: Cartwright, D. (Ed): Studies in Social Power. Ann Arbor 1959.

Freud, S.: Analyse der Phobie eines fünfjährigen Knaben. (1909). In: Freud, S.: Gesammelte Werke. Band VII. Frankfurt, London 1972.

Freud, S.: Geleitwort zu August Aichhorn Verwahrloste Jugend (1925). In: Freud, S.: Gesammelte Werke. Band XIV. Frankfurt, London 1960.

Freudenberger, H./Richelson, G.: Ausgebrannt. München 1981.

Freyberger, H./Freyberger, H.: Transgenerationale Traumatransmission am Beispiel der Überlebenden des Holocaust. In: Seidler, G. H./Freyberger, H. J./Maercker, A. (Hg): Handbuch der Psychotraumatologie. Stuttgart 2011.

Friedländer, W./Pfaffenberger, H. (Hg): Grundbegriffe und Methoden der Sozialarbeit. Neuwied 1966.

Fritzsche, D.: Coaching von Schlaganfallpatienten. Ein integratives Beratungs- und Trainingskonzept. In: Organisationsberatung, Supervision, Coaching 4/2005.

Gaertner, A.: Über das allmähliche Verschwinden einer jungen Profession. Zeitgeschichtliche Aspekte zur Entwicklung der Supervision. In: Forum Supervision März 2011.

Gasser, C.: Evaluation von Supervisionsprozessen an Südtiroler Schulen. In: Organisationsberatung, Supervision, Coaching 4/2012.

Geissler-Piltz, B.: In Kontakt mit Schicksalen. Die Abschlussveranstaltung eines wichtigen Kooperationsprojekts. Bericht aus Nürnberg. In: Journal Supervision 3/2014.

Generali Altersstudie 2013. Frankfurt am Main 2012.

Giere, W.: Gruppendynamik. Verlaufsschilderung eines Seminars. In: Horn, K. (Hg): Gruppendynamik und der subjektive Faktor. Frankfurt am Main 1972.

Gibicek, C: Der Fall Michaela Roeder. Bonn 1990.

Giernalczyk, T.: Beratung in Lebenskrisen. In: Steinebach, C. (Hg): Handbuch Psychologische Beratung. Stuttgart 2006.

Giernalczyk, T./Lohmer, M. (Hg): Das Unbewusste im Unternehmen. Stuttgart 2012.

Glasl, F./Lievegoed, B.: Dynamische Unternehmensentwicklung. Bern, Stuttgart 1993.

Glaser, B. G./Straus, A. L.: Interaktionen mit Sterbenden. Göttingen 1968.

Gnädinger, H.: Der Supervisor als Therapeut. In: Supervision 3/1983.

Gorißen, B.: Feuerwehr und Supervision. In: Organisationsberatung, Supervision, Coaching 2/2014.

Gotthardt-Lorenz, A.: Organisationsberatung. Freiburg 1989.

Gotthardt-Lorenz, A.: Warum „Organisationssupervision"? In: Supervision 29/1996.

Gotthardt-Lorenz, A.: Supervision trifft Arbeitswelt. In: Supervision 3/2013.

Grawe, K./Donati, R./Bernauer, F.: Psychotherapie im Wandel. Von der Konfession zur Profession. Göttingen 1994.

Gregersen, S.: Jetzt reicht's. Strukturelle Massnahmen zur Prävention von Burn-out. In: Pro Alter 1/2013.

Greif, S./Schmidt, F./Thamm, A.: Warum und wodurch Coaching wirkt. In: Organisationsberatung, Supervision Coaching 4/2012.

Gregor-Rauschtenberger, B./Hansel, J.: Innovative Projektführung. Berlin, Heidelberg 1993.

Gröning, K.: Marketing in der Supervision: Nein danke? - Ja bitte? In: Forum Supervision 2/1993.

Gröning, K.: Supervision in der Pflege. In: Forum Supervision, Oktober 2010.

Gumpinger, M.: Das soziale Ehrenamt und sein Verhältnis zur Supervision. In: Organisationsberatung, Supervision, Clinical Management 4/1996.

Gundert, S.: Qualität der Arbeit im Wandel. In: Haubl, R./Hausinger, B./Voß, G. (Hg): Riskante Arbeitswelten. Frankfurt am Main 2013.

Haefner, S. (Hg): Die Balintgruppe. Köln 2007.

Hantschk, I.: Rollenberatung. In: Pühl, H. (Hg): Handbuch Supervision 2. Berlin 1994.

Handrich, C.: Professionalität und Qualität der Arbeit. In: Haubl, R./Voß, G. (Hg): Riskante Arbeitswelten im Spiegel der Supervision. Göttingen 2011.

Hansel, J.: Die integrative Führung von Projektmanagern. In: Organisationsberatung, Supervision, Clinical Management 3/1995.

Hapke, E.: Über Supervision. In: Rundbrief Gilde Soziale Arbeit 4/1952.

Hapke, E.: Die Rolle der Supervision im amerikanischen Casework. In: Unsere Jugend 1/1954.

Haubl, R.: Ausgewählte flankierende Befunde anderer Forschergruppen. In: Haubl, R./Voß, G. (Hg): Riskante Arbeitswelt im Spiegel der Supervision. Göttingen 2011.

Haubl, R./Voß, G. (Hg): Riskante Arbeitswelten im Spiegel der Supervision. Göttingen 2011.

Haubl, R./Hausinger; B. (Hg): Supervisionsforschung. Einblicke und Ausblicke. Göttingen 2009.

Haubl, R./Hausinger, B./Voß, G. (Hg): Riskante Arbeitswelten. Frankfurt am Main 2013.

Haubl, R./Voß, G. u. a. (Hg): Belastungsstörung mit System. Göttingen 2013.

Haus Terach. Zentrales Institut für Betriebliche Fort- und Weiterbildung Bethel (Hg): Rahmenrichtlinien für Supervision in den v. Bodelschwinghschen Anstalten Bethel. Bethel (Bielefeld) 1993.

Hauser, M./Griese, K.: Sexualisierte Gewalt gegen Frauen im Krieg: Hintergründe, Folgen und Unterstützungsansätze. In: Seidler, G. H./Freyberger, H. J./Maercker, A. (Hg): Handbuch der Psychotraumatologie. Stuttgart 2011.

Hausinger, B.: Der Nutzen von Supervision. Verzeichnis von Evaluationen und wissenschaftlichen Arbeiten. Deutsche Gesellschaft für Supervision. Kassel 2008.

Hausinger, B./Volk, T.: Erneuerung statt Imagepflege. Sonderpublikation zum Journal Supervision 4/2013.

Hardt, K./Schröder, E.: Auf dem Weg zur Supervision. Entwicklung der Supervision im Burckhardthaus der ehemaligen DDR. In: DGSv-Aktuell 2/1990.

Harrach, A.: Das Konzept der Gruppe in der Balint-Gruppenarbeit. In: Petzold, H./ Frühmann, R. (Hg): Modelle der Gruppe. Band 2. Paderborn 1986.

Hechler, O.: Psychoanalytische Supervision sozialpädagogischer Praxis. Frankfurt am Main 2005.

Hege, M.: Ethik und Supervision. In: Supervision 25/1994.

Hege, M.: Konzeptionsfragen der Supervision. In: Supervision 29/1996.

Heidenreich, J./Kuhnke-Wagner, I.-A.: Aggressives Verhalten gegenüber Beschäftigten in Altenpflegeheimen. In: Pro Alter 4/2012.

Heiner, M.: Soziale Arbeit als Beruf. München 2007.

Heltzel, R.: Die haltende Beziehung im stationär-psychiatrischen Setting. In: Sozialpsychiatrische Informationen 1/1995.

Heltzel, R./Weigand, W.: Im Dickicht der Organisation. Komplexe Beratungsaufträge verändern die Beraterrolle. Göttingen 2012.

Hennige; U.: Zeitgemäßes und Unzeitgemäßes. In: Supervision 28/1995.

Herrmann, G.: Gespräch über Supervision. In: Rundbrief Gilde Soziale Arbeit 4/1952.

Herrmann, P.: Einführung in das systemische Schulmanagement. Heidelberg 2014.

Hering, S./Münchmeier, R.: Geschichte der Sozialen Arbeit. Weinheim 2000.

Hermann-Stietz, I.: Praxisberatung und Supervision in der Sozialen Arbeit. Schwalbach 2009.

Hinte, W.: Soziale Arbeit zwischen Berufsfeld und Bologna. In: Sozialmagazin 1-2/2013.

Hirsch R. D.: Balint-Gruppenarbeit in der Altenhilfe (Kuratorium Deutsche Altenhilfe). Köln 1992.

Hollstein, W./Meinhold, M. (Hg): Sozialarbeit unter kapitalistischen Produktionsbedingungen. Frankfurt am Main 1975.

Huppertz, N.: Supervision. Neuwied und Darmstadt 1975.

Iding, H.: Hinter den Kulissen der Organisationsberatung. Opladen 2000.

Jarecki, M.: Supervision in der Ausbildung von ErgotherapeutInnen. In: Luif, I. (Hg): Supervision. Tradition, Ansätze und Perspektiven in Österreich. Wien 1997.

Jasmund, C.: Leiterinnen von Kitas sind professionelle (Rollen-) Vorbilder. In: Kita aktuell spezial 3/2014.

Joder, K.: Gesundheitscoaching - zwischen Burnout und beruflicher Neuorientierung. In: Organisationsberatung, Supervision, Coaching 4/2005.

Johach, H.: Soziale Therapie und Alltagspraxis. Weinheim und München 1993.

Johnsson, L.: Supervision in Schweden. In: Organisationsberatung, Supervision, Clinical Management 2/1994.

Jordi, W.: Aus der Geschichte des Berufsverbandes für Supervision und Praxisberatung. In: Psychosozial 1/1990 (auch Separatdruck).

Jugert, G.: Zur Effektivität pädagogischer Supervision. Frankfurt am Main 1998.

Jungbauer, J.: Ausbildungssupervision per E-Mail. In: Organisationsberatung, Supervision, Coaching 2/2007.

Kadushin, A.: Supervision in Social Work. New York 1985.

Kadushin, A.: Supervision in der Sozialarbeit. In: Supervision 18/1990a.

Kadushin, A.: The Social Work Interview. New York 1990b.

Kadushin, A.: Social Work Supervision. An Updated Survey. In: The Clinical Supervisor 2/1992.

Kähler, H.: Erstgespräche in der Sozialarbeit. Freiburg 1991.

Kallabis, O.: Gestaltung von Dreieckskontrakten. In: Supervision 22/1992.

Kamphuis, M.: Die persönliche Hilfe in der Sozialarbeit unserer Zeit. Stuttgart 1965.

Katholische Bundesarbeitsgemeinschaft der Träger von Erziehungsberatungsstellen, Ehe-, Familien- und Lebensberatungsstellen und der Telefonseelsorge: Supervision in Erziehungsberatungsstellen. Freiburg o. J.

Kaslow, F. W. et al.: Supervision, Consultation, and Staff Training in the Helping Professions. San Francisco 1977.

Kaupp, B.: Supervision im Reisebüro. In: Forum Supervision 2/1993.

Keil, G.: Systemische Methoden in der Supervision. In: Krapohl, L. u. a. (Hg): Supervision in Bewegung. Opladen 2008.

Kersting, H. J.: Deutsche Gesellschaft für Supervision e. V. In: Sozialpädagogik 3/1991.

Kersting, H. J./Krapohl, L.: Team-Supervision. In: Pühl, H. (Hg): Handbuch Supervision 2. Berlin 1994.

Kersting, H. J. u. a.: Systemische Interventionen in der Supervision von Arbeitssystemen (Teamsupervision). In: Supervision 28/1995.

Kersting, H. J.: Masterstudiengänge für Supervision an den Hochschulen. Chancen und Probleme. In: Buer, F./Siller, G. (Hg): Die flexible Supervision. Wiesbaden 2004.

Kersting, H.-J./Neumann-Wirsing, H. (Hg): Systemische Organisationsentwicklung und Supervision. Aachen 2000.

Kimmle, A. E.: Mentoring und Coaching in Unternehmen. In: Organisationsberatung, Supervision, Coaching, 3/2004.

Klein, K.: Supervision von Gewerkschaftsvertretern in Österreich. In: Organisationsberatung, Supervision, Clinical Management 1/1995.

Klessmann, M./Lammer, K. (Hg): Das Kreuz mit der Kirche. Supervision in Kirche und Diakonie. Neukirchen-Vluyn 2007.

Kleve, H.: Sozialarbeitswissenschaft, Systemtheorie und Postmoderne. Freiburg 2003.

Klinkhammer, M.: Rezension von Birgmeier: Sozialpädagogisches Coaching. In: Organisationsberatung, Supervision, Coaching 4/2010.

Klitscher, B.: Coaching beim Aufbau eines ambulanten Hospizes. In: Organisationsberatung, Supervision Coaching 2/2003.

Klüsche, W.: Professionelle Helfer. Aachen 1990.

Knizia, F.: Zugänge eröffnen, Verstehen ermöglichen. In: Organisationsberatung, Supervision, Coaching 4/2003.

Knopf, W./de Roos, S.: Kooperation innerhalb der europäischen Supervisionsszene. ANSE diskursiv unterwegs. In: Supervision 2/2014.

Koch-Straube, U.: Fremde Welt Pflegeheim. Bern 1997.

Kommunale Gemeinschaftsstelle für Verwaltungsvereinfachung (Hg): Dezentrale Ressourcenverantwortung. Überlegungen zu einem neuen Steuerungsmodell (Bericht Nr. 12). Köln 1991.

Kogelbauer, A.: Supervision und Schule. In: Luif, I. (Hg): Supervision. Tradition, Ansätze und Perspektiven in Österreich. Wien 1997.

Kotte, S./Möller, H.: Standardisierte Verhaltensbeobachtung als Forschungszugang zu Gruppen- und Teamsupervision mit Hilfe des IKD. In: Busse, S./Hausinger, B. (Hg): Supervisions- und Coachingprozesse erforschen. Göttingen 2013.

Kübler-Ross, E.: Interviews mit Sterbenden. Gütersloh 1984.

Kühl, S.: Das Scharlatanerieproblem. Coaching zwischen Qualitätsproblemen und Professionalisierungsbemühung. Eine Studie im Auftrag der Deutschen Gesellschaft für Supervision (DGSv). Köln 2005.

Kühl, S.: Coaching zwischen Qualitätsproblemen und Professionalisierungsbemühung. In: Organisationsberatung, Supervision, Coaching 1/2006.

Kühl, S.: Supervision auf dem Weg zur Profession? In: Organisationsberatung, Supervision, Coaching 1/2006.

Kühl, W.: Und Sie wollen uns jetzt die bürgerlichen Wissenschaften beibringen? In: DGSv-Aktuell 1/1993.

Kühl, W.: Wirkungen von Führungskräfte-Coachings in der Sozialen Arbeit. In: Organisationsberatung, Supervision, Coaching 1/2014.

Künzli, H.: Wirksamkeitsforschung im Führungskräfte-Coaching. In: Organisationsberatung, Supervision, Coaching 3/2005.

Kutter, P.: Ethik und Supervision. In: Sonderheft Supervision 1990a.

Kutter, P.: Das direkte und indirekte Spiegelphänomen. In: Pühl, H. (Hg): Handbuch der Supervision. Berlin 1990b.

Kutter, P.: Spiegelungen und Übertragungen in der Supervision. In: Pühl, H. (Hg): Handbuch Supervision 2. Berlin 1994.

Kutzik, A. J.: The Social Work Field. In: Kaslow, F. W. et al.: Supervision, Consultation, and Staff Training in the Helping Professions. San Francisco 1977.

Krapohl, L. u. a. (Hg): Supervision in Bewegung. Opladen 2008.

Kraus, H. (Hg): Casework in USA. Frankfurt am Main 1950.

Krause, A. S.: Supervision im universitären Kontext. Eine schriftliche Befragung von Lehramtsstudierenden. (Master-Arbeit im Studiengang „Master of Education" Sonderpädagogik). Universität Flensburg. Flensburg 2012.

Krczizek, R./Kühl, W.: Coaching für Führungskräfte in der Sozialen Arbeit - eine empirische Bedarfsanalyse. In: Organisationsberatung, Supervision, Coaching 1/2008.

Krenz, A.: Konflikte sind da, um sie erfolgreich zu klären. In: KiTa aktuell spezial 3/2013a.

Krenz, A.: Teamentwicklung: Ausgangspunkt und Motor für Qualität. In: KiTa aktuell spezial 3/2013b.

Landsberg, C.: Ausbildungssupervision bei Physiotherapeut/innen. In: Journal Supervision 2/2015.

Lauinger, W.: Supervisor/in DGSv - und dann? Mal unter uns: Wie halten Sie es mit regelmäßiger Fortbildung? In: Journal Supervision 1/2014.

Lazar, R. A.: W. R. Bions Modell „Container-Contained" als eine (psychoanalytische) Leitidee in der Supervision. In: Pühl, H. (Hg): Handbuch Supervision 2. Berlin 1994.

Leffers, C.-J.: Kritische Anmerkungen zu organisationsinterner Supervision. In: Supervision 12/1987.

Leffers, C.-J.: Einflussgrößen der Kontraktgestaltung aus der Sicht des Beraters. In: Supervision 22/1992.

Leffers, C.-J.: Supervision. Die neue Zauberformel zur Professionalisierung der Sozialarbeit? In: Groddeck, N./Schumann, M. (Hg): Modernisierung Sozialer Arbeit durch Methodenentwicklung und -reflexion. Freiburg 1994.

Leffers, C. -J.: Prinzipien und Methoden zielorientierter Intervention in institutionsbezogenen Beratungsprozessen. In: Supervision 28/1995.

Leffers, C.-J.: Teamsupervision - ein fragwürdiger Begriff für Formen externer Beratung in Institutionen? In: Supervision 29/1996.

Lehmenkühler-Leuschner, A.: Professionelles Handeln und Supervision. In: Forum Supervision 2/1993.

Leitner, A.: Der Umgang mit Krisen in der Supervision. In: Donau-Universität Krems. Studiengang Supervision und Coaching. Literatur. Internet-Zugriff 2015.

Leitner, A./Petzold, H. u. a.: Mythos Supervision? In: Donau-Universität Krems. Studiengang Supervision und Coaching. Literatur. 2004. Internet-Zugriff 2015.

Leppers, M.: Bleibende Verdienste um die Supervision erworben. Interview mit Prof. Dr. Nando Belardi. In: DGSv aktuell 2/2009.

Leuschner, G.: Macht und Machtkontrolle in sozialen Institutionen als Fokus in der Supervision. In: Forum Supervision 2/1993.

Leuschner, G.: Ist Supervisor/in ein Beruf? In: Forum Supervision Oktober 2009.

Levold, T./Wirsching, M. (Hg): Systemische Therapie und Beratung. Das große Lehrbuch. Heidelberg 2014.

Levy, C. S.: The Ethics of Supervision. In: Munson, C. E. (Ed): Social Work Supervision. New York 1979.

Lievegoed, B.: Organisationen im Wandel. Bern 1974.

Lippenmeier, N.: Die Bedeutung des sokratischen Prinzips für und im Supervisionsprozess. In: Pühl, H. (Hg): Handbuch der Supervision. Berlin 1990a.

Lippenmeier, N.: Axiome aus dem sokratischen Dialog als Grundlage einer Fortbildung für Lehrsupervisoren. In: Boettcher, W./Leuschner, G. (Hg): Lehrsupervision. Aachen 1990b.

Lippenmeier, N.: Der Entwicklungsprozess der Supervision in Deutschland und wie es zur Gründung der DGSv kam. In: Forum Supervision 3/2011.

Löwer-Hirsch, M.: Delegation von Teamkonflikten an die Supervisorin als Frau mittels projektiver Identifikation. In: Supervision 23/1993.

Loos, W.: Unter vier Augen. Coaching für Manager. Landsberg 1997.

Lorenzer, A.: Sprachzerstörung und Rekonstruktion. Frankfurt am Main 1970.

Lowy, L.: Supervision: Ein agogischer Lehr- und Lernprozess. In: v. Caemmerer, D. (Bearb.): Supervision - ein berufsbezogener Lernprozess. Wiesbaden 1977.

Luif, I. (Hg): Supervision. Tradition, Ansätze und Perspektiven in Österreich. Wien 1997.

Märtens, M.: Einmalberatung. Mainz 1999.

Maier, Hugo (Hg): Who is who der Sozialen Arbeit. Freiburg 1998.

Maraun, E.: Casework und Supervision in der amerikanischen Jugendfürsorge. In: Praxis der Kinderpsychologie und Kinderpsychiatrie 8-9/1952.

Marona-Glock, K./Höhl-Spenceley, U.: Praxisanleitung. Berlin 2007.

Marquard, A. u. a.: Psychische Belastung in helfenden Berufen. Opladen 1993.

Mayntz, R.: Soziologie der Organisation. Reinbek 1969.

Meinhold, M.: Zum Selbstverständnis und zur Funktion von Sozialarbeitern. Am Beispiel von Theorie und Praxis der sozialen Einzelhilfe. In: Hollstein, W./Meinhold; M. (Hg): Sozialarbeit unter kapitalistischen Produktionsbedingungen. Frankfurt am Main 1975.

Menzel, W.: Implementierung von Coaching für Schulleitung und Schulaufsicht. In: Organisationsberatung, Supervision, Coaching 3/2004.

Michel, A. u. a.: Was zeichnet einen kompetenten Coach im HR-Management aus? In: Organisationsberatung, Supervision, Coaching 4/2014.

Moeller, M. L.: Selbsthilfegruppen. Reinbek 1978.

Möller, H.: Was ist gute Supervision? Stuttgart 2001.

Möller, H./Hausinger, B. (Hg): Quo vadis Beratungswissenschaft? Wiesbaden 2009.

Mörsberger, T.: Verschwiegenheitspflicht und Datenschutz. Freiburg 1985.

Mühlum, A.: Sozialarbeitswissenschaft. Freiburg 2004.

Münch, W.: Leiden und Lust an der Schule. Frankfurt am Main 1984.

Münch, W.: Tiefenhermeneutische Beratung und Supervision. Frankfurt am Main 2011.

Münsterjohann, A./Stachowitz, J.: Supervision für Selbständige. In: Supervision 26/1994.

Müller, B.: Sozialpädagogisches Können. Freiburg 1993.

Müller, C. W.: Wie Helfen zum Beruf wurde. Weinheim und Basel 1982 (Bd. 1); 1988 (Bd. 2). Mehrere Neuauflagen.

Müller, T.: Überlegungen zum Selbstverständnis von Supervisoren/innen im BSH. In: Sozial 4/1985.

Munson, C. E. (Ed): Social Work Supervision. New York 1979.

Munson, C. E.: An Introduction to Clinical Social Work Supervision. New York 1983.

Nagel, H./Seifert, M. (Hg): Inflation der Therapieformen. Reinbek 1979.

Neuberger, O.: Mikropolitik. Stuttgart 1995.

Neuffer, M.: Die Kunst des Helfens. Weinheim und Basel 1990.

Neumann-Wirsig, H. (Hg): Supervisions-Tools. Bonn 2009.

Neuschäfer, K.: Supervisorinnen und Supervisoren in der Schule. In: Forum Supervision März 2004.

Nienaber, U.: Gruppensupervision mit Betreuern. In: Organisationsberatung, Supervision, Coaching 2/2007.

Oebelsberger, M.: Supervision in der Ausbildung von Musikerziehern/innen. In: Organisationsberatung, Supervision, Coaching 2/2001.

ÖVS-Mitgliederbefragung 2012. Österreichische Vereinigung für Supervision und Coaching (ÖVS). Wien 2012.

Ostermann, B. M.: Vorbereiten, Begleiten und Nachbereiten von Auslandseinsätzen. In: Organisationsberatung, Supervision, Coaching 1/2001.

Palzkill, B.: Supervision und Schule. In: Organisationsberatung, Supervision, Clinical Management 2/1995.

Parsons, J. E./Durst, D.: Learning Contracs: Misunderstood and Underutilized. In: The Clinical Supervisor 1/1992.

Pettes, D.: Supervision in der Sozialarbeit. Freiburg 1971.

Petzold, H.: Integrative Supervision, Meta-Consulting und Organisationsentwicklung. Paderborn 1998.

Puch, H.-J.: Organisation im Sozialbereich. Eine Einführung für Sozialberufe. Freiburg 1994.

Pühl, H.: Alternativprojekte. Der Kollektivmythos als Chef. In: Supervision 15/1989.

Pühl, H. (Hg): Handbuch der Supervision. Berlin 1990.

Pühl, H.: Erstkontakt, Beginn und Nachfrageanalyse in der Team-Supervision. In: Pühl, H. (Hg): Handbuch der Supervision. Berlin 1990.

Pühl, H.: Supervision als praktische Ethnopsychoanalyse. In: Supervision 22/1992.

Pühl, H. (Hg): Handbuch der Supervision 2. Berlin 1994a.

Pühl, H.: Einleitung zu: Beratersuche, Diagnostik, Kontrakt. In: Pühl, H. (Hg): Handbuch der Supervision 2. Berlin 1994b.

Pühl, H.: Einzel-Supervision. In: Pühl, H. (Hg): Handbuch der Supervision 2. Berlin 1994c.

Pühl, H.: Einleitung zu: Supervision und Beratung in unterschiedlichen Arbeitsfeldern. In: Pühl, H. (Hg): Handbuch der Supervision 2. Berlin 1994d.

Pühl, H.: Team-Supervision. Göttingen 1998.

Pühl, H. (Hg): Handbuch Supervision 3. Berlin 2009.

Pühl, H.: Konflikt-Klärung in Teams und Organisationen. Berlin 2014.

Prein, G.: Organisationsentwicklung und Institutionsberatung in Frankreich. In: Organisationsentwicklung, Supervision, Clinical Management 2/1994.

Prowaznik, B.: Supervision in der Verwaltung. In: Luif, I. (Hg): Supervision. Tradition, Ansätze und Perspektiven in Österreich. Wien 1997.

Rappe-Giesecke, K.: Theorie und Praxis der Gruppen- und Teamsupervision. Berlin 1990. (Neuauflagen).

Rappe-Giesecke, K.: Vom Beratungsanliegen zur Beratungsvereinbarung. Diagnose und Setting. In: Pühl, H. (Hg): Handbuch der Supervision 2. Berlin 1994a.

Rappe-Giesecke, K.: Gruppensupervision und Balintgruppenarbeit. In: Pühl, H. (Hg): Handbuch der Supervision 2. Berlin 1994b.

Rappe-Giesecke, K.: Supervision. Gruppen- und Teamsupervision in Theorie und Praxis. Berlin 1994c. (Zweite Auflage).

Rappe-Giesecke, K.: Stichwort: Balintgruppenarbeit. In: Supervision 27/1995.

Rappe-Giesecke, K.: Triadische Karriere-Beratung. Köln 2008.

Rau, H.: Wenn der Chef geht. Zur Kulturveränderung in Organisationen bei einem Leitungswechsel. In: Organisationsentwicklung, Supervision, Clinical Management 1/1994.

Rauen, C.: Coaching. Göttingen 2001.

Rauen, C. (Hg): Handbuch Coaching. Göttingen 2002.

Reichel, R.: Supervision auf dem Markt. Regelungen durch die ÖVS. In: Luif, I. (Hg): Supervision. Tradition, Ansätze und Perspektiven in Österreich. Wien 1997.

Reichel, R./Dvorak, K. (Hg): Sozialarbeit und Supervision. Sankt Pölten 1998.

Reichel, R./Rabenstein, R.: Kreativ beraten. Münster 2001.

Reichel, R.: (Hg): Beratung, Psychotherapie, Supervision. Wien 2005.

Reichel, R.: Beratung für freiberufliche Einzelkämpfer/innen. In: Krall, H. u. a. (Hg): Supervision und Coaching. Wiesbaden 2008.

Reifarth, W.: Zur Bedeutung von Supervision in der sozialen Arbeit. In: Nachrichtendienst des Deutschen Vereins für öffentliche und private Fürsorge 3/1995.

Reik, T.: Hören mit dem dritten Ohr. Frankfurt am Main 1983.

Reinicke, P.: Das Seminar für Jugendwohlfahrt an der Hochschule für Politik. In: Soziale Arbeit 10/1987.

Reinicke, P.: Die Berufsverbände der Sozialarbeit und ihre Geschichte. Von den Anfängen bis zum Ende des Zweiten Weltkrieges. Frankfurt am Main 1990.

Reinicke, P.: Hertha Kraus. In: Maier, H. (Hg): Who is who der Sozialen Arbeit. Freiburg 1998.

Ricken, H.-J.: Supervision in der Polizei. In: Forum Supervision 3/1994.

Richmond, M.: Social Diagnosis. New York (1917) 1944.

Ringel, E.: Selbstmord. Appell an die anderen. München 1974.

Ringshausen-Krüger, M.: Die Supervision in der deutschen Sozialarbeit (Diss. phil. Universität Frankfurt am Main). Frankfurt am Main 1977.

Röhrig, L.: Ein Beruf kann dich niederwerfen wie eine schwere Krankheit. Institutionsinterne Supervision bei der Polizei. In: Organisationsberatung, Supervision, Clinical Management 1/1999.

Rogers, C.: Die non-direktive Beratung. München 1972.

Rohner, K.: Umgang mit sensiblen Daten. Rechtliche Aspekte für Psychologen. In: BSO-Journal 3/2011.

Rothenberg, G.: Ausgangssituation in der psychodramatischen Supervision mit Ehrenamtlichen. In: Organisationsberatung, Supervision, Coaching 2/2005.

Urban, H.-J.: Gute Arbeit im Finanzmarktkapitalismus. In: Haubl, R./Hausinger, B./ Voß, G. (Hg): Riskante Arbeitswelten. Frankfurt am Main 2013.

Quidde, A.: Supervision und Coaching. Gemeinsamkeiten und Unterschiede hinsichtlich von Kontrakt, Setting und Arbeitsbündnis. In: Forum Supervision (online) 44/2014.

Sachße, C.: Mütterlichkeit als Beruf. Frankfurt am Main 1986.

Salomon, A.: Soziale Diagnose. Berlin 1926.

Salomon, A.: Die Ausbildung zum sozialen Beruf. Berlin 1927.

Salomon, A./Wronsky, S.: Soziale Therapie. Berlin 1926.

Scala, K./Grossmann, R.: Supervision in Organisationen. Weinheim 1997.

Schäfer, A.: Die Betreuung unbegleiteter minderjähriger Flüchtlinge als transnational orientierter Hilfekontext. In: Sozialmagazin 9-10/2013.

Schein, E.: Process Consultation. Volume II. Reading (Ma) 1987.

Scherwath, C./Friedrich, S.: Soziale und pädagogische Arbeit bei Traumatisierung. München 2012.

Scherzinger, A.: Louis Lowy. Ein Leben für eine Gesellschaft mit menschlichem Gesicht. In: Wieler, J./Zeller, S. (Hg): Emigrierte Sozialarbeit. Freiburg 1995.

Schigl, B.: Risiken, Nebenwirkungen und Schäden durch Supervision und Beratung. In: Integrative Therapie 1–2/2011.

Schindler, R.: Grundprinzipien der Psychodynamik in der Gruppe. In: Psyche (11) 1957/58.

Schlee, J.: Kollegiale Beratung und Supervision für pädagogische Berufe. Stuttgart 2004.

Schlotterbeck, M.: Gesellschaftlicher Wandel. Welche Aufgaben ergeben sich für die Supervision? In: Forum Supervision März/2008.

Schmelzer, D.: Verhaltenstherapeutische Supervision. Göttingen 1997.

Schmidbauer, W.: Die Hilflosen Helfer. (Erstausgabe: 1977). Reinbek 1992.

Schmidbauer, W.: Die Gefahren einer Supervisoren-Schwemme und die Zukunft der Supervision als Beruf. In: Organisationsberatung, Supervision, Clinical Management 4/1998.

Schmidbauer, W.: Die Utopie des Teams. In: Organisationsberatung, Supervision, Coaching 4/2003.

Schmidt-Lellek, C.: Was heißt „dialogische Beziehung" in berufsbezogener Beratung (Supervision und Coaching). In: Organisationsberatung, Supervision, Coaching 3/2001.

Schmidt, T./Keil, J.-G.: Erfolgsfaktoren beim Einzel-Coaching. In: Organisationsberatung, Supervision, Coaching 3/2004.

Schneider, K. D.: Frauenwelten – Männerwelten. In: Forum Supervision 5/1995.

Schneider, K. D./Müller, A.: Evaluation von Supervision. In: Supervision 27/1995.

Schneider, K. D./Müller, A.: Das Supervisions-Evaluations-Inventar (SEI). In: Berker, P./Buer, F. (Hg): Praxisnahe Supervisionsforschung. Münster 1998.

Schneider, U.: Mehr Mensch. Gegen die Ökonomisierung des Sozialen. Frankfurt am Main 2014.

Schondelmayer, A.: Interkulturelle Handlungskompetenz. Entwicklungshelfer und Auslandskorrespondenten in Afrika. Bielefeld 2010.

Schubbe, O./Gruyters, T.: EMDR. In: Seidler, G. H./Freyberger, H. J./Maercker, A. (Hg): Handbuch der Psychotraumatologie. Stuttgart 2011.

Schüning, G.: Ergebnisse der Mitgliederbefragung DGSv Herbst 1993. (Manuskript) o. J. (1993), o. O. (Köln).

Schütze, F.: Die Fallanalyse. Zur wissenschaftlichen Fundierung einer klassischen Methode der Sozialen Arbeit. In: Rauschenbach, T./Ortmann, F./Karsten, M.-E. (Hg): Der sozialpädagogische Blick. Weinheim und München 1993.

Schütze, F.: Strukturen des professionellen Handelns, biographische Betroffenheit und Supervision. In: Supervision 26/1994a.

Schütze, F.: Ethnographische und sozialwissenschaftliche Methoden der Feldforschung. Eine mögliche methodische Orientierung in der Ausbildung und Praxis sozialer Arbeit? In: Groddeck, N./Schumann, M. (Hg): Modernisierung Sozialer Arbeit durch Methodenentwicklung und -reflexion? Freiburg 1994b.

Schulz von Thun, F.: Miteinander reden. Band 1. Reinbek 1990.

Schreyögg, A.: Supervision und Ethik. In: Integrative Therapie 2-3/1988.

Schreyögg, A.: Die ethische Dimension in der Supervision. In: Pühl, H. (Hg): Handbuch der Supervision. Berlin 1990.

Schreyögg, A.: Supervision. Ein integratives Modell. Paderborn 1991. (Fünfte Auflage: 2010).

Schreyögg, A.: Supervision. Didaktik und Evaluation. Paderborn 1994a.

Schreyögg, A.: Coaching und seine potentiellen Funktionen. In: Pühl, H. (Hg): Handbuch Supervision 2. Berlin 1994b.

Schreyögg, A.: Wie viele „Brillen" verwenden Berater? In: Organisationsentwicklung, Supervision, Clinical Management 1/1994c.

Schreyögg, A.: Organisationskulturen von Human Service Organizations. In: Organisationsentwicklung, Supervision, Clinical Management 2/1995a.

Schreyögg, A.: Coaching. Eine Einführung für Praxis und Ausbildung. Frankfurt am Main 1995b.

Schreyögg, A.: Sammelrezension Schulleitung. In: Organisationsberatung, Supervision, Clinical Management 4/1998.

Schreyögg, A.: Rezension von: Denner, L.: Gruppenberatung für Lehrer und Lehrerinnen. In: Organisationsberatung, Supervision, Coaching 3/2001.

Schreyögg, A.: Konfliktcoaching. Anleitung für den Coach. Frankfurt am Main 2002.

Schreyögg, A.: Teamsupervision - ein Mythos? In: Organisationsberatung, Supervision, Coaching 2/2003.

Schreyögg, A.: Coaching von Doppelspitzen. Frankfurt am Main 2005.

Schreyögg, A.: Fehlerkultur, Fehlermanagement und ihre Bedeutung für Maßnahmen der Personalentwicklung in Kliniken. In: Organisationsberatung, Supervision, Coaching 3/2007.

Schreyögg, A.: Coaching und/oder Supervision. In: Organisationsberatung, Supervision, Coaching 2/2013.

Schreyögg, A./Belardi, N.: Die wirtschaftliche und soziale Situation der neuen Bundesländer in ihrer Bedeutung für Unternehmensberatung, Coaching und Supervision. In: Organisationsberatung, Supervision, Clinical Management 4/1995.

Schreyögg, A./Rauen, C.: Missbrauch - nun auch im Coaching? In: Organisationsberatung, Supervision, Coaching 3/2002.

Schröder, H.: Betriebliche Gesundheitsförderung. Fehlzeiten im Fokus. In: Haubl, R./ Hausinger, B./Voß, G. (Hg): Riskante Arbeitswelten. Frankfurt am Main 2013.

Seibel, W.: Funktionaler Dilettantismus. Erfolgreich scheiternde Organisationen im „Dritten Sektor" zwischen Markt und Staat. Unveröffentlichte Habilitationsschrift. Kassel, Konstanz 1991.

Seidler, G. H./Freyberger, H. J./Maercker, A. (Hg): Handbuch der Psychotraumatologie. Stuttgart 2011.

Selvini Palazzoli, M. u. a.: Hinter den Kulissen der Organisation. Stuttgart 1984.

Sennett, R.: Der flexible Mensch. Die Kultur des neuen Kapitalismus Berlin 1998.

Siller, G.: Professionalisierung durch Supervision. Wiesbaden 2008.

Siller, G.: Eckpfeiler der Supervision und Perspektiven für die Supervisionsforschung. In: Supervision 2/2010.

Shulman, L.: The Skills of Helping Individuals, Families, and Groups. Itasca (Ill.) 1992.

Siegers, F. (Hg): Praxisberatung in der Diskussion. Freiburg 1974.

Siegers, F.: Supervision in den Niederlanden. In: Supervision 10/1986.

Siemes, J.: Supervision und Recht. In: Organisationsberatung, Supervision, Clinical Management 2/1995.

Sorgo, M./Meier, M.: Supervision für die Polizei. In: Reichel, R./Dvorak, K. (Hg): Sozialarbeit und Supervision. Sankt Pölten 1998.

Sowinski, C./Michell-Auli, P.: Gewalt und Missbrauch in der Pflege. In: Pro Alter 1/2012.

Sprung-Ostermann, B.: Erfassung und Untersuchung von Supervision in Institutionen der ambulanten Versorgung (Sozialstationen) von psychisch/körperlich Alterskranken. In: Sprung-Ostermann, B./Radebold, H. (Hg): Untersuchungen zur Supervision im Altenbereich. (Kuratorium Deutsche Altershilfe). Köln 1994.

Stahmer, I./Brauner, T.: Öffentliche Verwaltung: Über große Pläne und kleine Schritte eine soziale Institution zu verändern. In: Pühl, H. (Hg): Handbuch Supervision 2. Berlin 1994.

Tenzer, E.: Coaching: Wie Sie Risiken vermeiden. In: Psychologie heute, Nr. 11/2014.

Thiel, A.: Kinder coachen. Die bessere Pädagogik. Göttingen 2014.

Thiel, H.-U.: Professionelle und kollegiale Supervision. In: Pühl, H. (Hg): Handbuch der Supervision 2. Berlin 1994.

Thole, W./Sauerwein, M. N.: Habe in meinem Leben sehr oft erfahren, wie wichtig es ist, Hilfe zu bekommen. Über die Motive, Soziale Arbeit zu studieren - empirische Sondierungen. In: Neue Praxis 5/2013.

Thomä, H./Kächele, H.: Lehrbuch der psychoanalytischen Therapie. Band 1. Berlin, Heidelberg, New York 1989.

Trebesch, K. (Hg): Organisationsentwicklung. Stuttgart 2000.

Truax, C. B./Carkhuff, R. R.: Toward Effective Counseling and Psychotherapy. Chicago 1967.

Tschuschke, V. (Hg): Praxis der Gruppenpsychotherapie. Stuttgart 2001.

Van Kessel, L.: Das niederländische Supervisionskonzept. In: Organisationsberatung, Supervision, Clinical Management, 2/1995.

Virnich, J.: Supervision in der ehemaligen DDR. In: DGSv-Aktuell 2/1990.

Vollmoeller, W.: Rechtliche Aspekte externer psychiatrischer Supervisionen. In: Spektrum 6/1989.

Von Caemmerer, D. (Hg): Praxisberatung (Supervision). Ein Quellenband. Freiburg 1970.

Voß, G.: Gesellschaftlicher Wandel und seine Wirkung auf Beratung. In: Supervision 4/2008.

Voß, G.: Strukturwandel der Arbeit. In: Haubl, R./Voß, G. (Hg): Riskante Arbeitswelt im Spiegel der Supervision. Göttingen 2011.

Watzlawick, P. u. a.: Menschliche Kommunikation. Stuttgart, Bern 1969.

Weber, M.: Wirtschaft und Gesellschaft. Erster Halb-Band, Tübingen 1956.

Weber, P.: Das Schlechte-Nachrichten-Gespräch. In: Organisationsberatung, Supervision, Coaching 1/2005.

Webers, T.: Coaching-Kompetenzen: Behauptungen und Kritik. In: Organisationsberatung, Supervision, Coaching 4/2013.

Weigand, W.: Sozialarbeit. Das Ursprungsland der Supervision. In: Integrative Therapie 3-4/1989.

Weigand, W.: Die Faszination des Geldes und des fremden Feldes. Supervision in Wirtschaftsunternehmen. In: Supervision 24/1993.

Weigand, W.: Teamsupervision - ein verschwommener Begriff (Thesen). In: Supervision 29/1996.

Weigand, W.: Neue Herausforderungen an die Profession Supervision. In: Supervision 1/2006.

Weinhardt, M.: Methodenkompetenzerwerb im Studium? In: Sozialmagazin 11-12, 2013.

Wellendorf, F.: Sozioanalyse und Beratung pädagogischer Institutionen. In: Geißer, K.-H. (Hg): Gruppendynamik für Lehrer. Reinbek 1979.

Wellendorf, F.: Supervision als Institutionsanalyse und zur Nachfrageanalyse. In: Pühl, H. (Hg): Handbuch Supervision 2. Berlin 1994.

Wendt, W. R.: Geschichte der Sozialen Arbeit. Stuttgart 1985a.

Wendt, W. R.: Studium und Praxis der Sozialarbeit. Stuttgart 1985b.

Wendt, W. R. (Hg): Unterstützung fallweise. Case-Management in der Praxis. Freiburg 1991.

Wendt, W. R. (Hg): Sozial und wissenschaftlich arbeiten. Status und Positionen der Sozialarbeitswissenschaft. Freiburg 1994.

Wendt, W. R.: Case-Management im Sozial- und Gesundheitswesen. Freiburg 2008.

Wiedauer, H.: Supervision für Institutionen und ihre Mitarbeiter: Am Beispiel der Veränderung des Arbeitsklimas im Krankenhaus. In: Brandau, H. (Hg): Supervision aus systemischer Sicht. Salzburg 1991.

Wieler, J.: Kraus, Hertha. In: Bauer, W. (Hg): Lexikon des Sozial- und Gesundheitswesens. Band 2. München 1992.

Wieler, J./Zeller, S. (Hg): Emigrierte Sozialarbeit. Freiburg 1995.

Willmann, H.-G.: Umgang mit der individuellen Krise im Rahmen eines Job-Coaching. In: Organisationsberatung, Supervision, Coaching 1/2005.

Wirbals, H.: Gruppensupervision mit Hebammen in einem Modellprojekt. In: Forum Supervision 1/1993.

Wirbals, H.: DGSv - Quo vadis? In: DGSv aktuell 1/1996.

Wirth, H.-J.: Narzissmus und Macht. Gießen 2002.

Wittich, A./Dieterle, W.: Supervision in der Krankenpflege. Empirische Befunde aus einem Krankenhaus der Maximalversorgung. In: Supervision 4/2004.

Wittich, A./Dieterle, W. E.: Empirische Supervisionsforschung. In: Haubl, R./Hausinger; B. (Hg): Supervisionsforschung. Einblicke und Ausblicke. Göttingen 2007.

Wittwer, R.: Freiwillige in einem tabuisierten Feld. Auch Sterbebegleitererinnen brauchen Beratung. In: BSO-Journal 4/2007.

Wolf, B.: Supervision im kirchlichen Bereich. In: Luif, I. (Hg): Supervision. Tradition, Ansätze und Perspektiven in Österreich. Wien 1997.

Wolf, M.: Institutionsanalyse in der Supervision. In: Pühl, H. (Hg): Handbuch der Supervision 2. Berlin 1994.

Wolf, M.: Stellvertretende Deutung und stellvertretende Leitung. Funktionen und Kompetenzen des psychoanalytischen Teamsupervisors. In: Becker H. (Hg): Psychoanalytische Teamsupervision. Göttingen 1995.

Alle Veröffentlichungen von Nando Belardi über Supervision

Belardi, N. (Hg): Pädagogik. Sozialpädagogische Arbeitsfelder. Frankfurt am Main 1980.

Belardi, N. (Hg): Didaktik und Methodik Sozialer Arbeit. Frankfurt am Main 1980.

Belardi, N.: Integrative Gruppentherapie im Feld der sozialen Arbeit. In: Mühlfeld, C. u. a. (Hg): Soziale Gruppenarbeit. Frankfurt am Main 1990.

Belardi, N.: Die Gewalt der Klienten. In: Sozialmagazin 3/1991.

Belardi, N.: Sterbebegleitung. Eine sozialpädagogische Aufgabe? In: Neue Praxis 4/1992.

Belardi, N.: Supervision. Von der Praxisberatung zur Organisationsentwicklung. Paderborn 1992. (Buchversion der Habilitationsschrift am Institut für Sozialpädagogik an der T. U. Berlin 1992).

Belardi, N.: Entwicklung und Schwerpunkte der Supervision in Deutschland. In: Soziale Arbeit 9/1992.

Belardi, N.: Zur Geschichte der Supervision der sozialen Arbeit. In: Sozialmagazin 9/1992.

Belardi, N.: Der Beitrag von „Unsere Jugend" zur deutschen Supervisionsgeschichte. In: Unsere Jugend 11/1992.

Belardi, N.: Supervision in der Jugendarbeit. In: Gestalt und Integration 1/1992.

Belardi, N.: Gruppensupervision für die Betreuungsarbeit alter und sterbender Menschen. In: Paris, W./Wallnöfer, G. (Hg): Supervision in medizinischen und sozialen Einrichtungen. Meran 1992.

Belardi, N.: Zur Geschichte der Supervision. In: Paris, W./Wallnöfer, G. (Hg): Supervision in medizinischen und sozialen Einrichtungen. Meran 1992.

Belardi, N.: Supervision. In: Brockhaus Enzyklopädie in vierundzwanzig Bänden. Neunzehnte, völlig neu bearbeitete Auflage. Band 21: Sr–Teo. Mannheim 1993. (Ohne Autorenangabe).

Belardi, N.: Supervision in den USA - heute. In: Organisationsberatung, Supervision, Clinical Management 2/1994.

Belardi, N.: Der Beitrag supervisorischer Kompetenz zur Sozialarbeitswissenschaft. Metatheoretische Überlegungen. In: Wendt, W. R. (Hg): Sozial und wissenschaftlich arbeiten. Status und Positionen der Sozialarbeitswissenschaft. Freiburg 1994.

Belardi, N.: Zur geschichtlichen Entwicklung. Von der Supervision zur Organisationsberatung. In: Pühl, H.: Handbuch der Supervision 2. Berlin 1994.

Belardi, N.: Vom Ehrenamt zur Supervision. Beratung von Laien. In: Organisationsberatung, Supervision, Clinical Management 4/1996.

Belardi, N.: Sterbebegleiterinnen benötigen Unterstützung. Ein Vergleich zweier Supervisionsgruppen. In: Organisationsberatung, Supervision, Clinical Management 4/1996.

Belardi, N.: Supervision. Eine Einführung für soziale Berufe. Freiburg 1996 (Zweite Auflage 1998).

Belardi, N.: Beratung. Eine sozialpädagogische Einführung. Weinheim und Basel 1996. (Sechste Auflage 2011).

Belardi, N.: Supervision in sozialer Arbeit und Beratung. In: Deter, D. u. a. (Hg): Die Kraft des personenzentrierten Ansatzes. Praxis und Anwendungsgebiete (GwG-Verlag). Köln 1997.

беларди, Нандо: Супервидение для социальной работы. (Supervision für Soziale Arbeit). Separatdruck Pädagogische Universität Wolgograd 1997. (Russland).

Belardi, N.: Bibliographischer Zugang zur Supervision. In: Berker, P./Buer, F. (Hg): Praxisnahe Supervisionsforschung. Münster 1998.

Belardi, N.: Supervisione: Concette é forme. In: Dirigenti scuola 3/1998. (Italien).

Belardi, N.: La supervisione nella scuola. In: Dirigenti scuola 3/1998. (Italien).

Belardi, N.: Supervision an der Universität Wolgograd. In: DGSv aktuell 2/1998.

Belardi, N.: Supervision als Qualitätssicherung der Sozialen Arbeit. In: Wöhrle, A.: (Hg): Profession und Wissenschaft Sozialer Arbeit. Pfaffenweiler 1998.

Belardi, N.: A szupervizio fejlodesenek iranyvonalai es sulypontjai Nemetorszagban. Separatdruck: Szechenyi Istvan College, Györ 1998. (Ungarn).

Belardi, N.: Supervision in der Altenhilfe. In: Organisationsberatung, Supervision, Clinical Management 3/1999.

Belardi, N.: Autonomia: La scuola e un' organizzazione ché apprende. In: Dirigenti scuola 6/1999. (Italien).

Belardi, N.: Soziale Arbeit und Beratung. In: Chassé, K. A./von Wensierski, H.-J. (Hg): Praxisfelder der Sozialen Arbeit. Weinheim 1999.

Belardi, N.: Von der amerikanischen „Importware“ zum Qualifizierungsinstrument. Der Weg der Supervision in Deutschland. In: Kühl, W./Schindewolf, R. (Hg): Supervision und das Ende der Wende. Opladen 1999.

Belardi, N.: Supervisie in Duitsland. In: Supervisie in opleiding en beroep 2/1999. (Niederlande).

Belardi, N.: Entwicklungsberatung für den Hochschulbereich. In: Pühl, H. (Hg): Supervision und Organisationsberatung. Opladen 2000.

Belardi, N.: Supervision. In: Brockhaus in fünf Bänden. Band 5. Leipzig, Mannheim 2000. (Ohne Autorenangabe).

Belardi, N.: Supervision, Organisationsentwicklung, Evaluation. Hamburg 2001.

Belardi, N.: Was kann Supervision für den Kindergarten und die Schule leisten? In: Wir - Kindergarten in Südtirol (Deutsches Schulamt/Pädagogisches Institut). Bozen 1/2001/2002. (Italien).

Belardi, N.: Social Work Supervision in Germany. In: European Journal of Social Work. Dezember 2002. (Großbritannien).

Belardi, N.: Entwicklung und Anwendungsbereiche der Supervision. In: Gruppenpsychotherapie und Gruppendynamik 2/2002.

Belardi, N.: Il lavoro con gli anziani. In: La Famiglia 215/2002. (Italien).

Belardi, N.: Supervision. Grundlagen, Techniken, Perspektiven. München 2002 (Vierte Auflage: 2013).

Belardi, N.: Supervision. In: Otto, H. U. /Thiersch, H. (Hg): Handbuch Sozialarbeit/Sozialpädagogik. München 2005.

Belardi, N.: Supervision. In: Kreft, D./Mielenz, I. (Hg): Wörterbuch Soziale Arbeit. München 2005.

Belardi, N.: Supervision. In: Petermann, F./Reinecker, H. (Hg): Handbuch der Klinischen Psychologie und Psychotherapie. Göttingen 2005.

Belardi, N./Wallnöfer, G.: La Supervisione nelle Professioni Educativi. Potenzialità e Risorse. Gardolo/Trento 2007. (Italien).

Belardi, N.: Supervisione. In: Frabboni, F. u. a. (Hg): Le Parole della Pedagogia. Milano 2007. (Italien).

Belardi, N.: Supervision. In: Kreft, D./Müller, C. W. (Hg): Methodenlehre in der Sozialen Arbeit. München 2010.

Belardi, N.: Supervision. In: Wirtz, M. A. (Hg): Dorsch. Lexikon der Psychologie. Bern 2013. (Dreizehnte Auflage).

督导：作者：德国开姆尼茨科技大学，南窦·贝拉迪 博士 教授 . 译者：四川大学公共管理学院社会工作专业 张威教授
(Nando Belardi: Die Entwicklung der Supervision in Deutschland. Übersetzung: Prof. Zhang Wei, Sichuan University, Chengdu, P. R. China). (Internet 2013). (China).

Belardi, N.: Familienberatung und Ausbildungssupervision in Chengdu (P. R. China). In: Organisationsberatung, Supervision, Coaching 3/2014.

Belardi, N./Belardi-Günther, H.: Supervisionserfahrungen mit Bewährungshelfern. In: Bewährungshilfe 4/1983.

Schreyögg, A./Belardi, N.: Die wirtschaftliche und soziale Situation der neuen Bundesländer in ihrer Bedeutung für Unternehmensberatung, Coaching und Supervision. In: Organisationsberatung, Supervision, Clinical Management 4/1995.

Personenregister

Stichwortregister

A

B

M

N

O

P

Q

R

S

T

U

V

W

Z

Abbildungsverzeichnis

Der Autor

Foto: Jonas Belardi

Univ.-Prof. Dr. Nando Belardi, Psychotherapeut (HPG) und Supervisor (DGSv), war bis 2006 Inhaber des Lehrstuhls für Sozialpädagogik an der Technischen Universität Chemnitz. Weiterhin arbeitete er als Gastprofessor für Sozialarbeit und Supervision in Hongkong, Wolgograd, Bozen/Brixen sowie Chengdu und hat viele Bücher und Fachartikel verfasst über Soziale Arbeit, Beratung, Supervision und Dritte Welt.

Er interessiert sich für Ethnologie und Sinologie und unternimmt Expeditionsreisen in entlegene Gebiete der Welt.